Louis-René Villermé

Tableau de l'état physique et moral des ouvriers employés dans les manufactures de coton, de laine et de soie

Essai

Le code de la propriété intellectuelle du 1er juillet 1992 interdit en effet expressément la photocopie à usage collectif sans autorisation des ayants droit. Or, cette pratique s'est généralisée dans les établissements d'enseignement supérieur, provoquant une baisse brutale des achats de livres et de revues, au point que la possibilité même pour les auteurs de créer des œuvres nouvelles et de les faire éditer correctement est aujourd'hui menacée. En application de la loi du 11 mars 1957, il est interdit de reproduire intégralement ou partiellement le présent ouvrage, sur quelque support que ce soir, sans autorisation de l'Éditeur ou du Centre Français d'Exploitation du Droit de Copie , 20, rue Grands Augustins, 75006 Paris.

ISBN : 978-1545240359

10 9 8 7 6 5 4 3 2 1

Louis-René Villermé

Tableau de l'état physique et moral des ouvriers employés dans les manufactures de coton, de laine et de soie

Essai

Table de Matières

6

Introduction

L'Académie des Sciences morales et politiques de l'Institut a chargé M. Benoiston de Chateauneuf et moi, de faire dans les départements de la France des recherches d'économie politique et de statistique, dont le but était de *constater, aussi exactement qu'il est possible, l'état physique et moral des classes ouvrières.*

Cette mission était conforme à l'esprit et au texte de la loi du 3 brumaire an IX (25 octobre 1795), qui a organisé l'Institut, et voulait que tous les ans plusieurs membres de cette compagnie voyageassent, *soit ensemble, soit séparément, pour faire des recherches sur diverses branches des connaissances humaines* autres que l'agriculture.

Le choix des lieux à parcourir et du plan à suivre, nous était laissé. Nous ne pouvions entreprendre de *constater l'état physique et moral* de toutes les classes ouvrières, nous dûmes donc réduire le cercle de nos observations, pour nous occuper seulement des professions qui emploient le plus de bras, et ailleurs qu'à Paris.

Afin de rendre notre voyage plus utile, M. Benoiston de Chateauneuf et moi, nous nous sommes séparés. Tandis que mon confrère parcourait le centre de la France et les côtes de l'Océan, j'ai visité les départements où les industries du coton, de la laine et de la soie occupent le plus d'ouvriers.

Mais avant tout, je dirai comment j'ai procédé dans mes recherches.

Il me fallait examiner les effets de l'industrie sur ceux qu'elle emploie, interroger la misère sans l'humilier, observer l'inconduite sans l'irriter. Cette tâche était difficile. Eh bien ! j'aime à le dire : partout des magistrats, des médecins, des fabricants, de simples ouvriers, se sont empressés de me seconder. Avec leur aide, j'ai pu tout voir, tout entendre, tout connaître. Ils m'ont, comme à l'envi, fourni des renseignements. J'en ai demandé, j'en ai surpris. Et tel est le soin que je désirais mettre à cette enquête, que j'ai suivi l'ouvrier depuis son atelier jusqu'à sa demeure. J'y suis entré avec lui, je l'ai étudié au sein de sa famille ; j'ai assisté à ses repas. J'ai fait plus ; je l'ai vu dans ses travaux et dans son ménage, j'ai voulu le voir dans ses plaisirs, l'observer dans les lieux de ses réunions. Là,

Louis-René Villermé

écoutant ses conversations, m'y mêlant parfois, j'ai été, à son insu, le confident de ses joies et de ses plaintes, de ses regrets et de ses espérances, le témoin de ses vices et de ses vertus.

Toutefois, dans la Suisse allemande que j'ai dû parcourir aussi, et dans le département du Haut-Rhin, la différence des langues ne m'a point permis de me livrer à des observations aussi intimes...

Une scrupuleuse exactitude était d'autant plus indispensable, que l'ignorance et l'esprit de parti ont répandu de graves erreurs sur les ouvriers de nos manufactures. Or, comme il m'arrive de soutenir des opinions contraires à celles que beaucoup de personnes adoptent consciencieusement, et que beaucoup d'autres défendent par calcul, c'était pour moi un devoir rigoureux de décrire les faits tels que je les avais vus.

Malgré tout le soin et toute la conscience que j'ai mis dans mes recherches, et que je mettrai à les exposer, des accusations pourront encore s'élever contre moi. On ne saurait toucher aux préjugés et aux intérêts des hommes, sans exciter leurs passions. Peut-être aussi trouverai-je des défenseurs dans les préjugés et les intérêts contraires. Mais de cette controverse, qui doit conduire à mieux éclairer les faits, il ne pourra sortir que des vérités nouvelles et utiles...

Qu'il me soit permis, en terminant cette courte introduction, d'arrêter un instant l'attention du lecteur sur les mots *fabrique* et *manufacture,* dont nous ferons très fréquemment usage.

Ces deux mots sont ordinairement employés l'un pour l'autre, et tout-à-fait dans le même sens. Nous éviterons cette confusion ; pour nous, ils signifieront :

fabrique, la ville, la localité considérée dans son ensemble, où l'on fabrique certains produits de l'industrie ;

et *manufacture,* le bâtiment, la maison où l'on fabrique en grand ces produits.

Première partie

Section I
Des ouvriers de l'industrie cotonnière

Chapitre premier
Travaux auxquels se livrent les ouvriers
de l'industrie cotonnière

Ces travaux se divisent, selon le but qu'on se propose, en trois arts distincts : la filature, le tissage, et l'impression des toiles.

... Les filatures, celles surtout du département du Haut-Rhin, sont toutes actuellement, à bien dire, de grandes usines. Le coton y est d'abord ouvert à la main, épluché et battu avec des baguettes sur des claies ; si l'on veut en faire un fil très fin, ou si l'on veut en fabriquer un fil plus gros, il est présenté immédiatement au sortir de la balle, à des machines qui l'ouvrent, le battent, le nettoient et le rendent ensuite en duvet léger, floconneux et propre.

Arrivé à cet état, on le livre à une machine, le *batteur-étaleur,* qui l'étend en une large ouate ou nappe encore plus légère, dont tous les brins ou filaments sont écartés les uns des autres. Puis d'autres machines, appelées *cardes, machines à carder,* démêlent les filaments de cette ouate, leur donnent une direction parallèle, et leur font prendre la forme plate d'un ruban ou la forme ronde d'une corde, que l'on double et que des étirages successifs allongent. Ensuite, ce ruban est soumis à l'action des diverses machines à filer, qui, par de nouveaux étirages combinés avec sa torsion le convertissent en fil. Enfin, ce fil, porté à l'atelier des dévideuses, est mis en écheveaux, pesé, et divisé en paquets sur lesquels on écrit un numéro qui indique sa finesse.

Toutes ces opérations s'exécutent indifféremment par des ouvriers des deux sexes. Néanmoins, l'*épluchage* du coton, son *cardage,* et surtout le dévidage, l'*empaquetage* du fil, sont plus particulièrement faits par des femmes aidées d'enfants du même sexe. Chaque métier à filer occupe deux, trois, quelquefois quatre personnes, dont la plus âgée dirige les trois autres, qui sont presque toujours des enfants. Ces derniers, appelés *rattacheurs,* surveillent les fils, rattachent ceux qui se brisent, nettoient les bobines en se précipitant sur le plancher, pendant que la partie mobile du métier (le chariot) s'écarte de la partie fixe, et ramassent le coton de déchet [1].

Les ateliers des filatures sont vastes, bien éclairés, mais tenus assez soigneusement fermés, afin de prévenir les courants d'air qui ne manqueraient pas de soulever des nuages de coton, et, dans les salles de filage proprement dit, de sécher et de faire briser les fils. De plus, celles-ci sont entretenues à une température d'autant plus élevée, que l'on y fabrique des fils plus fins : elle varie de 15 ou 16 à 25° du thermomètre centigrade.

Cette chaleur de certains ateliers, le duvet, la poussière irritante que l'on respire en grande quantité dans certains autres, d'une part ; et de l'autre, le jeu des machines, toutes mises en œuvre par la puissance unique d'une à feu ou d'un cours d'eau, qui travaillent pour les ouvriers, remplacent leurs bras et leurs mains avec plus d'adresse, de force et de régularité qu'ils n'en pourraient mettre, et les changent en surveillants d'elles-mêmes, doivent être simplement indiquées ici.

Dans les ateliers de tissage, où l'on convertit les fils en toiles, les opérations consistent : à *ourdir* ou disposer les fils qui doivent former la *chaîne,* c'est-à-dire la longueur de la pièce de toile, à monter cette chaîne sur le métier à tisser, à *l'encoller* ou la parer, à faire les canettes ou à les charger des fils destinés à la *trame,* à les placer dans la navette, et à tisser.

On distingue deux sortes d'ateliers de tissage, ceux à métiers à bras ou à métiers ordinaires, et ceux à métiers dits mécaniques, qu'un moteur commun fait marcher ; car la mécanique tient lieu de l'homme dans le mouvement qui pousse la navette, comme elle en tient lieu dans les mouvements qui battent, nettoient, cardent et filent le coton.

1 Lorsque plusieurs enfants sont attachés à un seul métier, le plus petit est plus particulièrement chargé de nettoyer les bobines et de ramasser le coton de déchet ; on le nomme *bobineur* ou *balayeur.* Quelquefois deux métiers sont conduits par un seul fileur dont les aides sont alors un peu plus grands, et d'autres fois deux petits métiers, dirigés chacun par un adolescent, n'ont pour eux deux qu'un seul bobineur. Enfin, comme les fileurs travaillent à la pièce et sont responsables de la qualité du fil qu'ils fabriquent, ils choisissent et paient eux-mêmes leurs aides.

Les premiers ateliers, les plus communs, et de beaucoup, sont *presque toujours* des pièces plus ou moins enfoncées en terre, sombres, humides, peu ou point aérées. On choisit ces locaux, malgré les inconvénients qui en résultent pour la santé, afin de conserver aux fils des chaînes la souplesse, la moiteur, l'élasticité, la ténacité qui les empêchent de se rompre, et qu'on cherche à leur donner par *l'encollage* ou parement. Leurs ouvriers sont des deux sexes, mais plus souvent des hommes que des femmes. Les enfants qui n'ont pas encore assez de force pour tisser, préparent les fils, et ceux qui tissent sont âgés au moins de quinze ans accomplis.

Dans les ateliers de tissage mécanique, où les métiers travaillent d'eux-mêmes, les conditions sont différentes. On y trouve à la fois l'espace et la lumière ; les ouvriers n'y sont d'autre soin que de rattacher les fils rompus, d'arrêter les métiers et de leur redonner l'impulsion. En outre, le tissage mécanique n'exigeant aucun effort musculaire, emploie bien moins d'hommes que de femmes. Celles-ci sont d'ailleurs chargées, avec les enfants, comme dans les tissages à main, du dévidage, du bobinage et de l'ourdissage, trois opérations qui occupent plus du tiers de tous les travailleurs. Mais l'encollage des chaînes n'est fait que par les hommes, dans les salles où la chaleur est excessive ; elle s'y élève communément de 34 à 37°, et je l'y ai trouvée parfois plus haute. Du reste, si le nombre des ouvriers employés à ce travail fatigant n'est pas encore considérable, il ne peut manquer de le devenir ; car il est avantageux d'encoller à la mécanique les chaînes qui doivent être tissées à la main ; et, d'un autre côté, le tissage mécanique prend et prendra de plus en plus d'extension aux dépens du tissage ordinaire.

Dans les manufactures d'indiennes ou d'impression des toiles de coton, on grave les planches en bois et les cylindres ou rouleaux métalliques qui servent à imprimer les dessins ou les couleurs ; on dispose les toiles par le lavage, le blanchiment, le séchage, etc., et l'application de certains *mordants,* à prendre les couleurs dont on veut les revêtir, et à les conserver vives et inaltérables ; on imprime, on fixe sur une des faces de l'étoffe, les dessins ou figures diversement coloriées qu'elle doit présenter. Enfin, en donne aux toiles, après leur impression, les derniers apprêts qu'elles reçoivent pour être livrées au commerce.

Trois principales classes d'ouvriers exécutent toutes ces opérations :

ce sont les graveurs, les imprimeurs et les manœuvres. Les deux premières classes gravent et impriment comme l'indiquent leurs noms, et la dernière fait les autres travaux.

Il n'y a que des hommes parmi les graveurs. Ils confectionnent pour la plupart, les planches plates en bois qui servent à l'impression à la main, et les autres gravent les rouleaux métalliques. Les graveurs travaillent commodément assis dans des pièces bien chauffées et parfaitement éclairées : ce sont des artistes dans leurs ateliers. Des femmes, appelées *picoteuses,* contribuent aussi à la confection des planches en bois, en les garnissant de *picots* et de filets de laiton.

Les imprimeurs sont des deux sexes et de tout âge ; mais les hommes font seuls les impressions à la mécanique, et ordinairement les impressions à la planche qu'on nomme de première main, parce qu'elles consistent dans l'application de la première couleur et guident pour l'impression des autres. En outre, un enfant de six à douze ans, appelé *tireur* ou *brosseur,* est attaché à chaque imprimeur ou imprimeuse ; sa principale occupation est de soigner le *châssis à la couleur* pour qu'il ne soit jamais dépourvu de celle-ci, et que les planches puissent en être chargées à chaque instant.

Les imprimeurs ou imprimeuses, ainsi que ces enfants, travaillent debout, chacun devant son établi, et dans de très vastes salles à plafond extrêmement élevé, bien éclairées et chaudes en toutes saisons. Ils sont éloignés l'un de l'autre par un espace d'environ six pieds ; chacun a ordinairement sa fenêtre, comme les graveurs. Mais ces fenêtres sont soigneusement maintenues fermées : cependant l'air se renouvelle dans les salles, où l'on ne sent d'autre odeur que celle de l'acide acétique.

Les *manœuvres* sont tous les hommes qui n'appartiennent pas aux deux classes précédentes. Ils lavent les pièces d'étoffes, les teignent, les portent à l'étuve, au séchoir, sur le pré, les y étendent, les arrosent, puis les passent au cylindre ; les calandrent, les pressent, ou font tout autre ouvrage de force. Disséminés dans l'établissement, mais plus particulièrement attachés aux ateliers de teinture et de blanchiment, ils travaillent plus ou moins à l'air, souvent dans l'humidité, et quelquefois en partie dans l'eau.

On peut encore citer deux classes d'ouvriers de l'industrie cotonnière, communes aux ateliers de tissage et aux manufactures d'indiennes.

1)   Celle des *couturières* et *nopeuses* ou *énoueuses,* se compose principalement de jeunes filles de 12 à 18 ans. Elles examinent chaque pièce d'étoffe, y font les reprises de fils rompus, et en retirent les nœuds qui nuiraient à la bonne apparence ainsi qu'à l'application des planches ou dessins.

2)   Celle des *apprêteurs.* Avant de livrer à la consommation les toiles de coton, blanches ou peintes, on leur donne les derniers apprêts, qui consistent à les rendre très blanches, à les gommer, les lustrer, les glacer, les moirer, etc., en un mot à leur donner la nuance, la qualité, l'aspect que cherchent les acheteurs. Dans ce but, on leur fait subir plusieurs manipulations dont le détail serait ici superflu. Ces dernières opérations se font dans les manufactures elles-mêmes, ou chez les maîtres apprêteurs ; et partout la grande majorité des ouvriers qui les exécutent appartient au sexe féminin.

Ici, on travaille dans des ateliers ordinairement fermés et souvent trop chauds. Dans ceux de *l'apprêt* dit *écossais,* par exemple, j'ai vu les ouvrières soumises à une température habituelle de 35 à 40°, c'est-à-dire à une température qui, parfois, égale celle du corps, et les entretient dans un état continuel de transpiration abondante. Elles y sont toutes jambes et pieds nus, n'ayant sur elles qu'une chemise et un très léger jupon.

Parmi les ouvriers de l'industrie cotonnière, les *éplucheuses,* les *empaqueteuses* du fil, les *dévideuses* de trames les *picoteuses,* les couturières, les *nopeuses,* quelques ouvrières employées aux apprêts, les tisserands et les graveurs de planches ou de rouleaux travaillent assis ; tous les autres restent debout.

On voit encore dans les manufactures de coton, des ouvriers qui construisent ou réparent les machines ou métiers. Ces ouvriers, dits des *ateliers de construc*tion, sont des forgerons, des serruriers, des charpentiers, des menuisiers, des tourneurs sur bois et sur métaux, des ajusteurs, des monteurs de métiers, etc., etc. Comme ils ne font pas partie des ouvriers en coton proprement dits, je n'essaierai pas de donner une idée de leurs travaux.

Louis-René Villermé

Chapitre II
Des ouvriers de l'industrie cotonnière
dans le Département du Haut-Rhin

I. **De ces ouvriers en général, et en particulier de ceux de la fabrique de Mulhouse et de la plaine d'Alsace.**

C'est dans le Haut-Rhin, dans la Seine-Inférieure, et plus particulièrement dans la ville de Mulhouse, que l'industrie du coton a pris, en France, le plus grand développement ; elle a fait surtout des pas de géant dans le premier de ces départements. Dès l'année 1827, on y comptait 44 840 ouvriers employés dans les seuls ateliers de filature, de tissage et d'impression d'indiennes. Si l'on ajoute à ce nombre tous ceux auxquels cette même industrie procure directement du travail, ainsi que les enfants payés par les imprimeurs et fileurs auxquels ils servent d'aides, ce ne sera certainement point exagérer que de porter à plus de 50 000, c'est-à-dire au huitième de la population, tous les ouvriers qui travaillaient alors dans le département du Haut-Rhin pour les manufactures de coton.

Sept ans plus tard, en 1834, époque de prospérité et d'extension pour ces manufactures, on évaluait approximativement à 91 000 le nombre de leurs travailleurs, non compris également les classes omises dans le total de 1827 ; ce qui doit faire porter à plus de 100 000 ou au quart de la population tous les individus employés en 1834 dans le département, pour l'industrie cotonnière.

Or, il est incontestable que les salaires des 50 000 ouvriers de 1827 et des 100 000 de 1834, faisaient vivre beaucoup d'autres individus encore, ne fut-ce que leurs enfants en bas âge.

Enfin, il résulte des renseignements qui m'ont été fournis, que les ouvriers en coton du Haut-Rhin étaient encore plus nombreux en 1835, et surtout dans les six premiers mois de 1836, qu'ils ne l'étaient en 1834. On peut du moins l'affirmer pour les villes de Mulhouse, Thann, Guebwiller, Soultz, Sainte-Marie-aux-Mines, et pour les villages de Dornach, Bitschwiller, etc., surtout pour Mulhouse, Thann et Dornach, où j'ai vu de tous côtés bâtir de nouvelles maisons pour les loger, et construire de nouveaux ateliers. Mais une tendance contraire a dû certainement s'observer à la fin de 1836, et dans les huit ou neuf premiers, mois de 1837 [1].

Les 44 840 ouvriers en coton recensés en 1827 dans le Haut-Rhin, et les 91 000 admis pour 1834, se divisaient entre eux comme il suit, du moins d'après les documents qui les indiquent :

	En 1928	En 1834	
– dans les filatures	228	198	
– dans les tissages	521	604	**Sur 1 000**
– dans les manufactures d'indiennes	251	198	

... Voici comment les sexes se divisaient dans les trois sortes d'ateliers d'un très grand établissement du Haut-Rhin :

	Hommes	femmes	
– filatures	221	779	
– tissages	473	527	**Sur 1 000**
– Indiennerie	851	149	

Si l'on excepte quelques graveurs, un assez grand nombre de tisserands et la plupart des femmes qui garnissent de *picots* les planches à imprimer, en peut dire qu'en Alsace les ouvriers de l'industrie cotonnière travaillent dans de grands ateliers, où les deux sexes sont *généralement* mêlés partout où le travail n'est point, par sa nature, dévolu à un seul.

La durée journalière du travail varie selon l'espèce de manufactures et même un peu selon les localités.

À Mulhouse, à Dornach, etc., les filatures et les tissages mécaniques s'ouvrent généralement le matin à cinq heures, et se ferment le soir à huit, quelquefois à neuf. En hiver, l'entrée en est fréquemment

---

1 Sur les 17 000 ouvriers de Mulhouse trouvés en 1835, 11 600 seulement habitaient la ville, et les 5 400 autres, ayant leur domicile dans les communes voisines, s'y rendaient chaque matin pour travailler.

Louis-René Villermé

retardée jusqu'au jour, mais les ouvriers n'y gagnent pas pour cela une minute. Ainsi, leur journée est au moins de quinze heures. Sur ce temps, ils ont une demi-heure pour le déjeuner et une heure pour le dîner ; c'est là tout le repos qu'on leur accorde. Par conséquent, ils ne fournissent jamais moins de treize heures et demie de travail par jour.

À Thann, à Wesserling, etc., la journée est aussi longue ; mais dans ce dernier endroit les ouvriers disposent chaque jour de deux heures entières. À Guebwiller, dans la belle filature de MM. Nicolas Schlumberger et Compagnie, elle est de treize heures au lieu de quinze, et la durée de travail effectif de douze au lieu de treize et demi [1]. D'un autre côté, à Bitschwiller, village rempli de filatures et de tissages mécaniques, situé entre Thann et Saint-Amarin, la journée, si l'on m'y a dit vrai, serait toujours de seize heures, car elle commence à cinq heures du matin et le soir elle finit à neuf.

Enfin, tous les samedis, elle est communément plus courte, ainsi que la durée de travail effectif, dans les établissements où les ouvriers sont à la pièce ou à la tâche ; elle l'est aussi tous les jours pour les ouvriers employés à construire ou à raccommoder les métiers et les machines.

La durée du travail est la même dans les filatures : et dans les tissages mécaniques. Quant aux ateliers où l'on tisse à la main, comme les métiers où l'on tisse à la main, comme les métiers y marchent sans le secours d'un moteur général et que les salaires s'y paient constamment à la pièce ou à l'aune, la sortie et l'entrée y sont plus libres que dans les autres. Néanmoins, la durée du travail journalier y est presque toujours fort longue ; elle l'est surtout pour beaucoup de tisserands qui emportent chez eux des fils qu'ils tissent en famille sur leurs propres, métiers. Pour ces derniers, la journée commence souvent avec le jour, quelquefois plus tôt, et elle se prolonge très avant dans la nuit, jusqu'à dix ou onze heures. Mais elle est ordinairement moins longue pour les ouvriers des campagnes, qui ne fabriquent des toiles que dans les moments où ils ne sont pas occupés à l'agriculture.

Le travail dans les manufactures d'indiennes, du moins le travail

---

1 La journée y commence en été à 5 heures du matin pour finir le soir à 6 heures et demie, en hiver à 7 heures pour finir le soir à 8 heures et demie, et l'on y accorde, comme à Mulhouse, etc., une heure et demie pour les repas et le repos.

soigné, ne peut se faire que pendant le jour. Voilà pourquoi, sans doute, il n'a lieu que depuis six heures du matin jusqu'à six heures du soir en été, et, en hiver, depuis 7 heures et demie, 8 heures du matin jusqu'à l'approche de la nuit. Il est interrompu une heure par un seul repas. Dans les manufactures, où communément tout se paie à la tâche, les heures d'entrée et de sortie sont moins sévèrement observées que dans les filatures. On suit, dans les ateliers d'apprêts, la règle des fabriques dont ils font partie.

Enfin, on exige souvent des ouvriers qu'ils prolongent leur travail au-delà de l'heure où les ateliers restent ordinairement ouverts ; mais alors cet excédent de travail leur est payé à part. Il est bien entendu que toutes les durées indiquées ici peuvent être et sont très souvent diminuées dans les temps de stagnation des affaires ou de crise commerciale.

La cherté des loyers ne permet pas à ceux des ouvriers en coton du département du Haut-Rhin, qui gagnent les plus faibles salaires ou qui ont les plus fortes charges, de se loger toujours après de leurs ateliers. Cela s'observe surtout à Mulhouse. Cette ville s'accroît très vite ; mais les manufactures s'y développant plus rapidement encore, elle ne peut recevoir tous ceux qu'attire sans cesse dans ses murs le besoin de travail. De là, la nécessité pour les plus pauvres, qui ne pourraient d'ailleurs payer les loyers au taux élevé où ils sont, d'aller se loger loin de la ville, à une lieue, une lieue et demie, ou même plus loin, et d'en faire par conséquent chaque jour deux ou trois, pour se rendre le matin à la manufacture, et rentrer le soir chez eux.

Les seuls ateliers de Mulhouse comptaient, en 1835, plus de 5 000 ouvriers logés ainsi dans les villages environnants. Ces ouvriers sont les moins bien rétribués. Ils se composent principalement de pauvres familles chargées d'enfants en bas âge, et venues de tous côtés, quand l'industrie n'était pas en souffrance, s'établir en Alsace, pour y louer leurs bras aux manufactures. Il faut les voir arriver chaque matin en ville et en partir chaque soir. Il y a, parmi eux, une multitude de femmes pâles, maigres, marchant pieds nus au milieu de la boue, et qui, faute de parapluie, portent renversé sur la tête, lorsqu'il pleut, leur tablier ou leur jupon de dessus, pour se préserver la figure et le cou, et un nombre encore plus considérable de jeunes enfants non moins sales, non moins hâves, couverts de haillons tout gras de l'huile des métiers, tombée sur eux pendant qu'ils travaillent. Ces derniers, mieux préservés de la pluie par l'imperméabilité de leurs vêtements, n'ont pas même au bras, comme les femmes dont on vient de parler, un panier où sont les provisions pour la journée ; mais ils portent à la main ou cachent sous leur veste, ou comme ils le peuvent, le morceau de pain qui doit les nourrir jusqu'à l'heure de leur rentrée à la maison.

Ainsi à la fatigue d'une journée déjà démesurément longue, puisqu'elle est au moins de 15 heures, vient se joindre pour ces malheureux, celle de ces allées et retours si fréquents, si pénibles. Il en résulte que le soir ils arrivent chez eux accablés par le besoin de dormir, et que le lendemain ils en sortent avant d'être complètement reposés, pour se trouver dans l'atelier à l'heure de l'ouverture.

On conçoit que, pour éviter de parcourir deux fois chaque jour un chemin aussi long, ils s'entassent, si l'on peut parler ainsi, dans des chambres ou pièces petites, malsaines, mais situées à proximité de leur travail. J'ai vu à Mulhouse, à Dornach et dans des maisons voisines, de ces misérables logements, où deux familles couchaient chacune dans un coin, sur de la paille jetée sur le carreau et retenue par deux planches. Des lambeaux de couverture et souvent une espèce de matelas de plumes d'une saleté dégoûtante, voilà tout ce qui recouvrait cette paille.

Du reste, un mauvais et unique grabat pour toute la famille, un petit poêle qui sert à la cuisine comme au chauffage, une caisse ou grande boîte en guise d'armoire, une table, deux ou trois chaises, un banc, quelques poteries, composent *communément* tout le mobilier qui garnit la chambre des ouvriers employés dans les filatures et les tissages de la même ville.

Cette chambre, que je suppose à feu et de 10 à 12 pieds en tous sens, coûte ordinairement à chaque ménage, qui veut en avoir une entière, dans Mulhouse ou à proximité de Mulhouse, de 6 à 8 F. et même 9 F. par mois, que l'on exige en deux termes, c'est-à-dire de 15 en 15 jours, aux époques où les locataires reçoivent leur paie : c'est depuis 72 jusqu'à 96, et quelquefois 108 F. par an. Un prix aussi exorbitant tente les spéculateurs ; aussi font-ils bâtir, chaque année, de nouvelles maisons pour les ouvriers de la fabrique, et ces maisons sont à peine élevées que la misère les remplit d'habitants.

Et cette misère, dans laquelle vivent les derniers ouvriers de l'industrie du coton, est si profonde qu'elle produit ce triste résultat que tandis que dans les familles de fabricants, négociants, drapiers, directeurs d'usines, la moitié des enfants atteint la 29ᵉ année, cette même moitié cesse d'exister avant l'âge de 2 ans accomplis dans les familles de tisserands et d'ouvriers des filatures de coton. Quel manque de soins, quel abandon de la part des parents, quelles privations, quelles souffrances cela ne fait-il supposer pour ces derniers ?

Il ne faut pas croire cependant que l'industrie du coton fasse tous ces pauvres. Non ; mais elle les appelle et les rassemble des autres pays. Ceux qui n'ont plus de moyens d'existence chez eux, qui en sont chassés, qui n'y ont plus droit aux secours des paroisses (entre autres, beaucoup de Suisses, de Badois, d'habitants de la Lorraine allemande), se rendent par familles entières à Mulhouse, à Thann et dans les villes manufacturières voisines, attirés qu'ils y sont d'avoir de l'ouvrage. Ils se logent le moins loin qu'ils peuvent des lieux où ils en trouvent, et d'abord dans des greniers, des celliers, des hangars, etc., en attendant qu'ils puissent se procurer des logements plus commodes [1].

J'ai vu sur les chemins, pendant le peu de temps que j'ai passé en Alsace, de ces familles qui venaient de l'Allemagne, et traînaient avec elles beaucoup de petits enfants. Leur tranquillité, leur circonspection, leur manière de se présenter, contrastaient avec l'effronterie et l'insolence de nos vagabonds. Tout en eux paraissait rendre l'infortune respectable : ils ne mendiaient pas, ils sollicitaient seulement de l'ouvrage.

Mais étrangers aux manufactures, ils ne peuvent y être chargés d'abord que des travaux les plus faciles, par conséquent les moins rétribués. Bientôt, les chagrins, l'insuffisance de la nourriture, la continuité de toutes les privations, l'insalubrité de leur nouveau métier, la durée trop longue de la journée de travail, altèrent leur santé : leur teint se flétrit, ils maigrissent, et perdent leurs forces. Cet état de souffrance, de dépérissement des ouvriers dans les filatures de coton de l'Alsace, s'observe surtout chez les enfants.

---

1 J'ai souvent entendu dire en Alsace qu'il fallait attribuer cette *immigration* d'un grand nombre de familles à des juifs qui, en leur prêtant de l'argent à un énorme intérêt, les avaient réduites à la plus profonde misère.

Louis-René Villermé

On peut reprocher à un grand nombre d'ouvriers qui travaillent dans les manufactures de Mulhouse et des environs, le luxe des habits dont ils se parent le dimanche. Quant aux vêtements des autres, ils sont tout aussi mauvais, tout aussi insuffisants que leurs logements. Nulle autre part, dans toute l'Alsace, on ne voit chez les simples travailleurs, dans la manière de se vêtir, autant de luxe et autant de misère.

Beaucoup négligent entièrement les soins de propreté. Mais les plus pauvres n'ont ni le goût, ni le temps, ni les moyens de faire autrement.

Les mœurs des ouvriers des grandes manufactures situées dans le Haut-Rhin, plus particulièrement les mœurs des ouvriers en coton, passent dans le pays pour être dissolues.

La réunion des deux sexes dans les mêmes ateliers, surtout pendant la nuit, en est une des principales causes. Rien n'est plus ordinaire, dans ces rassemblements nombreux, que d'entendre des mots, des discours qui blessent la pudeur. « L'obscénité, il est vrai, est presque toujours dans les seules paroles, car l'ordre règne dans les ateliers ; mais les enfants, dont la curiosité est si pénétrante, saisissent le sens de ces discours, les répètent avec une satisfaction révoltante, et connaissent bientôt des choses qu'ils devraient ignorer [1].

Aussi, ai-je souvent entendu parler à Mulhouse du libertinage des jeunes gens des manufactures, surtout de celui des imprimeuses. Le fait est que l'on compte dans cette ville une naissance illégitime sur cinq naissances totales, et que j'ai vu dans ses fabriques d'indiennes, ainsi que dans celle de Dornach, un assez grand nombre de filles ou femmes, chez qui la recherche de la mise, la coquetterie des manières, l'expression de la figure, trahissaient des mœurs peu chastes.

On devine déjà que beaucoup d'ouvriers vivent en concubinage. Ils appellent ces sortes d'union *des mariages à la Parisienne,* et ils ont même fait, pour les exprimer, le verbe allemand PARISTEREN, *Pariser,* c'est-à-dire, faire comme à Paris. Cependant, de tous nos départements manufacturiers, le Haut-Rhin n'est pas celui où il y a le plus de ces unions, et toutes les naissances de bâtards qu'on y

1 Propres expressions des réponses manuscrites soumises à la Société Industrielle de Mulhouse.

observe ne sont pas, à beaucoup près, produites par le libertinage. Ainsi, chaque année il se forme à Mulhouse beaucoup d'unions illégitimes, durables, souvent très heureuses, et dans lesquelles on n'abandonne aucun des enfants qui en proviennent. La gêne des ouvriers, la difficulté qu'ils éprouvent, quand ils veulent se marier, s'ils ne sont pas Français, à faire venir de chez eux les papiers exigés par nos lois, les frais nécessaires pour l'accomplissement des actes civils et religieux, et d'autres obstacles encore, les empêchent souvent de contracter des engagements légaux. C'est ainsi que des ouvriers venus principalement du grand duché de Bade et des cantons de la Suisse allemande, vivent avec des Alsaciennes qu'ils ne peuvent épouser qu'en renonçant à leur titre de citoyens suisses ou badois, parce que, suivant la loi de leur pays, ce titre se perd par un mariage contracté à l'étranger sans y avoir été autorisé par le gouvernement ou l'autorité locale, qui n'en donne jamais la permission, si la femme n'a aucune fortune. Malgré cette circonstance qui doit multiplier les enfants naturels dans le Haut-Rhin, ce département n'en voit pas naître, proportion gardée, plus que la France entière ; car 10 de ces enfants y viennent au monde contre 134 légitimes. En France, le terme moyen est de 10 des premiers contre 130 des seconds.

Il est hors de doute qu'au milieu de ces nombreuses réunions d'ouvriers, on ne s'occupe pas assez de prévenir les liaisons illicites entre les sexes. Dans quelques manufactures cependant, les hommes et les femmes ne travaillent pas ensemble : chaque sexe a ses ateliers où l'autre n'entre pas. Cette précaution est bonne ; mais il faudrait imiter la règle suivie dans l'établissement de Wesserling, où l'on a soin, chaque soir, d'arrêter le travail des femmes un peu plus tôt que celui des hommes, pour qu'elles ne soient pas accompagnées par eux en rentrant chez elles.

L'ivrognerie est presque partout, en France, un vice commun chez les classes ouvrières, mais je crois à la vérité de dire qu'elle est un peu moins fréquente en Alsace que dans nos départements du Nord. Les hommes les plus adonnés au vin, et les seuls qui m'aient paru turbulents, sont les fondeurs, les mouleurs de métaux, les forgerons, les tourneurs, les mécaniciens, en un mot ceux qui construisent et réparent les métiers ou machines. On observe du reste ici ce qu'on voit ailleurs : ce sont surtout les gens étrangers au

Louis-René Villermé

pays ou qui n'y sont point domiciliés, qui s'abandonnent le plus à tous les genres de débauches.

Les parties de plaisir s'accompagnent fréquemment, et c'est là un caractère commun à beaucoup de populations allemandes, de chants harmonieux qui commencent au cabaret et se prolongent après qu'on en est sorti ; mais ils offrent ici cela de particulier qu'ils ne sont pas toujours un signe d'ivresse, comme les chants que l'on entend ailleurs dans les cabarets.

Les enfants employés dans les manufactures de coton de l'Alsace, y étant admis dès l'âge où ils peuvent commencer à peine à recevoir les bienfaits de l'instruction primaire, doivent presque toujours en rester privés. Quelques fabricants cependant ont établi chez eux des écoles où ils font passer, chaque jour et les uns après les autres, les plus jeunes ouvriers. Mais ceux-ci n'en profitent que difficilement, presque toutes leurs facultés physiques et intellectuelles étant absorbées dans l'atelier. Le plus grand avantage qu'ils retirent de l'école est peut-être de se reposer de leur travail pendant une heure ou deux.

J'ai trouvé en 1835 les prix de la main-d'œuvre dans le département du Haut-Rhin, comme il suit ou à peu près :

1)   dans les filatures de coton : dans le rapport du jury départemental, sur les produits destinés à l'exposition et sur les progrès de l'industrie, de 1827 à 1834, on admet que 18 000 ouvriers environ des deux sexes employés dans les filatures de coton du département, se partageaient alors (1834) 8 500 000 F. de prix de main-d'œuvre ; ce qui ferait pour chacun, terme moyen annuel, à très peu près 472 F., ou par journée de travail, si l'on en suppose 300 dans l'année, 1 F. 57 c. 1/3. Mais il est évident que, dans cette évaluation du salaire moyen, les rattacheurs et bobineurs ne sont point compris, et que par conséquent il était moins fort. La différence doit être de 30 à 35 c. (de 6 à 7 sous) par jour.

Un tableau statistique des ouvriers d'une grande manufacture du Haut-Rhin, publié dans l'*Industriel Alsacien* du 6 août 1836, vient appuyer cette réflexion, car il en résulte que le salaire moyen payé dans les filatures a été, en 1832 de 1 F. 03, en 1835 de 1 F. 11.

2)   dans les tissages : on lit également dans le rapport cité, que 35 000 ouvriers, *dont une forte partie répandue dans la*

campagne ne tisse que par intervalle, confectionnaient par an une quantité approximative de 920 000 pièces de tissus blancs (calicots, percales, mousselines), pour la façon desquels ils recevaient 4 825 000 F. D'où il résulte que, terme moyen, chacun de ces ouvriers fabriquait 26 pièces 1/3, et touchait à peu près 138 F. par an ou 46 centimes par jour, en supposant 300 journées de travail dans l'année. Mais ceux qui ne tissent que pendant la saison où l'agriculture ne les occupe point, rendent plus forte ou meilleure la part des tisserands de profession. 5 F. 30 c. étaient ordinairement en 1834, le prix de façon payé pour une pièce de 30 à 34 aunes : c'étaient à peine 20 centimes ou 4 sous par aune. Du reste, d'après le journal mentionné plus haut, la moyenne du salaire a été, pour tous les ouvriers d'une grande manufacture de l'Alsace, de 73 centimes en 1832 et de 94 en 1835.

3)   dans les manufactures d'indiennes ou de toiles peintes : d'après *l'Industriel Alsacien* du 6 août 1836, la moyenne des salaires pour les ouvriers attachés aux ateliers d'impression, était de 1 F. 54 en 1832 et 1 F. 69 en 1835, non compris les petits tireurs ou brosseurs, qui sont payés par les imprimeurs eux-mêmes.

Si l'on admet que la moitié des frais de fabrication s'applique à la main-d'œuvre (ce qui n'est ici qu'une supposition), et, d'après le rapport du jury départemental pour l'année 1834, que les 18 000 ouvriers ou environ employés alors dans les manufactures d'indiennes, se partageaient entre eux 11 500 000 F., chacun touchait, terme moyen annuel, 639 F. à peu près, ou bien 2 F. 13 par journée de travail. Mais les jeunes tireurs ou brosseurs n'entrent point dans cette proportion ; elle est par conséquent un peu trop forte.

4)   dans les ateliers de construction et de réparation des métiers ou machines en usage dans l'industrie cotonnière :

	À Mulhouse par jour	et Dornach par an
Menuisiers		
Tourneurs aux pièces	3 à 10 F.	900 à 3 000

Louis-René Villermé

| **Forgerons** etc. à la journée | 2 à 6 F. | 600 à 1 800 |
| **Manœuvres, hommes de peine** | 1 F. 50 | 450 |

Dans le département en 1827	
par jour	**par an**
2 F.46 ½	739 F. 50

Tous ces salaires sont payés les samedis, ordinairement de 2 en 2 semaines, quelquefois chaque semaine, et d'autres fois de 3 en 3 semaines. Les dessinateurs, les graveurs sur rouleaux, les contremaîtres et les commis, sont seuls payés au mois ou à l'année.

Si l'on a égard à la nature du travail et à sa longue durée, on trouvera peut-être bien faibles les salaires de la plupart des ouvriers des filatures, surtout des ouvriers tisserands. Je laisse ici de côté ceux qui travaillent dans les fabriques d'indiennes. Il est remarquable d'ailleurs, que la *Statistique Générale du département du Haut-Rhin,* publiée par la Société Industrielle de Mulhouse, ouvrage où tout ce qui se rapporte à l'industrie cotonnière est traité avec tant de soin et de sagacité, se taise sur les salaires des tisserands et des ouvriers des filatures. Ce silence ne doit pas, ne peut pas provenir d'un oubli.

Sous le rapport de la nourriture, comme sous d'autres rapports, les ouvriers en coton peuvent se diviser en plusieurs classes.

Pour les plus pauvres, tels que ceux des filatures, des tissages, et quelques manœuvres, la nourriture se compose communément de pommes de terre, qui en font la base, de soupes maigres, d'un peu de mauvais laitage, de mauvaises pâtes et de pain. Ce dernier est heureusement d'assez bonne qualité. Ils ne mangent de la viande et ne boivent du vin que le jour ou le lendemain de la paie, c'est-à-dire deux fois par mois.

Ceux qui ont une position moins mauvaise, ou qui, n'ayant aucune charge, gagnent par jour de 20 à 35 sous, ajoutent à ce régime des légumes et parfois un peu de viande.

Ceux dont le salaire journalier est au moins de 2 F. et qui n'ont également aucune charge, mangent presque tous les jours de la viande avec des légumes ; beaucoup d'entre eux, surtout les femmes, déjeunent avec du café au lait.

Enfin, les végétaux et principalement les pommes de terre, font au moins les trois quarts de la subsistance du plus grand nombre. Parfois un peu de charcuterie en fait aussi partie. Les hommes employés dans les ateliers de construction ou qui exécutent les travaux les plus rudes, boivent ordinairement du vin tous les jours.

La seule nourriture d'une pauvre famille d'ouvriers composée de six personnes, le mari, la femme et 4 enfants, lui coûte 33 à 34 sous par jour [1]. La dépense moyenne, jugée strictement indispensable à leur entretien complet, serait, d'après mes renseignements :

— à Mulhouse : 2 F. 63 par jour, 959 F. par an.

— à Guebwiller : 2 F. 43 par jour, 886 F. 95 par an.

On ne peut presque rien retrancher à ces évaluations, surtout pour chaque individu pris isolément... Les enfants coûtent au moins autant qu'ils peuvent gagner, et il n'y a d'économie possible pour les adultes, dont le travail est le moins rétribué, qu'autant qu'ils se portent bien et n'ont ni enfants en bas âge, ni aucune charge à supporter. Et encore ces économies se réduisent-elles à presque rien. Pour les faire, il faut nécessairement que le malheureux ouvrier ne cède jamais au désir de boire un verre de vin ou d'ajouter quelque chose à ses misérables repas.

1 En voici le détail, tel qu'il a été donné dans les réponses aux questions que j'avais soumises à la Société Industrielle de Mulhouse :
Pain 65 c.
5 litres de pommes de terre 35 c.
1/4 de livre de beurre 20 c.
1/4 de livre de sel 7 1/2 c.
1/8 de livre de café 15 c.
1/4 de livre de sirop 10 c.
1 litre de lait 15 c.
pain 12 à 15 c. la livre
farine 10 à 22 c. la livre
pommes de terre 80 à 1 F. le double décalitre
viande 40 à 45 c. la livre
lard 45 à 50 c. la livre
beurre 70 à 75 c. la livre
œufs 50 c. la douzaine
lait 15 c. le litre
vin 40 à 50 c. le litre
bière 30 c. le litre

Louis-René Villermé

Quant à ceux qui gagnent les meilleurs salaires, presque tous pourraient faire des épargnes et avoir de l'aisance dans leurs vieux jours, si leur conduite était meilleure. Mais le luxe des habits, l'imprévoyance, le goût des plaisirs coûteux ne le permettent pas, au plus grand nombre, et surtout, comme il a été dit, aux mécaniciens et aux autres ouvriers des ateliers de construction, qui sont les plus ivrognes. Ils pourraient aisément faire des dépôts aux caisses de prévoyance ; mais d'ordinaire ils n'en font point, si ce n'est dans les établissements, en petit nombre, où on les y force.

Parmi les ouvriers en coton du département du Haut-Rhin, les uns appartiennent au pays ou en sont originaires, et les autres y sont venus pour louer leurs bras. Ces derniers, chez qui l'on voit principalement les simulacres de mariage dont il a été parlé plus haut, n'ont que la fabrique pour ressource. Ils forment une population flottante et misérable qui s'accroît avec la prospérité de l'industrie cotonnière, diminue quand celle-ci est en souffrance, et reste toujours bien distincte, par ses mœurs et son indigence, de la population fixe avec laquelle elle a d'ailleurs de nombreux points de contact et tend continuellement à s'unir. Il m'est impossible de dire leur nombre ; mais je sais qu'il est très considérable, et je tiens d'hommes qui devaient en être bien instruits, qu'en 1835, dans la seule ville de Mulhouse, 12 à 13 000 personnes pouvaient être considérées comme appartenant à la population mobile dont il s'agit... Supposons une crise commerciale, comme celle de 1837, ou une grande calamité qui force les fabricants à fermer les ateliers ou à diminuer les salaires, que de milliers de malheureux sans moyens d'existence !

Quant aux ouvriers nés dans le pays et qui forment la population fixe, les uns tissent chez eux, et les autres sont très souvent imprimeurs, graveurs, dessinateurs dans les manufactures d'indiennes ; fileurs proprement dits dans les filatures ; menuisiers, tourneurs, fondeurs, mouleurs, mécaniciens dans les ateliers de construction, et contremaîtres, commis dans tous les établissements. La journée de travail de ces derniers est bien rétribuée et n'est pas généralement trop longue : aussi leur sort est-il envié par les premiers et les tisserands. Mais si les fabriques viennent à chômer, tous tombent aussitôt dans la plus grande misère.

Enfin, parmi les ouvriers nés dans les communes où ils travaillent, il y en a qui tiennent à des familles agricoles, ou bien qui, cultivateurs eux-mêmes, ne se livrent à l'industrie cotonnière que dans les moments où l'agriculture leur en laisse le loisir. La fabrique n'est très souvent que leur moindre ressource. Mais par cela même qu'elle leur procure des salaires à l'époque de l'année où ils ne gagnent ordinairement rien, elle les préserve d'emprunts ruineux, et conserve, avec l'aisance ou du moins une sorte d'aisance, la petite propriété foncière qui leur appartient.

Des détails qui précèdent on peut conclure :

Que le travail offert par les manufactures de coton est l'unique ressource de la plupart des ouvriers employés dans celles de Mulhouse, et des autres centres de l'industrie cotonnière du Haut-Rhin ; mais que le contraire a lieu pour les ouvriers des manufactures isolées.

Et que le faible salaire d'une très grande partie d'entre eux, suffisant à peine aux plus indispensables besoins de la vie matérielle, aucune épargne ne leur est permise.

L'impossibilité d'en faire, même pour celui qui gagne d'assez bonnes journées, résulte ici, plus souvent encore que partout ailleurs, de la position du chef d'une famille au soutien de laquelle il se doit.

Suivant les réponses de la *Société Industrielle,* le nombre des enfants par ménage serait très grand dans le département du Haut-Rhin. Je trouve, en effet, terme moyen par mariage, 4,65 naissances légitimes pour le département entier, tandis qu'il est à Mulhouse de 3,58 et de 3,72 pour la France prise en masse. Ainsi, il paraît certain qu'en Alsace la fécondité des mariages est très grande : c'est certainement une cause de la misère des ouvriers employés dans les manufactures. De tous nos départements industriels, le Haut-Rhin est, au reste, celui dont les unions fournissent le plus de naissances, et en même temps celui où il naît le moins de bâtards.

D'après des recherches que j'ai fait faire sur des registres de Mulhouse, pour la période de 1830 à 1835 inclusivement, l'âge moyen du mariage en premières noces dans la classe ouvrière des manufactures, serait de 28 ans 5 mois pour les hommes et de 26 ans 10 mois pour les femmes.

Louis-René Villermé

... La fécondité des mariages varierait beaucoup dans les diverses professions. On n'aperçoit du reste aucun rapport entre elle et la mortalité, et ni celle-ci, ni l'aisance ou la misère ne paraissent la régler. Rien ne prouve, au surplus, l'exactitude de mes résultats comme moyennes, et le contraire serait peut-être plus probable, car les tendances qu'ils semblent indiquer n'ont pas été les mêmes tous les ans. Mais s'il n'y a qu'incertitude à cet égard, il résulte évidemment, pour les mariages, de la série de leurs chiffres annuels, que la prospérité de la fabrique les multiplie et que les crises industrielles en diminuent le nombre.

... La proportion des bâtards reconnus à leur naissance par les pères et mères, varie singulièrement dans les diverses professions : les extrêmes sont d'un sur 2 (tisserands) et sur 40 (contremaîtres) enfants légitimes... La proportion des bâtards est assez en rapport avec la mortalité. En effet, si l'on excepte la classe des contremaîtres, les professions dans lesquelles la durée de la vie est la plus longue en comptent le moins, et celles dans lesquelles elle est très courte en comptent le plus. Il suffit d'en rapprocher les chiffres de ceux des décès par professions et par âges pour en avoir la preuve. Enfin l'on voit, et c'était au surplus la conséquence de tout ce qu'on vient de dire, le nombre des bâtards s'accroître en raison de la misère des parents. Ainsi, ceux qui sont reconnus par les pères à leur naissance ne forment pas un 30e de tous les enfants chez les contremaîtres, manufacturiers et graveurs, et ils en forment plus du quart chez les charpentiers, maçons et tisserands.

Les feuilles dont le dépouillement m'a fourni ces résultats, n'indiquent la profession des mères d'enfants illégitimes non reconnus par les pères, que pour les années 1823 et 1824. Il en résulte que les hommes vivant en concubinage choisissent d'autant plus souvent une compagne de leur profession, et reconnaissent d'autant plus facilement leurs bâtards, qu'ils sont plus pauvres : voilà pourquoi nous voyons, dans les deux seules années dont il s'agisse à présent, 35 enfants illégitimes de tisseuses reconnus par leurs pères, contre 9 qui ne le sont pas. D'un autre côté, j'ai remarqué une forte proportion d'imprimeuses d'indiennes, mais surtout de servantes, dont les enfants ont été abandonnés par les pères. Mais d'après les informations que j'ai prises sur les lieux, ces imprimeuses sont communément les maîtresses des contremaîtres, des fils de fabricants ou d'autres hommes aisés. Quant aux servantes, il se passe ici ce qu'on observe partout : les séducteurs n'en reconnaissent pas ordinairement les enfants. C'est au reste par les mêmes motifs que pour les imprimeuses d'indiennes.

La détresse d'un grand nombre d'ouvriers en coton du département du Haut-Rhin, dont on vient de tracer un si triste tableau, n'a été exagérée en rien. Disons maintenant, ne fût-ce que pour adoucir l'impression douloureuse qu'il doit avoir produite, les efforts et les sacrifices continuels de beaucoup de maîtres de manufactures, pour soulager ou mieux encore pour prévenir cette détresse. Après avoir montré le mal, il est juste de montrer aussi le bien.

La *Société Industrielle* de Mulhouse, cette société si utile, composée principalement des chefs de l'industrie cotonnière de l'Alsace, s'est plusieurs fois occupée des moyens de ramener à des limites raisonnables le travail forcé et trop précoce auquel on astreint les enfants dans les manufactures de coton. Elle a, non-seulement, accueilli avec faveur toutes les communications, toutes les propositions qui lui ont été faites dans ce but ; mais encore elle a déjà deux fois, par une pétition adressée aux chambres et aux ministres, demandé une loi qui fixât la durée du travail des enfants dans les manufactures...

J'ajouterai que plusieurs chefs d'établissements entretiennent à leurs frais une école pour les enfants employés dans leurs ateliers, et que d'autres placés dans des conditions qui leur sont particulières, en partagent en partie les bénéfices avec leurs ouvriers. Ainsi, à Guebwiller, chez M. Nicolas Schlumberger, la journée de travail est moins longue qu'ailleurs d'une heure et demie. On y a soin, en outre, pour faire passer chaque jour tous les enfants à l'école sans nuire à la fabrication, d'en avoir, proportion gardée, un plus grand nombre que dans les autres filatures. De cette manière, on varie les attitudes de ces petits ouvriers, leurs exercices, les objets de leur attention ; on les repose du travail de l'atelier, et par conséquent on sert à la fois leur santé et leur instruction. Ainsi dans l'immense et admirable manufacture de Wesserling, où, par son éloignement des autres, on a toujours autant d'enfants qu'on en veut, on les admet rarement au-dessous de 9 ans.

Frappé des conséquences fâcheuses qui résultent, à Mulhouse,

Louis-René Villermé

pour un nombre considérable d'ouvriers, de la manière dont ils sont logés, et surtout du rapprochement, dans une même pièce, de plusieurs familles très souvent étrangères l'une à l'autre, le maire actuel de cette ville, M. André Koechlin, a fait bâtir pour trente-six ménages d'ouvriers de ses ateliers de construction, des logements où chacun a deux chambres, une petite cuisine, un grenier et une cave, pour 12 à 13 F. par mois, c'est-à-dire, pour moins de la moitié du loyer qu'ils paieraient ailleurs. En outre, et sans augmentation de prix, à chaque logement est attaché un jardin pour y cultiver une partie des légumes nécessaires au ménage, et surtout pour habituer l'ouvrier à y passer le temps qu'il donnerait au cabaret. Mais pour jouir de ces avantages, il faut entretenir par ses propres mains son jardin, envoyer ses enfants à l'école, s'abstenir de contracter une dette quelconque, et, chaque semaine, faire un dépôt à la caisse d'épargnes et payer 15 centimes à la caisse des malades de l'établissement. Cette dernière condition donne droit à 30 sous par jour, aux visites du médecin et à la fourniture des remèdes, lorsqu'on est malade.

Cet essai de M. Koechlin a parfaitement réussi : les ménages logés par lui ont si bien prospéré que ceux dont l'avenir paraissait assuré, ont fait place à de nouvelles familles, et que les chefs de manufactures, voulant imiter son exemple et faire en grand ce qu'ils voyaient faire si heureusement en petit, ouvrirent au mois de mai 1835, une souscription qui donna 200 000 F. en quatre jours. Des causes que j'ignore ont arrêté leur utile projet ; mais il a été repris, et en septembre 1836 les souscriptions au moyen desquelles on voulait le réaliser s'élevaient à un million. Je crains bien que la crise de 1837 n'ait fait tout abandonner.

Je ne poursuivrai pas plus loin ces détails. Ils suffisent pour montrer la sollicitude de plusieurs fabricants d'Alsace envers leurs ouvriers. Mais je dois dire que ce qui m'a frappé dès l'abord à Wesserling et chez M. Nicolas Schlumberger, ç'a été de voir les ouvriers mieux portants, moins déguenillés, plus propres enfin, surtout les enfants, que dans les filatures de Thann et de Mulhouse. Ils vivaient évidemment dans des conditions moins misérables. Un autre fait d'ailleurs en serait seul la preuve : je veux parler de la grande quantité de parapluies qu'on voyait dans leurs ateliers. Les ouvriers des filatures de Mulhouse sont presque tous réduits à n'en avoir point.

Dans plusieurs grandes manufactures du département du Haut-Rhin, un médecin et un pharmacien payés par le fabricant donnent leurs conseils et leurs médicaments aux ouvriers malades et même, très souvent, aux membres des familles de ces ouvriers qui peuvent en avoir besoin. Enfin, il existe dans la plupart, ou des caisses particulières de prévoyance, qui sont presque toujours entre les mains des fabricants, ou des caisses de secours mutuels dont les fonds sont destinés à donner chaque jour à l'ouvrier malade, qui ne peut travailler, une sorte d'indemnité représentative de son salaire, avec lequel sa femme et ses enfants subsistent. Je connais même une filature (c'est encore celle de MM. Nicolas Schlumberger et Cie) dont les ouvriers, au moyen d'une retenue faite sur leur main-d'œuvre, achètent en commun du blé, et ont élevé une boulangerie qui fournit à eux et à leur famille d'excellent pain à meilleur marché qu'ils ne pourraient l'avoir de toute autre manière.

II. Des ouvriers de la fabrique
de Sainte-Marie-aux-mines

La fabrique des toiles de coton de Sainte-Marie-aux-Mines diffère assez, sous le rapport de la condition des ouvriers, de celle de Mulhouse et du reste de l'Alsace, pour que j'en parle séparément. C'est, à bien dire, un vaste tissage à la main de cotonnades de couleur. Sainte-Marie-aux-Mines, sa vallée et les petits vallons qui s'y rendent, en sont le centre, et il s'étend çà et là dans toutes les directions, jusqu'à 6, 8 ou même 9 lieues de la ville.

Les renseignements que j'ai recueillis portaient à plus de 20 000 le nombre des ouvriers... Les filatures et imprimeries d'indiennes y sont en bien petit nombre, et chacune d'elles est très peu considérable, en comparaison de la plupart des établissements de même espèce que l'on voit dans les autres parties du département. À peine en trouve-t-on une qui réunisse dans son enceinte jusqu'à 250 ouvriers. Mais il y a des entrepreneurs de tissage, qui entretiennent chacun plusieurs centaines de tisserands.

Ceux-ci, à peu d'exceptions près, fabriquent leurs toiles chez eux et en famille. Comme partout ailleurs ils prolongent leur travail autant qu'ils le peuvent ; mais dans les ateliers de tissage établis chez les fabricants et dans les usines, la journée est généralement de 14 heures sur lesquelles on en exige 12 à 12 et demie de travail effectif. Ainsi, sous ce rapport, ces derniers ouvriers sont un peu moins mal qu'à Mulhouse, à Thann, à Dornach, etc.

Les tisserands sont généralement aussi mieux logés, et ils ne travaillent jamais dans des pièces enfoncées en terre. Beaucoup, parmi ceux de la ville, peut-être le plus grand nombre, habitent et tissent au premier étage, quelques-uns même au second. Toute la famille couche dans une chambre unique, où les métiers sont ordinairement établis. Malgré la misère excessive des plus pauvres, le manque de tout drap au lit s'y fait remarquer très rarement. Chez les plus aisés, les enfants ont de petits lits à part, et l'atelier, qui sert de salle commune, occupe une pièce voisine de la chambre à coucher. Mais dans les vallons étroits de la montagne, la position de la maison sur un penchant rapide et l'humidité du sol sur lequel elle est construite, rendent fréquemment malsains les logements du rez-de-chaussée.

C'est une opinion commune dans le pays que, de tous les ouvriers de la fabrique, si l'on excepte les imprimeurs d'indiennes, les tisserands sont les moins sobres, les moins économes, les moins prévoyants, et ceux qui ont les mœurs, les moins bonnes. Du reste, les compagnons, en assez petit nombre, qui sont étrangers au pays, offrent plus que tous les autres ces mauvaises habitudes ; eux seuls se reposent les lundis.

Les ouvriers employés chez les fabricants ou dans les manufactures, habitent généralement les maisons voisines de leurs ateliers ; et cependant, malgré cette proximité, et lors même qu'il ne pleut pas, on les voit presque tous s'y rendre ou en revenir en tenant un parapluie sous le bras ou à la main. Le parapluie se trouve ici dans chaque ménage...

Il est difficile qu'avec leurs salaires, les ouvriers puissent, pour la plupart entretenir leur famille, élever leurs enfants, et faire des épargnes, surtout lorsque beaucoup manquent de prévoyance et d'économie. La difficulté est encore plus grande pour ceux qui habitent Sainte-Marie et les petits vallons situés autour, dans un rayon de trois quarts de lieue à une lieue, car ils ont assez rarement une autre ressource que leurs salaires pour vivre, et les loyers, ainsi que les denrées, y sont fort chers. Quant au loyer, une pièce de 22 à 28 mètres carrés de superficie et un coin de grenier ou toute autre place pour déposer des pommes de terre, coûtent dans la ville au ménage de tisserands qui l'occupe, depuis 80 jusqu'à 110 F. par an ; et, à trois quarts de lieue de là, dans la montagne, un logement plus grand, auquel est parfois jointe une cuisine, coûte de 55 à 100 F...

Les plus aisés mangent de la viande et de la soupe grasse deux fois par semaine, la plupart une fois seulement, les pauvres tous les 15 jours et plus rarement encore. Les pommes de terre font, pour tous, la base principale de la nourriture ; ils y ajoutent des soupes maigres, des laitages et un peu de pain qui n'est pas aussi bon que celui que les mêmes ouvriers mangent à Guebwiller, Thann, Mulhouse, etc. Le vin n'entre jamais dans leur régime ordinaire...

Les ouvriers de la fabrique de Sainte-Marie-aux-Mines, dont l'occupation n'est point de tisser ou de dévider, offrent, en général, les apparences d'une bonne santé, qui contraste avec la pâleur et l'indolence des tisserands, dont beaucoup sont maigres, chétifs, scrofuleux, ainsi que leurs femmes et leurs enfants. Il est vrai que l'on fait dévider les trames à ces derniers, dès qu'ils ont atteint l'âge de cinq ou six ans, et qu'on les retient chaque jour beaucoup plus qu'il ne conviendrait. J'en ai vu de quatre ans et demi qui faisaient déjà ce métier.

Mais le travail dans un âge si tendre, et lorsque les enfants ne devraient connaître encore que le jeu, n'est pas, avec la misère, la seule cause qui ruine leur santé, détériore leur constitution : le séjour dans quelques vallons étroits, humides et voisins de Sainte-Marie, paraît aussi y contribuer beaucoup. En effet, dans ces vallons, la population est dégradée : les hommes sont plus petits, plus faibles que dans les environs, le goitre y est très commun, et l'on voit non seulement beaucoup d'idiots de naissance, de *véritables crétins*, mais encore, assure-t-on, beaucoup de sourds-muets. La misère spécule sur ces infirmités, et j'ai vu un pauvre ménage qui prend en pension, pour une très modique somme, ceux qui s'en trouvent atteints : il les occupe, autant qu'il le peut, soit à tisser ou dévider, soit à des travaux extérieurs.

Frappé, la première fois que je visitai le marché de Sainte-Marie-

Louis-René Villermé

aux-Mines, de l'aspect de faiblesse et de mauvaise santé d'un assez grand nombre de personnes qui causaient sur la place, je demandai quelle était leur profession ? Des tisserands qui habitent dans la montagne, auprès de la ville, me répondit-on. — Et ces autres si frais, si colorés ? — Des agriculteurs de la Lorraine qui demeurent à trois lieues d'ici.

Il est digne de remarquer que, malgré le triste sort de la plupart des tisserands de la ville et des localités les plus voisines, leur population s'accroisse chaque année, dans les temps ordinaires, par l'arrivée d'étrangers venus presque tous de l'autre côté du Rhin, pour solliciter de l'ouvrage. Beaucoup épousent des filles du pays, ou bien, ne pouvant pas obtenir de chez eux les papiers nécessaires pour contracter une union légitime, vivent en concubinage avec elles, comme nous l'avons vu à Mulhouse.

À Sainte-Marie, la plupart des tisserands dont j'ai visité le ménage, avaient chacun un seul métier ; mais à la campagne ils en ont presque tous deux, et parfois même jusqu'à trois. Ceux qui sont propriétaires de la maison qu'ils habitent, en possèdent toujours plusieurs. Les plus heureux appartiennent à des familles agricoles avec lesquelles ils vivent ; mais ils sont en bien petit nombre, surtout près de la ville. Si mes renseignements sont exacts, les ouvriers de la fabrique de Sainte-Marie-aux-Mines seraient, en général, mécontents de leur sort. Néanmoins, les tisserands, qui en forment la presque totalité, sont trop faibles ou ont trop peu d'énergie pour que ce mécontentement soit jamais bien à craindre.

Lorsqu'ils sont malades, les fabricants ne paient ni le médecin ni les médicaments dont ils ont besoin. Une caisse d'épargnes a été ouverte à Sainte-Marie dans les derniers jours du mois d'octobre 1836, et cependant le gouvernement l'avait autorisée dès le 6 mai. Mais l'esprit d'association y a fait organiser, depuis 16 à 18 ans, des sociétés de secours mutuels pour les cas de maladies. Ces sociétés, composées uniquement d'ouvriers, étaient au nombre de dix et réunissaient ensemble près de 1 300 membres.

Chapitre III
Des ouvriers manufacturiers du département du nord,
en général, et, en particulier, de ceux des villes
de Lille, Roubaix et Tourcoing.

La ville de Lille, qui a partagé autrefois le 1er rang comme ville manufacturière avec Bruges, Anvers et Amsterdam, est un grand centre industriel dans lequel et autour duquel se sont agglomérées la plupart des manufactures situées dans le département du Nord ; c'est à leur développement immense, principalement à celui des manufactures où l'on travaille le coton et la laine, qu'il faut attribuer l'accroissement si remarquable, et toujours progressif depuis environ vingt ans, de Roubaix et Vazemmes, villages naguère sans importance, et aujourd'hui villes populeuses. Aussi, quoiqu'une place de guerre, dont les portes se ferment chaque jour pendant six à neuf heures, gêne beaucoup les communications, et soit un mauvais voisinage pour l'industrie, Vazemmes, les, Moulins, Esquermès, etc., qui ne sont que des faubourgs de Lille, que Lille *extra-muros*, car ils en touchent les remparts, ont-ils vu ces dernières années s'élever un nombre considérable de manufactures [1].

...Le chiffre total officiel de la population du département du Nord était de 962 648 personnes en 1826, et, en 1831, de 989 938. En 1828, d'après M. le Vicomte Alban de Villeneuve-Bargemont, alors préfet de ce département, on y évaluait à environ 224 300 le nombre des ouvriers industriels de toute espèce, dont la plus grande partie était attachée aux fabriques de coton..., en tout, pour la classe ouvrière industrielle, environ 396 600 individus, vivant avec les salaires payés par les manufactures. D'après ces données, il y avait en 1828 dans le département du Nord : un ouvrier manufacturier, proprement dit, sur 4,34 habitants des deux sexes et de tous les âges ; et un individu de la classe ouvrière industrielle, sur 2,45 de la population totale. D'où l'on peut conclure, ce qui est d'ailleurs bien certain, que le département du Nord est l'un des plus industriels de la France.

1 L'accroissement des faubourgs de Lille serait beaucoup plus grand si l'entrée et la sortie de cette ville eussent été toujours libres de nuit comme de jour. Je crois que depuis 1836, on en laisse constamment les portes ouvertes, comme celles de la plupart des villes de guerre.

Louis-René Villermé

Des dénombrements faits à la même époque ont fourni la preuve que sur les 396 600 individus qui n'avaient guère d'autres ressources pour vivre que les manufactures, 163 453, c'est-à-dire, 1 sur 2,42, ou un peu plus du sixième de la population totale du département, étaient alors inscrits sur les registres des bureaux de bienfaisance. 171 621 l'étaient en 1833. C'est de beaucoup la plus forte proportion d'indigents qui ait été constatée en France dans un département entier. Et pourtant, celui du Nord, le plus manufacturier peut-être du royaume, en est certainement le mieux cultivé, celui dont le sol est le plus fertile.

I. Lille

La ville de Lille comptait 22 281 pauvres, secourus ou susceptibles de l'être en 1828, sur les 163 453 du département, et 22 205 sur les 171 621 de 1833 [1]. Mais aux mois de novembre et décembre 1835, lorsque j'étais dans cette ville, on croyait ce nombre augmenté ; il l'était surtout vingt mois plus tard, en 1837, lorsque je m'y trouvais pour la seconde fois. Comme la population de Lille, qui ne paraît pas s'accroître depuis plusieurs années, est évaluée à 72 000 personnes ou environ, ce serait 4 indigents sur 13 personnes !! [2]

On ne sera donc pas étonné que j'aie vu à Lille une grande misère.

---

1 V. *Économie politique chrétienne*, du vicomte Alban de Villeneuve-Bargemont, t. II, p. 51. L'auteur classe ainsi les indigents, d'après quelques données administratives.

1. Vieillards	6 000
2. Infirmes	16 000
3. Indigents par suite de malheurs	12 000
4. Indigents par surabondance d'enfants	50 000
5. Indigents par défaut ou insuffisance de travail	44 000
6. Indigents par inconduite	35 453
	163 453

Sur les 94 000 formant les classes 4 et 5, on peut compter environ moitié d'enfants.
2 Parmi les causes auxquelles on attribue le grand nombre de ses pauvres, on a cité dans ces derniers temps la somme exorbitante des secours qu'ils se partagent. « L'on n'amasse pas, dans ce département, disait-on, 1 150 000 F. d'argent tous les ans, par la nécessité de secourir 170 000 pauvres ; loin de là, on a 170 000 pauvres, parce que bien avant l'établissement des manufactures mécaniques de coton, on avait 1 150 000 F. à distribuer en aumônes ». Je ne nie point que ce ne soit ainsi ; cependant, je ferai remarquer que cette somme ne donnerait que 6 F. 76 par an, pour chacun.

36

Voici du reste, comment en parle M. de Villeneuve-Bargemont dans son Économie politique chrétienne :

Sans instruction, sans prévoyance, abrutis par la débauche, énervés par les travaux des manufactures, entassés dans des caves obscures, humides ou dans des greniers où ils sont exposés à toutes les rigueurs des saisons, les ouvriers parviennent à l'âge mûr sans avoir fait aucune épargne, et hors d'état de suffire complètement à l'existence de leur famille, qui est presque toujours très nombreuse. Ils sont tellement ivrognes que, pour satisfaire leur goût des boissons fortes, des pères et souvent des mères de famille, mettent en gage leurs effets et vendent les vêtements dont la charité publique ou la bienfaisance particulière a couvert leur nudité. Beaucoup sont en proie à des infirmités héréditaires. Il s'en trouvait, en 1828, jusqu'à « 3 687 logés dans des caves souterraines, étroites, basses, privées d'air et de jour, où règne la malpropreté la plus dégoûtante, et où reposent sur le même grabat, les parents, les enfants et quelquefois des frères et sœurs adultes ».

Ce tableau effrayant doit paraître exagéré. Les faits que j'ai observés moi-même en 1835, à une époque assez prospère, vont nous apprendre ce qu'il faut en croire. Le quartier de Lille où il y a, proportion gardée, le plus d'ouvriers pauvres et de mauvaise conduite, est celui de la rue des Étarques, et des allées, des cours étroites, tortueuses, profondes, qui communiquent avec elle. Il comprend un espace de 200 mètres de longueur sur 120 mètres de largeur moyenne. Ces mesures sont exactes, d'après un plan de la ville sur lequel je les ai prises. Le quartier dont il s'agit a donc 24 000 mètres carrés ou environ de superficie. Un recensement fait en 1826, et dont les résultats détaillés m'ont été communiqués, m'a fourni la preuve que sa population était alors de près de 3 000 individus. C'est, terme moyen, huit mètres carrés de terrain pour chacun, presque comme à Paris dans les quartiers des Marchés et des Arcis, où la population a moins d'espace que dans tous les autres.

Mais dans ces quartiers de la capitale, les maisons ont au moins trois étages au-dessus du rez-de-chaussée, ordinairement quatre ou cinq, quelquefois six, même sept ; tandis qu'à Lille, dans la rue des Étarques et dans les cours adjacentes, elles en ont deux ou trois au plus, en comptant pour un les caves qui d'ailleurs ne se voient pas, à

Louis-René Villermé

beaucoup près, au-dessous de toutes les maisons. Par conséquent, les habitants y sont encore plus rapprochés les uns des autres, plus entassés, si l'on peut s'exprimer ainsi, que dans les deux quartiers les plus populeux de Paris... Les plus pauvres habitent les caves et les greniers. Ces caves n'ont aucune communication avec l'intérieur des maisons : elles s'ouvrent sur les rues ou sur les cours, et l'on y descend par un escalier, qui en est très souvent à la fois la porte et la fenêtre. Elles sont en pierres ou en briques, voûtées, pavées ou carrelées, et toutes, ont une cheminée ; ce qui prouve qu'elles ont été construites pour servir d'habitation. Communément leur hauteur est de 6 pieds à 6 pieds et demi prise au milieu de la voûte, et elles ont de 10 à 14 ou 15 pieds de côté. C'est dans ces sombres et tristes demeures que mangent, couchent et même travaillent un grand nombre d'ouvriers. Le jour arrive pour eux une heure plus tard que pour les autres, et la nuit une heure plus tôt.

Leur mobilier ordinaire se compose, avec les objets de leur profession, d'une sorte d'armoire ou d'une planche pour déposer les aliments, d'un poêle, d'un réchaud en terre cuite, de quelques poteries, d'une petite table, de deux ou trois mauvaises chaises, et d'un sale grabat dont les seules pièces sont une paillasse et des lambeaux de couverture. Je voudrais ne rien ajouter à ce détail des choses hideuses qui révèlent, au premier coup d'œil, la profonde misère des malheureux habitants ; mais je dois dire que, dans plusieurs des lits dont je viens de parler, j'ai vu reposer ensemble des individus des deux sexes et d'âges très différents, la plupart sans chemise et d'une saleté repoussante. Père, mère, vieillards, enfants, adultes, s'y pressent, s'y entassent. Je m'arrête... le lecteur achèvera le tableau, mais je le préviens que s'il tient à l'avoir fidèle, son imagination ne doit reculer devant aucun des mystères dégoûtants qui s'accomplissent sur ces couches impures, au sein de l'obscurité et de l'ivresse [1].

Eh bien ! les caves ne sont pas les plus mauvais logements : elles ne sont pas, à beaucoup près, aussi humides qu'on le prétend. Chaque fois qu'on y allume le réchaud, qui se place alors dans la cheminée,

1 Il y a même des filatures où la couleur des pieds nus des ouvriers permettrait de les prendre d'abord pour des nègres, tant ces pieds sont noircis par la crasse. Je ne serais pas juste cependant, si je n'ajoutais que MM. Théodore Barrois, Auguste Mille, et d'autres aussi sans doute, ne souffrent point d'une pareille malpropreté des hommes dans leurs ateliers.

on détermine un courant d'air qui les assèche et les assainit. Les pires logements sont les greniers, où rien ne garantit des extrêmes de température ; car les locataires, tout aussi misérables que ceux des caves, manquent également des moyens d'y entretenir du feu pour se chauffer pendant l'hiver [1].

Un trait manque à ce tableau : c'est celui des cabarets de la rue des Étarques et des rues voisines, observés le soir les dimanches et les lundis, en 1835, pendant la saison froide.

J'aurais voulu pénétrer dans ces lieux, où j'ai vu, par les portes et les fenêtres, à travers un nuage de fumée de tabac, comme des fourmilières d'habitants de ce hideux quartier ; mais il était évident que, malgré la précaution que j'avais prise de m'habiller de manière à leur paraître moins suspect, mon apparition au milieu d'eux aurait excité leur surprise, surtout leur méfiance. Un grand nombre se tenait debout faute de place pour s'asseoir, et l'on voyait parmi eux beaucoup de femmes. Tous buvaient de la détestable eau-de-vie de grain, ou bien de la bière. Quant au vin, il est d'un prix trop élevé pour qu'ils puissent y atteindre. Je me suis donc contenté de suivre toutes ces personnes dans la rue, où beaucoup s'arrêtaient chez les épiciers pour boire de l'eau-de-vie, avant d'entrer au cabaret, et où j'entendais jusqu'aux enfants dire les paroles les plus obscènes. Je puis l'affirmer : je n'ai jamais vu à la fois autant de saletés, de misères, de vices, et nulle part sous un aspect plus hideux, plus révoltant. Et que l'on ne croie pas que cet excès du mal soit offert par quelques centaines d'individus seulement, c'est, à des degrés divers, par la grande majorité des 3 000 qui habitent le quartier de la rue des Étarques, et par un plus grand nombre d'autres encore qui sont groupés, distribués dans beaucoup de rues, et dans peut-être soixante cours plus ou moins comparables à celles dont j'ai parlé.

Mais si l'on voit, à Lille, un nombre très considérable d'ouvriers tels que ceux de la rue des Étarques et des cours voisines, un plus grand nombre encore est loin d'offrir le spectacle de misère et de dégradation profonde dont on vient de présenter le trop

1 Enfin, je ne donnerai pas une idée complète des logements dont il s'agit, si je n'ajoutais que pour tous ceux qui habitent plusieurs des cours dont j'ai parlé c'est-à-dire pour des centaines d'individus quelquefois, il n'y a qu'un ou deux de ces cabinets indispensables à la propreté des villes, où pourtant les anciens ne les connaissaient pas dans leurs maisons.

Louis-René Villermé

fidèle tableau, quoiqu'il ne gagne pas toujours, à beaucoup près, de meilleurs salaires. Mais propres, économes, sobres surtout, ils savent, avec la même rétribution d'une journée de travail, se loger, s'habiller, se mieux nourrir, en un mot, pourvoir plus complètement à leurs besoins. Il serait superflu, je crois, d'en parler ici plus, longuement. J'ajouterai pourtant que beaucoup cherchent, dans le choix de leur demeure, à se rapprocher des ouvriers de bonne conduite, et habitent ainsi le quartier Saint-André, comme les misérables dont il s'agissait tout à l'heure, habitent surtout le quartier Saint-Sauveur et celui de la rue des Étarques.

C'est ici, du reste, pour le mélange des sexes comme dans tous les ateliers de manufactures, où ils ne sont séparés que lorsque la nature des opérations ne permet pas qu'ils soient réunis. C'est de même pour la longue durée du travail quotidien : chez presque tous les fabricants, la journée est de 15 heures, sur lesquelles on en exige 13 de travail effectif.

... La classe des *filtiers* ou *retordeurs de fils* est très remarquable, par sa propreté, ses mœurs, ses habitudes et par sa conduite ordinairement très bonne, surtout si on la compare aux ouvriers en coton. Ils ne touchent que de très modiques salaires ; et cependant leur sobriété, leur économie font qu'ils sont généralement moins misérables que des ouvriers d'autres industries qui gagnent davantage... Le métier de filtier est très souvent héréditaire dans les familles. Il s'exerce assis et n'est point fatigant, si ce n'est pour ceux qui font marcher les moulins à dévider et à retordre. Ils ont fréquemment les genoux cagneux ou rapprochés l'un de l'autre, à cause de leur pose habituelle pendant le travail.

Les filtiers passent dans le pays pour n'avoir qu'une intelligence bornée, pour être petits, faibles, mal portants, disgraciés dans les proportions du corps. Il est vrai que l'on voit, parmi eux, beaucoup d'individus chétifs et scrofuleux. Mais il ne faut pas oublier, dans l'évaluation de l'influence de leurs occupations sur leur santé, que comme elles n'exigent ni force ni adresse, elles sont dévolues particulièrement aux vieillards qui ne peuvent plus faire autre chose, et à beaucoup d'enfants d'une mauvaise constitution que l'on juge impropres à des ouvrages plus difficiles.

Enfin, la modicité des gains, qui ne permet pas une bonne

alimentation, contribue peut-être encore à maintenir petite et grêle la taille des filtiers.

... À Lille et dans ses faubourgs les ouvriers ordinaires du sexe masculin gagnaient par journée de travail, avant la crise des années 1836 et 1837, de 25 à 35 ou 40 sous, et communément 30 sous. Les plus forts, depuis 35 jusqu'à 50 sous, mais le plus grand nombre 40 à 45 sous ; les plus habiles, les plus intelligents, ceux dont l'apprentissage est long, difficile, ou l'industrie particulièrement recherchée, depuis 45 sous jusqu'à 6 F., mais la plupart 3 F. ou près de 3 F. ; les femmes bonnes et adroites ouvrières, de 20 à 40 sous, les autres de 12 à 20 sous ; les jeunes gens de 12 à 15 ans, depuis 12 sous jusqu'à 25 ; et les enfants plus jeunes, de 6 à 15 ou 16 sous.

Ainsi, en supposant une famille dont le père, la mère et un enfant de 10 à 12 ans reçoivent des salaires ordinaires, cette famille pourra réunir dans l'année, si la maladie de quelqu'un de ses membres ou un manque d'ouvrage ne vient pas diminuer ses profits, savoir :

— le père, à raison de 30 sous par journée de travail 450 F.

— la mère, à raison de 20 sous par journée de travail 300 F.

— un enfant, à raison de 11 sous par journée de travail <u>165 F.</u>

— **en tout 915 F.**

Voyons maintenant quelles sont ses dépenses. Si elle occupe seule un cabinet, une sorte de grenier, une cave, une petite chambre, son loyer, qui s'exige par mois ou par semaine, lui coûte ordinairement dans la ville, depuis 40 F. jusqu'à 80. Prenons la moyenne : 60 F. Sa nourriture environ : 14 sous par jour, pour le mari : 255 ; 12 sous pour la femme : 219 ; 9 sous pour l'enfant : 164. Mais comme il y a très communément plusieurs enfants en bas âge, disons 738 F. C'est donc, pour la nourriture et le logement, 798 F.

Il reste par conséquent, pour l'entretien du mobilier, du linge, des habits, et pour le blanchissage, le feu, la lumière, les ustensiles de la profession, etc., une somme de 117 F.

Certes, ce n'est pas assez. Supposez une maladie, un chômage, un peu d'ivrognerie, et cette famille se trouve dans la plus grande gêne...

La nourriture habituelle des plus pauvres ouvriers de Lille se compose de pommes de terre, de quelques légumes, de soupes

Louis-René Villermé

maigres, d'un peu de beurre, de fromage, de lait de beurre ou de charcuterie. Ils ne mangent ordinairement qu'un seul de ces, aliments avec du pain. L'eau est leur unique boisson pendant les repas ; mais un très grand nombre d'hommes, et même des femmes, vont chaque jour au cabaret boire de la bière ou, plus souvent encore, un petit verre de leur détestable eau-de-vie de grains. Les ouvriers aisés se nourrissent mieux : ils ont assez souvent le pot-au-feu ou quelque ragoût où il entre de la viande, et le matin une tasse de café ordinairement mélangé de chicorée, pris au lait et presque sans sucre. Enfin il existe à Lille, comme dans les autres villes manufacturières, des traiteurs-gargotiers chez lesquels beaucoup d'ouvriers vont faire chaque jour un repas. Ils y portent leur pain, se font tremper la soupe et choisissent un mets...

Les ouvriers de Lille sont très souvent privés du strict nécessaire ; et cependant ils ne se plaignent point trop de leur sort, et ne se portent presque jamais à des émeutes. Sous ce rapport seulement, ils ressemblent aux malheureux ouvriers des manufactures de l'Alsace. La douceur, la patience, la résignation, paraissent être d'ailleurs le fonds du caractère flamand. Ils offrent très souvent une constitution scrofuleuse, surtout les enfants, qui sont décolorés et maigres. Les médecins de la ville m'ont affirmé que la phtisie pulmonaire moissonne beaucoup plus d'ouvriers en coton et de filtiers que d'autres habitants.

Lille est peut-être la ville de France où, proportion gardée, il y a le plus d'ouvriers enrôlés dans les associations de secours mutuels, fondées pour fournir à ceux de leurs membres qui deviennent malades, une indemnité représentative du salaire qu'ils ne peuvent gagner... En 1836 il y en avait 106 réunissant 7 329 sociétaires. Mais ici, la mauvaise organisation de ces sociétés, si dignes d'éloges d'ailleurs, ne permet pas qu'elles fassent du bien [1]. En effet, le

1 J'ai pu avoir communication du règlement de quelques sociétés de secours mutuels. J'extrais de l'un d'eux, *Cercle Social de bienfaisance de Saint-Eloi, dit les Amis réunis,* fondé le 1er décembre 1833, par plusieurs *amis zélés de s'aider les uns les autres dans leurs maladies,* les dispositions suivantes : « Le malade peut avantager son certificat (de maladie) chez le cabaretier du Cercle ». (art. V) « Tout associé qui se trouvera à l'assemblée sera tenu de payer son pot (de bière) de suite, sous peine d'être rayé du cercle ». (art. XV) « Tout associé qui, étant à l'assemblée, jurera le saint nom de Dieu, ou donnera un démenti à un autre, sera à l'amende d'un pot payable de suite... » (art. XX) « Aucun argent ne sera déposé entre les mains du *Maître* du mois. Quand il en aura besoin, il s'adressera au cabaretier, à lui il déclarera le nombre des malades, alors

lieu où elles s'assemblent une fois par mois pour traiter de leurs affaires, est toujours un cabaret ; et, à la fin de chaque année, ce qui reste en caisse au-dessus d'une certaine somme, se partage entre les sociétaires et se dépense immédiatement en débauches, « pour recommencer l'année suivante la formation d'une nouvelle caisse dont les produits auront la même destination »... L'ivrognerie est dans les mœurs du peuple de Lille. L'usage est, dans cette ville, de faire prendre aux petits enfants auxquels on veut procurer du sommeil, une dose de thériaque appelée *dormant*. Eh bien, je me suis assuré chez les pharmaciens qui vendent ces dormants, que les femmes d'ouvriers en achètent surtout les dimanches, les lundis et les jours de fête, lorsqu'elles veulent rester longtemps au cabaret et laisser leurs enfants au logis.

II. Roubaix, Tourcoing, etc.

Je viens de montrer les ouvriers manufacturiers de Lille tels que je les ai vus. Je me hâte de dire que ceux de Roubaix, de Tourcoing et du reste du département du Nord, dont le tableau va suivre, leur ressemble peu...

La population ouvrière tend à s'y accroître, principalement par une immigration, lente il est vrai, mais continuelle, de Belges surtout ; et cependant les maîtres de manufactures se plaignent de manquer de bras. Les métiers à tisser battent plus particulièrement pendant les mois de juin, d'août et de septembre pour la laine, et le reste du temps pour le coton.

Ici comme ailleurs la durée de la journée dans les ateliers est, suivant les saisons, de 14 à 15 heures, mais le plus souvent de 15, sur lesquelles on en accorde deux ou près de deux pour les repas et le repos. Le travail supplémentaire est payé à part ; quant aux ouvriers à la pièce, ils travaillent assez souvent pendant les 14 ou 15 heures.

Une famille d'ouvriers se compose généralement de cinq personnes, le père, la mère et trois enfants. Elle est presque toujours logée sainement, dans des pièces bien éclairées, assez grandes et assez propres. Beaucoup de ces familles occupent même chacune

le cabaretier lui donnera l'argent nécessaire, etc... » (art. XXVIII).

Louis-René Villermé

une petite maison entière. Il n'y a point ici de caves habitées, comme à Lille, et tous les logements, loués à l'année, se paient par trimestre.

Les tisserands qui demeurent dans les villages et travaillent chez eux, ont des mœurs et des habitudes généralement très bonnes ; tandis que les ouvriers des grands ateliers se jettent à l'envi dans des dépenses et des débauches qui altèrent leur santé et ruinent leur avenir... On m'a cité particulièrement, à Roubaix et à Tourcoing, comme un exemple de la fâcheuse influence des grands ateliers, les peigneurs de laine, qui se font remarquer aujourd'hui par leur inconduite, et qui, il y a douze ou quinze ans, alors qu'ils vivaient en famille et travaillaient tous chez eux, faisaient plus d'épargnes que les maîtres fileurs dont les salaires étaient cependant les doubles des leurs.

Beaucoup d'ouvriers qui travaillent à Tourcoing et à Roubaix y habitent ; mais le plus grand nombre, peut-être, s'y rend chaque matin des villages et des hameaux voisins. Ils demeurent rarement à plus d'une lieue de leurs ateliers. Ils sont convenablement vêtus. J'ai vu, au commencement de l'hiver de 1835 à 1836, les hommes porter presque tous un bon pantalon de gros drap, une veste de la même étoffe (souvent par-dessus une blouse de toile), des bas de laine, des sabots, et une casquette, le tout propre, sans trou ni déchirure. Les femmes n'étaient pas moins bien habillées. Enfin, je n'ai vu presque personne parmi eux, travailler comme à Lille pieds nus dans les filatures.

À l'époque où je faisais ces observations, l'homme dont le travail exigeait de la force, de la dextérité et une application particulière, gagnait communément de 2 à 3 F. ; le manœuvre ou l'homme à la journée, 30 à 35 sous ; le tisserand, qui travaille chez lui, 30 sous ; la femme 20 à 25 sous dans les manufactures, et 12 à 15 sous chez elle ; les jeunes gens âgés de plus de 14 ans, comme les femmes et les enfants de 8 à 14 ans, environ 6 sous chez leurs parents, et de 10 à 12 ou 13 dans les ateliers.

Mais par l'effet de la crise de 1836 et 1837, tous les ouvriers ont vu diminuer leurs gains, bien moins par la réduction du salaire nominal, payé pour une journée de travail, à l'exception toutefois des tisserands, que parce qu'ils ont cessé, au fort de cette crise, d'être employés six jours par semaine...

Les ouvriers sans famille ou qui ne peuvent l'aller retrouver tous les soirs, sont nourris et logés dans des chambres communes pour 6 ou 6 F. 50, 7 F. par semaine [1]. Une famille composée du père, de la mère et de deux enfants en bas-âge se nourrit avec 14 F. par semaine, ou 728 F. par an ; elle se loge convenablement dans la ville de Roubaix pour 100 F., et pour moins, à Tourcoing... Cette famille est dans une sorte d'aisance, si des maladies, des accidents, des chômages ne diminuent pas ses recettes, ou si, d'un autre côté, l'inconduite n'accroît pas ses dépenses.

Il est vrai que tous les hommes ne gagnent pas 45 sous par journée de travail dans les temps ordinaires ; mais il y en a qui gagnent davantage. Beaucoup de femmes reçoivent plus de 270 F. par an, et un grand nombre d'enfants plus de 89 F.

Les ouvriers de Roubaix et des environs paraissent se marier jeunes. Ici, comme ailleurs, une des causes qui rendent les mariages hâtifs, tient au désir qu'ont les jeunes gens de jouir de la totalité de leurs salaires, qu'ils apportent presque entiers à leurs parents, pour les besoins communs de la famille, et, à partir de l'âge de 20 ou 21 ans, ce désir est d'autant plus grand que c'est l'époque de la vie où le salaire est à peu près à son *maximum*...

Ils ont formé des Sociétés de secours mutuels en faveur de ceux qui deviennent malades. On en compte près de 20 dans la seule ville de Roubaix ; mais elles ne se réunissent pas au cabaret, pour y régler leurs affaires, comme celles de Lille. Enfin, le voisinage immédiat de la frontière, fait naître et entretient chez une partie des ouvriers du département du Nord la malheureuse habitude de la contrebande. Dans leur opinion, dans celle de la population presque entière, c'est une industrie ; seulement elle est défendue. Mais comme elle leur procure des bénéfices, ils savent presque toujours en éviter les dangers, et ils soutiennent, que ce soit ou non leur manière de voir, qu'elle est aussi morale au moins que le sont les prohibitions et les droits établis sur les produits étrangers à l'entrée de notre territoire. Pour eux, la contrebande ne serait donc très souvent qu'une représailles... Sans doute, c'est un mal ; mais ce mal, à bien prendre, ne menace pas la société comme les vices, les

1 Quatre sous de pain, 2 sous pour la soupe, et 4 sous pour ce qu'il mange avec son pain.

Louis-René Villermé

dérèglements de conduite dont j'ai parlé, et n'est pas, autant qu'eux, une infraction à la morale publique...

Dans tout ce que je viens de dire, il n'a pas été question des ouvriers qui fabriquent des châles en laine et autres tissus imitant ceux de l'Inde. Cette industrie, encore peu ancienne dans le département du Nord, procure, assure-t-on, des salaires assez forts pour faire abandonner la culture des terres, et tend à remplacer la fabrication, bien moins productive, des gazes et des linons brochés. Je n'ai point eu l'occasion de la voir, n'ayant pas été dans les cantons où elle s'est concentrée.

Chapitre IV
Des ouvriers de la fabrique de Saint-Quentin.

La ville de Saint-Quentin était autrefois le centre d'une fabrication et d'un commerce très étendu de toiles de lin, ruiné de plus en plus depuis environ une vingtaine d'années, par le bon marché toujours croissant des toiles de coton : il en résulte qu'aujourd'hui l'industrie cotonnière a, pour ainsi dire, détruit et remplacé l'ancienne industrie, tant elle a pris d'importance et tant l'autre en a perdu...

Le filage du coton s'est concentré principalement dans la ville, mais celui du lin occupe encore les femmes dans les campagnes, surtout durant les longues soirées de l'hiver. Quant au tissage, pour le coton comme pour le lin, c'est presque dans les seuls villages qu'on l'exécute ; et comme les toiles faites avec les deux substances se fabriquent exactement de la même manière et sur les mêmes métiers, les mêmes ouvriers les tissent tour à tour.

Chaque année, pendant quatre ou cinq mois, qui comprennent la saison des récoltes, un très grand nombre de ces tisserands se livrent aux travaux de l'agriculture. Ils sont, pour la plupart, propriétaires de la maison qu'ils habitent, d'un jardin, et beaucoup, en outre, ont un petit champ qu'ils cultivent, et qui devient pour eux d'une grande ressource lorsque les travaux de la fabrique ne leur procurent pas un salaire suffisant.

Les toiles se fabriquent, tantôt pour le compte d'un marchand qui fournit le fil et le paie, au moment de leur livraison, le prix de la main-d'œuvre convenu d'avance, et tantôt pour le propre compte du tisserand. Celui-ci achète alors le fil, et quand il a terminé sa toile, il la porte en ville pour la vendre au marchand à prix débattu, ou bien il la vend chez lui à des courtiers, à des commis qui parcourent les villages ou y restent à demeure.

... C'est chez eux, en famille, que les tisserands font leurs toiles, et ici plus souvent encore qu'ailleurs, dans des espèces de caves ou des celliers humides, peu ou point aérés, où la température est basse, mais égale. Ces pièces, enfoncées en terre, du moins celles que j'ai vues, renfermaient ordinairement quatre métiers ; presque toutes étaient construites en pierres parfaitement jointes, voûtées et assez bien éclairées.

Les tisserands à la main qui sont aussi agriculteurs et possèdent la maison qu'ils habitent, c'est-à-dire les tisserands aisés, ont presque tous un logement commode, propre et assez bon ; les autres n'en ont que de petits, mal tenus, misérablement meublés, où toute la famille, souvent composée de 5 à 6 personnes, le mari, la femme et 3 ou 4 enfants, couchent ordinairement dans la même chambre. Au reste, la demeure de ces derniers laisse plus à désirer que leurs habits, car fréquemment parmi eux, c'est à qui l'emportera par l'élégance et la prétention de la mise, surtout les dimanches. Ces jours-là et les fêtes sont les seuls qu'ils consacrent au repos ; les hommes faits en passent une partie au cabaret, et les jeunes gens à la danse.

... Dans les filatures, les rattacheurs et bobineurs sont en général moins jeunes que ceux de l'Alsace ; j'en ai vu peu au-dessous de l'âge de 8 ans. La durée de la journée, partout où l'on peut travailler à la lumière de la lampe, est, pour les deux sexes et pour tous les âges, suivant les saisons, de 14 à 15 heures, sur lesquelles on en consacre une ou deux aux repas et au repos, ce qui réduit le travail effectif à 13 heures par jour. ... Ce sont principalement des femmes ou des filles que l'on emploie dans les manufactures de la ville. Par économie, les plus pauvres d'entre elles se réunissent plusieurs dans une chambre, où elles couchent sur de mauvais grabats ; ce qui ne les empêche point, surtout les jeunes, d'être assez proprement vêtues.

Louis-René Villermé

Ce goût pour la toilette, cet amour du luxe chez les jeunes femmes, les chambrées communes et le mélange des sexes dans les ateliers, relâchent et dépravent les mœurs. Des contremaîtres et de simples ouvriers m'ont affirmé que l'on ne prend aucune précaution pour les surveiller dans la plupart des établissements de Saint-Quentin : loin delà, m'ont-ils dit, les garçons et les filles y sont presque en toute liberté les uns vis-à-vis des autres... À peine les jeunes gens des deux sexes commencent-ils à sortir de l'enfance, que déjà ils ont presque tous commerce entre eux, et que beaucoup, ce sont peut-être les moins débauchés, vivent publiquement ensemble, comme s'ils étaient mariés. Ces derniers, en général, se gardent fidélité ; si la fille devient enceinte, celui qui demeure avec elle l'épouse ordinairement, quoique souvent elle ait déjà vécu, ou, comme ils le disent, fait ménage avec un autre homme. Saint-Quentin n'est pas une bien grande ville, et pourtant un peu plus du cinquième de toutes les naissances inscrites sur ses registres pendant la période de 1825 à 1835 inclusivement, était illégitime, tandis que pour le département entier de l'Aisne, pendant les onze mêmes années, le rapport était du treizième au quatorzième seulement.

Les dimanches et les lundis, à partir de quatre à cinq heures du soir, un grand nombre d'ouvriers de la ville se répand dans les cabarets pour y boire du vin, de la bière ou du cidre. Des conversations à voix haute, des éclats de rire, des chants discordants, des vociférations, le choc des verres, les coups de poing sur les tables y entretiennent un bruit continuel et assourdissant. La plupart des discours roulent sur leurs plaisirs, sur leurs débauches ; rien d'un peu sérieux ne s'y mêle. J'ai été affligé de voir parmi eux beaucoup de jeunes gens au-dessous de 15 à 17 ans.

... En 1835, beaucoup d'enfants ne recevaient pas plus de 6 sous par jour ; et dans les campagnes 35 à 36 sous étaient le maximum du gain des tisserands à la main, au lieu de 2 F. comme en 1834, ou de 3 F. comme en 1824... À Saint-Quentin, la nourriture d'un ouvrier, qui ne boit que de l'eau, revient communément par jour :

pour un homme, à 15 sous,

pour une femme, à 12 ou 13 sous,

pour un enfant, à 8, 10 ou 12 sous.

Elle coûte donc au premier la moitié de ses gains ordinaires, à la seconde plus de la moitié, et au troisième la totalité ou a peu près.

... Les ouvriers en coton ne sont pas aussi misérables à Saint-Quentin qu'à Mulhouse et à Lille, parce qu'ils font moins abus des liqueurs fortes que ceux de Lille, et que Saint-Quentin n'est pas autant que Mulhouse, à beaucoup près, un centre où affluent de tous côtés de nombreuses familles entièrement ruinées, qui échangent tout à coup la vie et les travaux des champs contre la vie et les travaux des manufactures. Aussi, m'ont-ils paru, en général, un peu mieux portants, surtout les enfants qui sont moins maigres, moins pâles, et travaillent un peu moins jeunes que ceux de Thann et de Mulhouse.

... Les excès sont moins rares à la campagne qu'à la ville, les mœurs plus pures, les unions illicites moins précoces, moins fréquentes ; on y est aussi plus rangé, plus laborieux, plus économe, et, par suite, moins pauvre, malgré la modicité des salaires, qui rendrait l'épargne tout à fait impossible, surtout à ceux qui ont des charges ou dont le travail se trouve interrompu. Mais, on l'a déjà dit, les tisserands à la main sont pour la plupart petits propriétaires, eux ou leurs parents les plus proches ; ou bien, ouvriers de l'agriculture, ils ne fabriquent des toiles qu'aux époques de l'année où les travaux de la terre ne réclament point leurs bras. Au surplus, c'est aux environs de Saint-Quentin comme partout ailleurs : ceux qui n'ont d'autre ressource que le tissage, sont très misérables.

Le plus grand nombre des ouvriers parmi les hommes faits, 3 sur 5 peut-être, mais le moindre nombre parmi les femmes sait au moins lire.

Je ne les ai pas vus plus souvent malades que ne le sont ailleurs les ouvriers des mêmes professions. Comme partout, au surplus, les tisserands, qui travaillent dans des espèces de caves, n'ont pas le teint fleuri des personnes qui vivent en plein air, et tout leur aspect annonce qu'ils sont moins robustes.

Quelques étrangers viennent de temps à autre se fixer parmi eux ; une fois établis, il est très rare qu'ils quittent le pays, de sorte que pour les tisserands il n'y a sensiblement ni émigration ni immigration. Mais il n'en est pas de même pour les ouvriers des manufactures de la ville, dont beaucoup appartiennent à la population flottante.

Louis-René Villermé

Il existe à Saint-Quentin une caisse d'épargnes ouverte depuis le mois de juin 1834, à laquelle, le 31 décembre 1836, les ouvriers avaient encore fait peu de dépôts. Ils forment, au moyen d'une retenue exercée sur leurs salaires dans quelques-unes des principales manufactures seulement, des associations de secours mutuels en faveur de ceux d'entre eux qui tombent malades. Il est à peu près superflu de dire qu'il n'y en a point de pareilles pour les tisserands et les autres ouvriers des villages. Quant à la caisse d'épargnes, ceux-ci, lorsque je les ai vus, n'y faisaient jamais de dépôts.

À Saint-Quentin, les manufactures de coton sont des établissements bien moins considérables que celles du département du Haut-Rhin. Très peu comptent plus de 200 ouvriers. En outre, on est étonné, lorsqu'on a vu les grandes filatures de l'Alsace, toutes mues par des cours d'eau ou des machines à vapeur, quand ce n'est pas à la fois par les deux moyens, d'apprendre que sur 49 filatures en activité le 1er juin 1825 dans le département de l'Aisne, il y en avait 30, les 3/5, dont le moteur était un manège ou même la force des bras. Dix ans plus tard, lorsque j'étais dans le pays, cet état de choses n'existait plus ; mais quelques établissements, si l'on m'a dit vrai, marchaient encore au moyen d'un manège.

J'ajoute ici quelques mots sur les ouvriers tullistes, qui sont beaucoup plus nombreux dans les départements du Nord, du Pas-de-Calais et de l'Aisne, que dans le reste de la France, surtout à Calais, Lille, Douai, Saint-Quentin, et dans les villages qui entourent cette dernière ville et celle de Calais.

On assure qu'on en comptait 50 000 en 1834, dans toutes les localités réunies, sans y comprendre les brodeuses. Ils sont aujourd'hui bien moins nombreux. Plus des deux tiers se composent de femmes et d'enfants employés au bobinage, au dévidage des fils, au raccommodage, au blanchissage, à l'apprêt, et au pliage des pièces de tulle.

Aucune classe d'ouvriers n'a vu réduire autant ses salaires depuis 15 ou 16 ans que ceux dont il s'agit, et n'a passé plus rapidement d'une grande aisance à une sorte de détresse. En effet, l'ouvrier tulliste proprement dit, celui qui fabrique le tulle sur le métier, gagnait en 1823, jusqu'à 15 et même 20 F. par jour, et à la fin de

1834, il gagnait seulement depuis 30 sous jusqu'à 3 F. La journée des femmes à cette dernière époque se payait 20 à 30 sous, et celle des enfants 10 à 15.

La position, les mœurs, les penchants, les habitudes des ouvriers employés d'une manière ou d'une autre à la fabrication du tulle, ressemblent beaucoup à ceux de l'industrie cotonnière. Mais dans les villes, leurs mœurs paraissent être meilleures. Je dis *paraissent,* car je ne les ai pas particulièrement observées.

Chapitre V
Des ouvriers des fabriques de Rouen,
d'Elbeuf, de Darnétal et de Louviers

I. Des ouvriers en coton de la fabrique de Rouen

Les principales branches de l'industrie manufacturière dans le département de la Seine-Inférieure, l'un des plus industriels, des plus commerçants, des plus riches de la France, et le plus populeux après ceux du Nord et de la Seine, sont la filature, la teinture du coton et de la laine, et le tissage des étoffes que l'on fait avec ces deux substances. Quant à la fabrication, autrefois si active, des toiles de lin et de chanvre, les ouvriers qui s'en occupent hors des moments perdus pour l'agriculture, sont actuellement trop peu nombreux pour en parler ici.

... M. le baron Dupont-Delporte, préfet de la Seine-Inférieure, m'a dit en décembre 1835, que le nombre des ouvriers en coton et en laine de son département ; était d'environ 130 000, sur lesquels il fallait en compter 106 000 à Rouen et dans un *très petit rayon* autour de cette ville. Ce serait relativement à la population totale du département, 1 sur 5 individus et demi. Enfin, si j'en crois plusieurs personnes, il n'y en a pas loin de 50 000 à Rouen : c'est à peu près la moitié de la population attribuée à cette ville.

... La durée du travail par jour, les aliments, les vêtements, le logement, le chauffage ; le mélange des sexes dans les ateliers, l'initiation prématurée qui en résulte pour les jeunes gens et même pour les enfants, à ce qui se passe de plus intime entre l'homme et la femme ; les mœurs, les habitudes, etc., sont ici les mêmes qu'ailleurs. Ajoutons cependant que les ouvriers de Rouen sont, après ceux de Lille, les plus mal logés que je connaisse : ils habitent, en général, dans des rues étroites, des maisons sales, humides, mal distribuées, souvent bâties en bois, et dont les chambres sont petites et obscures.

... Supposons les salaires toujours tels que les donne le tableau pour 1833 et 1834. À moins d'une maladie, d'une gêne dans l'industrie, d'un chômage, les gains d'un ménage (il faut toujours excepter celui du simple tisserand), ne peuvent guère descendre au dessous :

pour l'homme, de

1 F. 87 par jour	561 F. par an	(300 j. de trav.)

pour la femme, de

1 F. par jour	300 F. par an	(300 j. de trav.)
2 F.87	**861 F.**	

Mais très souvent aussi ils peuvent s'élever beaucoup plus haut.

Voyons maintenant les dépenses. De l'aveu même des ouvriers que j'ai consultés, un ménage sans enfants peut vivre en tout temps avec ces gains. Mais si la famille se compose, comme on l'observe communément en Normandie, du mari, de sa femme et de deux enfants, elle a *rigoureusement besoin pour vivre,* quand ces enfants sont complètement à sa charge, et quand le pain ne coûte pas plus de 3 sous la livre, de 50 sous par jour ou de 912 F. 50 pour l'année [1]. Elle ne peut donc pas subsister. Mais si l'un des enfants gagne seulement 30 centimes par jour, si le mari touche plus de 2 F. par journée de travail, ou la femme plus de 25 sous, elle le peut ; et elle doit faire des épargnes si sa journée de travail lui rapporte plus de 3 F. 7 ou 8 s., à plus forte raison quand le gain du mari seul est de 3 F. et au-dessus, ce qui n'est pas rare... Quand le travail est continuel, le salaire ordinaire, et le prix du pain modéré, un ménage peut vivre avec une sorte d'aisance et même faire quelques

1 On lit dans *l'Enquête commerciale* de 1834, qu'en supposant l'ouvrier en ménage, avec une femme et deux enfants, il ne peut guère vivre à moins de 50 sous par jour.

économies, s'il n'a point d'enfant ; l'épargne, s'il en a un, lui devient difficile ; impossible, s'il en a deux ou trois. Alors il ne peut vivre, si le bureau de bienfaisance ou la charité particulière ne vient à son secours aussi longtemps que ses enfants restent à sa charge.

... À Rouen et dans les temps ordinaires, lorsque le pain ne coûte pas plus de 3 sous la livre, il faut au moins par chacune des trois cents journées de travail, terme moyen, à l'ouvrier célibataire, ou bien à l'homme veuf sans enfants ni autre charge, un gain de 1 F. 57, et à la femme également seule et sans charge, 1 F. 10. Au-dessous de ces gains, il y a misère, et misère excessive si la différence est seulement de 10 c. Au-dessus de 1 F. 75 et de 1 F. 25, on peut réaliser des épargnes, mais toujours dans la supposition qu'il n'y a, pour l'ouvrier, ni chômage, ni accident, ni cherté du pain.

Une fois père de famille, celui-ci, quelle que soit son économie, ne saurait jamais pourvoir complètement aux besoins les plus pressants de son ménage, avec moins de 3 F. 33 à 3 F. 50 par chacune des 300 journées de travail, ou de 1 000 à 1 050 F. par an, surtout s'il a, avec ses enfants en bas âge et hors d'état de gagner une partie de leur dépense, un vieux parent à soutenir, ou une femme faible et infirme.

Les ouvriers les plus pauvres et qui, à ce titre, méritent le plus notre attention, sont dans l'ordre croissant de la pauvreté : d'abord, ceux de l'industrie cotonnière ; puis la classe des simples tisserands, enfin les femmes. Ces dernières sont les moins rétribuées, non seulement d'une manière absolue, mais encore relativement à leurs besoins ; de sorte que celles qui ne sont pas mariées vivent beaucoup plus souvent que les hommes dans un état de véritable indigence.

Le filateur de Rouen, à qui nous devons déjà tant de renseignements précieux, a trouvé, en 1831, que sur 100 ouvriers supposés *continuellement employés* dans sa filature de coton, 61, c'est-à-dire les 2/3, ne gagnaient pas assez pour se procurer le strict nécessaire ou ce que l'on regardait comme tel. À la vérité les 39 autres avaient un excédent de leurs recettes sur les dépenses indispensables. Mais il ne faut pas oublier que ceux-ci n'étaient pas tous, à beaucoup près, des garçons ou des veufs sans enfants, exempts de charge, n'ayant à s'occuper que d'eux-mêmes ; et qu'à l'époque à laquelle se

Louis-René Villermé

rapportent les calculs, bien peu d'ouvriers travaillaient six journées entières par semaine.

Le même fabricant a encore constaté, en 1831, que dans sa filature, où les 213 des ouvriers ne pouvaient pas *isolément* pourvoir à leurs besoins, tous ensemble l'auraient pu en partageant entre eux la somme de leurs salaires dans la proportion des besoins de chacun ; et, à plus forte raison, en s'associant pour vivre en commun ; car la somme de leurs recettes collectives excédait d'environ 1/20 celle de leurs dépenses estimées rigoureusement indispensables. On suppose dans ce calcul, ce qui est contraire à la réalité, que les ouvriers n'ont eu à subir aucun chômage.

... J'ai visité à Rouen, dans le plus grand détail, plusieurs maisons où les ouvriers isolés se logent et mangent, surtout les hommes. Le logeur qui les reçoit au prix le plus bas, en exige 6 F. par mois pour les coucher deux dans un lit et leur tremper chaque jour la soupe, dont il ne fournit que le bouillon, qui est gras quatre fois par semaine et maigre trois fois.

L'ouvrier achète lui-même son pain et paie à part le peu de viande qu'il mange. Dans celle de ces maisons où il est le mieux, il donne par mois pour son lit : 4 F. s'il le partage avec un autre, 5 F. s'il couche seul ; et 6 F. quand il n'y a personne avec dans un très petit cabinet [1].

De la soupe, de la viande, des légumes, de l'excellent pain, du cidre coupé au tiers ou à moitié d'eau, voilà ses aliments ordinaires dans cette maison. Je les ai goûtés, ils étaient très bons. Pour être ainsi nourri, il lui en coûte par jour depuis 20 sous jusqu'à 30. Quand ce n'est pas plus de 20 sous, il faut compter : pour le pain 6 ou 8 sous ; pour le mets du déjeuner 4 sous ; pour celui du dîner, le bouillon compris, 6 sous ; pour un peu de cidre, de 2 à 4 sous.

Il y a des maisons semblables pour les femmes ; un lit s'y loue le même prix, mais la nourriture y revient à 15, 18 ou 20 sous au plus

---

1 Celui qui tient cette maison ne permet pas aux femmes d'y entrer, ni aux gens ivres de rester dans la pièce à manger, qui sert aussi de cuisine. Il ne vend à boire à personne : c'est seulement en prenant ses repas qu'on peut y avoir du cidre ou du vin. C'est à cet homme connu dans tout Rouen sous le nom de Normand, quoiqu'il s'appelle Gossiou, que les ouvriers nouvellement arrivés en ville ou sans travail s'adressent pour être placés chez les fabricants et entrepreneurs d'ouvrages, et que ces derniers demandent des ouvriers.

par jour. Moyennant cette dernière somme elles sont assez bien ; on leur donne jusqu'à du cidre et même le matin du café au lait. On remarque qu'elles se logent, plus souvent que les hommes, seules, ou deux à deux, dans des cabinets, qu'elles paient alors depuis 6 F. par mois jusqu'à 10.

D'après le témoignage unanime des logeurs d'ouvriers, des ouvriers eux-mêmes, et de beaucoup d'autres personnes encore, à Rouen, un artisan quand il est seul pourvoit amplement à tous ses besoins, y compris même, chaque semaine, quelque chose pour ses plaisirs, avec un peu moins de 40 sous par jour ; et hors les époques de crise industrielle il n'y a guère de misère, dans cette ville et les environs, que celle qui résulte de l'inconduite, excepté, depuis un certain nombre d'années, pour les tisserands.

Les serruriers, fondeurs, menuisiers, tourneurs, monteurs de métiers, mécaniciens, etc., sont ceux dont le travail est le mieux payé, et dont les mœurs sont aussi les plus mauvaises. Comme partout, ils dépensent une grande partie de leurs gains à boire. L'ivrognerie est tellement leur vice, que j'en ai vu, en juillet 1837, au plus fort de la crise d'alors, un assez grand nombre ivres dans les guinguettes et les cabarets des faubourgs de la ville, où beaucoup entraînaient avec eux leurs femmes et leurs enfants. Aussi, les uns ne font-ils pas communément plus d'épargnes que les autres, et leurs logeurs m'ont-ils affirmé ne pas être payés plus exactement par les mieux rétribués que par ceux qui gagnent le moins. Cependant, il n'y a pas parmi eux autant d'ivrognes que parmi les ouvriers de Lille. À Rouen, d'ailleurs, ils boivent moins d'eau-de-vie que dans le chef-lieu du département du Nord, et cette eau-de-vie est de bien meilleure qualité ; elle résulte de la distillation du vin ou du cidre, et non de la distillation du grain.

Enfin, comme les ouvriers de Rouen sont bien moins misérables que ceux de Lille, leur santé est aussi bien meilleure.

Les environs de Rouen offrent, sur les bords de la Seine et des rivières affluentes, le Bolbec, le Cailly, le Robec, et principalement à Darnétal, à Bolbec, à Déville, etc., un très grand nombre d'usines où l'on travaille le coton. Le sort des ouvriers n'y est en rien moins bon qu'à Rouen. Ils m'ont paru, en général, un peu plus propres que ceux de cette ville, et l'on m'a affirmé que leurs mœurs valent mieux à

Louis-René Villermé

tous égards, principalement en ce qui concerne les rapports illicites et prématurés des sexes, qui là, néanmoins, seraient encore d'une fréquence déplorable et une cause d'épuisement pour les jeunes gens. Partout ils peuvent vivre d'autant plus facilement, quand leur travail est recherché et lorsqu'ils ont une bonne conduite, que leurs salaires sont à très peu près les mêmes qu'à Rouen, que pour eux, les logements sont moins chers, les droits d'octroi sur les denrées nuls ou moins forts, et les occasions de dépenses, de débauches, moins répétées, moins entraînantes.

La durée de la journée est, dans les filatures et les tissages mécaniques des environs de Rouen, comme en ville, de 15 à 15 heures 1/2, sur lesquelles on en accorde deux pour les repas, ou seulement une et demie. Mais dans plusieurs filatures on travaille ordinairement sans interruption pendant les vingt-quatre heures. Dans celles-ci, les ouvriers sont divisés en deux services ou relais, l'un de jour, et l'autre de nuit. Le service de jour est de 14 heures réduites à 12 1/2 de travail effectif, à cause des repas, le service de nuit de 10 heures réduites à 9 pour la même cause. Le salaire est égal pour les deux. Selon les établissements, les mêmes ouvriers font toujours le même service, ou bien alternativement celui de jour et celui de nuit pendant une semaine. J'ai visité une de ces dernières filatures où tous les travailleurs m'ont paru être en bonne santé, mais parmi eux il n'y avait pas de jeunes enfants.

Ce qui vient d'être dit du bien-être habituel des ouvriers de la campagne, ne s'applique point à la classe des tisserands en coton, qui est ici, comme presque partout, la plus mal rétribuée, la plus pauvre, par conséquent la plus malheureuse. Ils travaillent tous jusqu'à 15 ou 17 heures par jour, non compris le temps des repas, et pour un salaire si modique, qu'à Darnétal, à une lieue de Rouen, un habitant, auteur d'un ouvrage sur cette petite ville, évalue leurs gains à 5 F. 40 seulement par semaine ou 18 sous par jour. Sur cette somme, ils sont obligés, ajoute-t-il, de s'éclairer, de se chauffer et de se fournir de colle ou de parement ; ce qui certes est au-dessous de la vérité dans les temps ordinaires. Les tisserands, qui sont encore ici, comme presque partout, les ouvriers les plus rangés, de l'industrie cotonnière, laissent heureusement, du moins ceux des campagnes, le tissage pendant quatre ou cinq mois de l'année, pour les travaux souvent plus rudes, mais plus lucratifs de l'agriculture.

Si le tisserand de la ville de Rouen n'était pas mieux payé que celui des villages, il ne pourrait jamais soutenir la concurrence : il la soutient cependant, malgré son loyer plus cher, parce qu'étant plus habile et sous la main du fabricant, on lui confie la confection des étoffes les plus difficiles ou les plus nouvelles, dont la façon est plus chère.

II. Des ouvriers en laine des fabriques de Darnétal, d'Elbeuf et de Louviers

Après l'industrie du coton, la plus répandue dans le département de la Seine-Inférieure, est celle des étoffes de laine ; elle est concentrée dans les villes d'Aumale, de Darnétal et surtout d'Elbeuf... L'auteur déjà cité, de l'ouvrage sur Darnétal, estime que la draperie y occupe de 11 à 1 200 ouvriers, pour la plupart tisserands ou employés dans les filatures, et que leurs salaires journaliers sont communément,

ceux des hommes,	de 1 F. 80 à 2 F.
ceux des femmes,	de 1 F. à 1 F. 10.
ceux des enfants,	de 0 F. 50 à 0 F. 75.

Les renseignements recueillis par moi sur les lieux confirment ces gains ou à peu près, et offrent la preuve que les tisserands des étoffes de laine en ont de meilleurs que les tisserands des toiles de lin et de coton.

J'ai peu de chose à dire sur les ouvriers de la fabrique bien plus importante et plus connue d'Elbeuf... Les salaires n'ont pas baissé, à bien dire, dans la crise de 1837, du moins jusqu'au mois de juillet. Il paraît, au reste, qu'ils ont très peu varié depuis 18 ou 20 ans, et qu'ils suffisent d'autant mieux à l'entretien des ouvriers, que la plupart sont rangés, laborieux et savent se contenter du nécessaire... L'inconduite cependant cause la gêne d'un certain nombre, surtout à Elbeuf et dans la classe des teinturiers qui sont, avec les serruriers, les moins sobres et les moins économes. Toutefois, dans cette ville, l'inconduite ne s'observe pas, proportion gardée, autant qu'à Rouen : peu d'ouvriers s'y reposent les lundis, et depuis environ une douzaine d'années l'ivrognerie y devient de moins en moins fréquente. On est parvenu à ce résultat, dans

Louis-René Villermé

plusieurs manufactures, en imposant une amende à l'homme vu ivre, ou qui ne se présente pas à l'atelier le lundi, et en le renvoyant à la seconde ou à la troisième fois...

En résumé, la condition des ouvriers manufacturiers du département de la Seine-Inférieure, du moins de ceux qu'emploient en si grand nombre les deux industries du coton et de la laine, paraît être, *habituellement et en général,* aussi bonne qu'il est possible de l'espérer, excepté pour les tisserands en coton. Cette condition, meilleure encore pour les ouvriers en laine que pour ceux de l'industrie cotonnière, serait même assez satisfaisante sous le rapport moral, sans les ouvriers de la ville de Rouen, qui sont bien loin cependant d'offrir le spectacle d'abrutissement et de corruption que présentent ceux de Lille. Mais, d'un autre côté, dans la Seine-Inférieure, comme dans presque tous les autres pays de manufactures, la trop libre communication des sexes dans les ateliers, amène entre eux des désordres portés jusqu'aux plus graves excès, à Rouen, à Darnétal, à Déville, au Houlme, etc., et à Elbeuf, surtout dans la première de ces villes, et ce qui est bien plus déplorable encore, c'est qu'ils commencent bien avant l'âge qui, sans les autoriser, donne au moins la force de les supporter.

À quelques lieues d'Elbeuf, sur la même rive de la Seine, mais dans le département de l'Eure, est la fabrique des draps de Louviers. Celle-ci, qui ne produisait que des draps superfins ou chers, était autrefois la plus considérable ; c'est le contraire aujourd'hui... Si j'en crois quelques fabricants d'Elbeuf, les ouvriers de Louviers seraient, en général, un peu moins laborieux, et un peu moins rétribués que ceux d'Elbeuf...

Chapitre VI
Des ouvriers de la fabrique de Tarare

La fabrique des mousselines de Tarare se compose d'une foule d'ateliers de tissage à la main, dont le centre est la ville de ce nom. Quand je l'ai visitée en mai 1836, elle n'avait pas encore un seul métier qui marchât autrement que par la force des bras, mais elle comptait dans la ville un certain nombre de métiers Jacquart... Si l'on excepte ceux qui sont chargés de préparer les écheveaux de fils, de dévider et d'ourdir les chaînes, d'épinceter les pièces de mousseline et d'y faire des rentrainures, il n'y a que très peu d'ouvriers, 400 au plus, qui travaillent hors de leurs domiciles, et l'on n'en compte rarement plus de quelques-uns chez le même fabricant. Une seule manufacture d'apprêts, en réunit habituellement 160 à 200 dans ses ateliers...

Les logements de la classe ouvrière sont partout assez bons, quoique tenus souvent avec peu de propreté. Dans la ville de Tarare, ils consistent presque toujours en une chambre à coucher, un grenier, et une pièce appelée *boutique,* située au rez-de-chaussée, parfois un peu enfoncée en terre, et dans laquelle sont les métiers à tisser.

L'ameublement en est fort modeste, surtout dans les villages et les hameaux de la montagne, où il ne se compose ordinairement que d'un coffre, d'une armoire, de quelques poteries, d'une ou de deux chaises, de bancs, d'une table, et, suivant le nombre des membres de la famille, de deux ou trois mauvais lits souvent sans matelas, mais toujours avec des draps et au moins une couverture.

D'après les renseignements unanimes qui m'ont été donnés, les ouvriers sont bien chauffés pendant l'hiver, le bois étant à bon marché. Ils sont également bien vêtus en toute saison, mais sans luxe et sans jamais rivaliser avec la classe bourgeoise. Enfin, si l'on m'a dit vrai, leurs chaussures seraient toujours, et cela au village comme à la ville, des souliers pendant l'été (ce que j'ai vu), et pendant l'hiver, des sabots avec des chaussons de laine ou de lisières de draps. Ces détails doivent paraître minutieux, mais ils font connaître un état préférable à celui dans lequel on voit ailleurs tant de tisserands en coton.

À Tarare, la nourriture habituelle des travailleurs se compose d'un pain qui n'est pas ordinairement de très bonne qualité, de deux soupes par jour, de pommes de terre, de légumes et de fromages. Ils y joignent quelquefois un peu de petit salé, une fois par semaine de la soupe grasse ou de la viande de boucherie, et les plus aisés deux ou trois fois, avec, de temps à autre, des œufs, etc., et un peu de vin. Dans les villages, surtout dans ceux de la montagne, le pain, fait de seigle pur, est généralement mauvais ; ils se nourrissent aussi de pommes de terre, de légumes, de soupes maigres et de laitage.

Louis-René Villermé

Quant à la viande de boucherie, ils en mangent rarement ; le petit salé la remplace les dimanches. Ils ne l'achètent point : ils élèvent un ou deux cochons, qu'ils tuent et dont ils salent la chair. Leur boisson commune est de l'eau, mais beaucoup se font une sorte de cidre ou de piquette avec des pommes et d'autres fruits. Pour tous, les denrées sont à bas prix.

On accuse les ouvriers de la fabrique de Tarare de manquer de prévoyance, d'économie, mais ceux qui leur font ces reproches rendent en même temps une pleine justice à leur exacte probité. Quant à moi, je ne connais aucune fabrique en France où les tisserands m'aient paru avoir des mœurs et des habitudes meilleures, aucune ville manufacturière qui m'ait offert moins d'ivrognes et moins de libertins que Tarare. J'en ai visité les cabarets et les cafés dans le mois de juin pendant tout un dimanche et tout un lundi ; c'était un jour de foire, et, à mon grand étonnement, je n'ai pas vu dans un seul de ces lieux, qui sont d'ailleurs moins nombreux là que dans beaucoup d'autres villes, plus de huit ou neuf buveurs à la fois, et, dans d'autres, il n'y avait personne, même aux heures où les cabarets sont le plus fréquentés. Je n'ai pas non plus entendu de ces chants qui accompagnent si fréquemment l'ivresse, ni rencontré dans les rues un seul homme à marche chancelante. Enfin, il m'a été affirmé que les gens ivres que l'on y voit quelquefois, sont presque, tous des compagnons étrangers au pays, où ils ne restent pas ordinairement longtemps. Il est vrai, d'un autre côté, que Tarare est presque une ville du midi, où l'ivrognerie s'observe bien moins souvent que dans celles du Nord ; qu'elle n'a pas tout à fait 8 000 habitants, et que, comme on l'a déjà dit, ses divers établissements, à l'exception d'un seul, renferment chacun très peu d'ouvriers.

Frappé de voir beaucoup d'enfants dans les familles, j'ai fait, à la municipalité de Tarare, des recherches, desquelles il résulte que, sur une période de onze années consécutives, commencée le 1er janvier 1825, les seules naissances légitimes ont été aux mariages totaux comme 4,63 est à 1. Cette fécondité est assez remarquable. Mais l'âge moyen auquel se marient nos ouvriers ne le serait pas moins peut-être, si l'on en peut juger d'après 191 unions seulement contractées entre eux, y compris celles en secondes noces ; j'ai trouvé 30 ans 9 mois pour les hommes, et 27 ans 6 mois pour les femmes. Enfin, malgré cette tardivité des mariages, la même période de onze ans n'a donné qu'une naissance de bâtards contre 18 légitimes, preuve nouvelle qu'il y a très peu de libertinage à Tarare...

... Dans les établissements de grillage et d'apprêts, qui sont tous situés en ville, le salaire est plus fort qu'ailleurs. Dans le plus considérable, qui occupe seul plus d'ouvriers que tous les autres ensemble, les hommes recevaient pour la plupart depuis 40 jusqu'à 50 sous par jour, les femmes depuis 28 jusqu'à 38, et les enfants, dont les plus jeunes étaient âgés de douze ans, 18 à 20 sous. Mais ces ouvriers sont en général des individus d'élite ; beaucoup travaillent habituellement dans une température de 32 à 38° du thermomètre centigrade. Les femmes employées dans des ateliers si chauds sont presque toutes âgées de 16 à 26 ans, l'expérience ayant appris que les jeunes supportent mieux que les autres une pareille chaleur, et conviennent mieux d'ailleurs au travail qu'on exige. D'un autre côté, les travaux d'apprêts des mousselines s'interrompent périodiquement chaque année près de deux mois, pendant lesquels, afin de ne pas laisser chômer ces ouvrières, les maîtres du grand établissement s'arrangent pour leur donner un autre travail, mais avec des salaires moins avantageux...

En ville, une famille d'ouvriers dépensait en général, en 1836, les trois quarts ou environ, de son salaire, pour sa nourriture et son logement, tandis qu'un seul homme pouvait n'y pas employer plus de la moitié du sien. On en concluera, si l'on compare cette position à celle des tisserands d'autres fabriques, et si l'on a égard à la fréquence plus grande de l'inconduite chez ces derniers, que ceux de Tarare ne sont pas les plus misérables ; et cependant ils ont assez rarement pour vivre d'autres ressources que leurs salaires...

Si je les ai bien observés, ils ne se plaignent pas ou ils se plaignent peu de leur sort, et pourtant ils n'en sont pas contents. D'un autre côté, l'esprit de charité les anime les uns envers les autres : ainsi, dans la ville, beaucoup veillent à tour de rôle, pendant les nuits, auprès de ceux d'entre eux qui, étant malades, ont besoin de soins que la famille ne peut leur donner. De là aux associations de secours mutuels pour payer aux malades une indemnité représentative de la journée de travail, il semble qu'il n'y ait qu'un pas ; mais il paraît qu'il n'était point encore fait lorsque j'étais à Tarare. Il n'y avait pas encore, non plus de caisses d'épargnes.

Louis-René Villermé

En résumé, la fabrique de Tarare se compose plus qu'aucune autre, peut-être, d'ouvriers attachés à l'agriculture, autant qu'à la fabrication, et qui travaillent chez eux ou en famille. Ils sont en général très laborieux, de meilleurs mœurs, moins ambitieux, et partant plus heureux que les ouvriers des autres fabriques de l'industrie cotonnière que j'ai vues en France. *L'accord parfait* de leurs réponses avec celles des fabricants, chaque fois qu'on les interroge sur leurs dépenses, leurs gains et leurs autres ressources pour vivre, en est la meilleure preuve.

Section II
Des ouvriers de l'industrie lainière

Chapitre premier
Travaux des ouvriers de l'industrie lainière

Les diverses préparations auxquelles on soumet la laine sont très nombreuses, et ont pour but de la teindre, de la filer, de la tisser, et de donner l'apprêt aux étoffes. Toutes ont rarement lieu dans le même établissement. On n'en exécute qu'une partie chez la plupart des fabricants, et, pour toutes les autres, ceux-ci s'adressent à des entrepreneurs auxquels ils remettent successivement des laines : de cette manière ils n'ont pas besoin d'un aussi grand matériel ni d'aussi grands capitaux.

... La première opération est le triage. Il se fait sur des claies en bois, et consiste à dérouler chaque toison, puis à extraire les plus grosses ordures... Les ouvriers sont debout : toute leur personne, surtout leurs mains, est d'une saleté *repoussante* et répand autour d'eux l'odeur des laines *surges* ou conservées en suint, c'est-à-dire sans avoir été lavées ni dégraissées.

Après cette première préparation, la laine est lavée.... puis séchée, puis *le plus souvent*, teinte après avoir été *dessuintée* ou *dégraissée* avec de l'urine en putréfaction ou bien avec un alcali dissous dans l'eau chaude... Les teinturiers et les laveurs de laine travaillent donc dans l'humidité : beaucoup ont même pendant l'été, les jambes et les cuisses dans l'eau. Sortie des mains du teinturier, la laine passe au battage... Les ouvriers du battage à la main l'exécutent ordinairement chez eux. Cette opération est faite par les hommes : elle exige des efforts musculaires considérables, et elle répand parfois une poussière qui occasionne aux ouvriers de la toux, de l'étouffement, et peut forcer d'interrompre le travail ou même de l'abandonner. Deux sortes de laines, mais elles seules, ont ce dernier inconvénient : les laines déjà teintes et celles qui viennent des peaux mortes, lorsqu'elles n'ont pas été lavées ou l'ont été mal...

Après le battage, qui l'a réduite en flocons légers, la laine entre à la filature, où il s'agit d'abord de lui rendre la flexibilité et le nerf que le dégraissage lui avait fait perdre... Vient ensuite le *cardage,* qui en brise les filaments et les entremêle dans toutes les directions, les sépare, les écarte davantage les uns des autres. Cette rupture et ce croisement dans tous les sens ont pour but de faciliter plus tard le feutrage. Il y a donc une grande différence entre le cardage de la laine, et celui du coton, dans lequel on se propose, au contraire, de rendre parallèles tous les filaments, et de conserver toute leur longueur.

Il y a toujours deux cardages. Le premier appelé *droussage* ou *cardage en gros,* prépare au second... la *carde en fin.* Celle-ci rend la laine encore plus légère, et lui donne la forme de petits rouleaux prêts à être filés et nommés *loquettes* ou *boudins.* Ces rouleaux, reçus sur une toile sans fin qui les éloigne du cylindre de décharge à mesure qu'il s'en dépose d'autres sont ramassés par des enfants appelés *ploqueurs,* portés au *métier à filer en gros,* et là, en les roulant ensemble avec la main, réunis bout à bout de manière à former autant de boudins continus qu'il y a de broches à ce métier. Celui-ci agit comme le métier à filer le coton... ensuite un nouvel étirage combiné avec un nouveau degré de torsion achève de faire le fil sur le *métier à filer* en fin.

Ce sont des femmes et souvent des enfants qui surveillent les machines à carder et leur fournissent la laine, parce que ces machines, marchant par la seule puissance du moteur général de la filature, n'exigent aucun effort des bras. Mais j'ai presque toujours vu le métier à filer en gros... ne marcher que par les efforts de l'ouvrier fileur. Aussi, celui-ci est-il du sexe masculin. Outre les *ploqueurs,*... il y a toujours un ou deux *rattacheurs* employés à chaque métier à filer, lorsque celui-ci est un peu large.

Louis-René Villermé

En termes de fabrique, les laines soumises à la série des opérations dont on vient de parler se nomment *laines cardées* ou *laines courtes,* par opposition avec les autres qu'on ne carde point, mais que l'on peigne, et qui sont appelées *laines longues* ou *laines peignées.* La longueur du brin ou filament de celles-ci permet d'en fabriquer des fils plus fins, plus tors, et, par suite, des étoffes fines, lisses, légères et non feutrées ; tandis que la laine courte sert pour les draperies proprement dites.

On ne bat point les laines longues : la première préparation qu'elles reçoivent, après avoir été lavées et dégraissées, est le *peignage.* Il ne se fait guère encore qu'à la main et chez les ouvriers eux-mêmes, dont il emploie un nombre très considérable dans plusieurs départements. Ses instruments sont deux peignes à deux rangées de fortes dents d'acier très longues, et un petit poêle pour les chauffer, où l'on ne brûle que du charbon de bois. Tantôt assis et tantôt debout, le peigneur prend une poignée de laine, y dépose quelques gouttes d'huile ou un peu de beurre, fait jouer ses peignes tout chauds sur elle, la démêle et en façonne une sorte de ruban où tous les filaments sont parallèlement en retraite les uns sur les autres dans le sens de la longueur. Puis, il place ce ruban entre la lumière et son œil, l'étale un peu pour en apercevoir les bouchons, les nœuds, toutes les ordures qui peuvent s'y trouver encore, et il les retire avec ses lèvres. Cette partie de son travail est souvent faite par des enfants, ce sont ordinairement les siens, ou par sa femme. Parfois aussi cette dernière fait jouer elle-même les peignes.

Après le peigne, la laine est de nouveau dégraissée, séchée, livrée à une machine appelée *défeutreur,* qui réunit plusieurs rubans en un seul et rend leurs filaments plus parallèles encore qu'ils n'étaient ; puis pour redresser les zigzags des filaments, on en fait des *tortillons* très serrés, qui sont exposés à la vapeur de l'eau bouillante, séchés et conservés plus ou moins longtemps. Ensuite, on soumet la laine, au moyen d'une machine très ingénieuse dans laquelle elle passe, à plusieurs étirages successifs en réunissant toujours trois ou quatre rubans en un seul, qui devient de plus en plus mince et étroit. Enfin, quand le ruban est assez ténu, il est converti en fil par une torsion suffisante, dans un dernier étirage.

Quelle que soit l'espèce de laine employée, lorsqu'une fois elle est filée, toutes les opérations, jusques et y compris le tissage, sont les mêmes que dans l'industrie cotonnière. Mais si les tisserands en laine travaillent presque tous chez eux, ils n'y sont pas, du moins, comme pour le lin et le coton, dans des espèces de caves plus ou moins enfoncées en terre. D'un autre côté, comme les étoffes que l'on feutre et qui passent au foulon se rétrécissent considérablement, il faut les tisser beaucoup plus larges qu'on ne veut les avoir, et souvent leur donner deux fois la largeur qu'elles devront conserver. Aussi, les métiers à tisser les draps ont-ils très fréquemment une largeur double de celle des métiers à tisser le coton ou le lin, environ quatre mètres au lieu de deux. Un seul tisserand, placé au milieu d'un pareil métier fait passer la navette volante garnie de ses galets à travers toute la largeur de la pièce... Les larges draperies ne peuvent être tissées à bras que par des hommes. On voit en effet peu de femmes s'en mêler : elles se contentent de fabriquer les étoffes de laine étroites et légères...

Les opérations qui succèdent au tissage varient selon les espèces d'étoffes. Je ne vais parler ici que de celles qui n'ont pas lieu dans l'industrie du coton. La première est le *foulage,* auquel on ne soumet que les étoffes de laine courte... elle se fait dans l'humidité, demande des hommes assez forts et passe pour la plus difficile de toutes celles de la draperie [1]. Jusqu'à présent les moulins à foulon étaient d'une construction très grossière. Mais on vient de les remplacer par une machine nouvelle que l'on a pu voir à la dernière exposition de l'industrie... Après le *foulage,* vient le *lainage* ou *garnissage,* qui garnit de poils bien serrés la surface du drap... Les poils trop longs qui sont à la surface du drap, et tous ceux que les chardons ont fait sortir de son tissu, sont ensuite coupés très court et partout également. Cette opération se faisait autrefois à l'aide de *cisailles* ou *forces,* que des ouvriers faisaient jouer à la main. On y a substitué une machine admirable, garnie d'espèces de rasoirs, nommée *tondeuse,* qui fonctionne beaucoup mieux et surtout beaucoup plus vite ; ou bien les *forces* jouent, non plus à bras, mais par le moteur général.

Il n'y a que des hommes et des adolescents du même sexe qui soient employés à tondre les draps et à les lainer ou garnir. Les laineurs travaillent dans l'humidité comme les foulonniers, et

---

1 De l'urine putréfiée, de la terre glaise et du savon, délayés ou dissous dans l'eau, en sont les agents. Le foulage a lieu en plusieurs fois.

Louis-René Villermé

même plus encore. Quant aux tondeurs, je n'ai point vu, malgré tout ce qu'on a dit, qu'un duvet laineux voltigeât sans cesse autour d'eux et les incommodât. Les uns et les autres restent debout pour faire ce travail ; celui des aides-laineurs, qui tiennent les bras levés pour tendre et conduire les lisières du drap sur le tambour de la machine à lainer, m'a paru seul fatigant.

Enfin, de jeunes enfants sont chargés de changer les chardons des cardes du tambour, de les nettoyer et de les faire sécher. Cette opération, qu'ils font souvent en jouant, n'exige de leur part aucune fatigue, et d'ailleurs ils peuvent varier comme ils le veulent leurs attitudes.

Je viens d'indiquer, dans l'ordre où elles ont lieu, les principales préparations de la laine et des étoffes qui en sont fabriquées. Je ne dirai rien ici des apprêts qu'on leur donne ensuite, si ce n'est qu'ils sont à peu près les mêmes que dans l'industrie cotonnière, et que l'on peut appliquer aux ouvriers dont il me resterait à parler, ce qui a été dit de ceux qui sont chargés de ces dernières opérations dans les fabriques d'étoffes de coton. Seulement, elles sont faites ici beaucoup plus souvent par des hommes, parce que les pièces d'étoffes de laine, et surtout de draps proprement dits, sont beaucoup plus lourdes que celles de coton.

Les détails qu'on vient de lire constatent d'importants perfectionnements introduits dans la fabrication, les uns depuis environ une trentaine d'années, les autres depuis moins de temps. Les principaux portent sur le battage des laines, leur droussage ou cardage, leur filage, et sur le lainage et le tondage des draps...

Chapitre II
Des ouvriers de la fabrique de Reims

La ville de Reims est le centre d'une très grande fabrication de toutes sortes d'étoffes de laine, qui s'étend dans presque tout le département de la Marne, et jusque dans les départements voisins de l'Aisne et des Ardennes. En 1834 elle occupait, d'après l'enquête commerciale d'alors, environ *50 000 ouvriers, dont un quart intra-muros et les trois quarts dans les campagnes*. Mais, ajoutait-on, « une bonne partie de ces derniers ne travaille, pour la fabrique, que les

66

deux tiers au plus de l'année ; les quatre autres mois sont donnés aux travaux des champs ». Il y a, en outre, beaucoup d'habitants qui ne peignent ou ne tissent la laine que dans les seuls moments perdus pour l'agriculture...

Reims est une ville manufacturière très importante ; on pourrait presque dire de premier ordre. Et cependant, malgré son ancienneté, malgré sa population depuis longtemps considérable, et malgré le rang qu'elle tenait autrefois, elle manque de tout moyen économique de transport, elle n'a ni canal ni rivière navigable...

La fabrique rémoise a fait depuis 20 ans des progrès continuels. Elle a perdu, il est vrai, beaucoup d'articles ; mais d'autres les ont remplacés avec avantage. Pendant la crise manufacturière de 1830 et 1831, qui fut l'effet du grand événement politique d'alors, et à laquelle, par conséquent, l'industrie rémoise ne pouvait seule échapper, il y eut une interruption dans les progrès dont il s'agit ; « mais peu à peu l'état de paix se consolidant, la confiance revint, et si l'on excepte une diminution dans le salaire de l'ouvrier, les années de 1832 et 1833 peuvent être comparées aux meilleures années de l'empire et de la restauration. » Enfin, dans les derniers jours de 1836, la fabrique de Reims était plus importante que jamais : le nombre de ses ouvriers s'était accru, et leurs salaires avaient augmenté.

Dans les campagnes, où, à bien dire, il n'y a que des peigneurs de laine, des tisserands et des dévideuses de trames, tous les ouvriers travaillent chez eux ; mais dans la ville tous les autres sont employés chez des fabricants ou bien chez des entrepreneurs. Je dis chez des entrepreneurs ; car celui qui achète des laines et en fait fabriquer des étoffes, ne fait pas toujours laver, teindre, filer dans ses ateliers, ni même donner chez lui aux étoffes que les tisseurs lui rapportent, toutes les façons ou tous les apprêts qu'elles doivent recevoir avant d'être livrées au commerce ; il a recours à des entrepreneurs particuliers pour chacune de ces opérations.

Naguère, à Reims, on fournissait aux ouvriers, autant que cela était possible, des matières premières qu'ils emportaient dans leurs domiciles, pour les préparer et les mettre en œuvre. Mais, afin de produire plus en grand et à meilleur marché, on a multiplié les usines et les ateliers communs. Néanmoins, cette ville compte très

Louis-René Villermé

peu d'établissements qui réunissent dans la même maison plus de 150 travailleurs, et une seule en rassemble environ 300.

La durée de la journée dans les manufactures est, en général, de 14 heures et demie, sur lesquelles on en accorde deux ou deux et demie pour trois repas ; ce qui réduit le travail effectif à 12 heures et demie, ou même à 12 heures. Mais pour les laveurs de laine et les batteurs, il n'est en tout temps que de 11 heures, et souvent que de 10 heures et demie. Le travail à domicile est ici, comme partout, plus long que dans les usines.

Le logement de la plupart des familles d'ouvriers se compose, en ville, de deux chambres, d'une chambre et d'un cabinet, ou bien d'une chambre et d'un grenier. Le lit et les métiers à tisser, ou le lit et le petit poêle à chauffer les peignes, sont très fréquemment dans la même pièce... Ces logements ne manquent ni d'air ni de jour, mais ils sont fort chers ; ils coûtent de 75 à 150 F. par an, qui se paient ordinairement en quatre termes. Un seul cabinet sans cheminée se loue de 30 à 40 F. Ces demeures sont propres et commodes ; mais celles des plus pauvres ne sont pas aussi bonnes. On en aura une idée par les détails suivants :

Qu'on se figure, loin du centre de la ville, des maisons basses, d'un aspect misérable, des chambres fréquemment sales et humides, quoique presque toujours bien éclairées, et la pièce à feu, la seule habitable (je ne dis pas la seule habitée, car souvent le grenier est sous-loué par les malheureux du rez-de-chaussée à de plus malheureux qu'eux encore), communément si petite qu'un métier à tisser ne peut pas y tenir avec un lit. Ces misérables réduits, que précèdent des cours mal pavées, couvertes d'ordures, se louent depuis 55 ou 60 F. En outre, le loyer s'en paie chaque mois et même chaque semaine. On ne voit au lit des malheureux qui les habitent, qu'un mauvais matelas avec des draps sales et usés. Ces draps sont souvent les seuls que possède la famille ; alors, quand on les blanchit, elle couche nécessairement à nu sur le matelas. Un petit lit de paille, destiné aux enfants, se trouve très souvent à côté du premier. Enfin, il y a rarement dans ces logements des métiers à tisser et même des poêles ou fourneaux à chauffer les peignes : les locataires sont trop pauvres pour en posséder ; quand il y en a, c'est qu'ils les tiennent à loyer...

Les ouvriers de la fabrique de Reims sont assez bien vêtus, du moins dans la ville et dans quelques villages que j'ai visités ; mais, à cause de la cherté du combustible, ils sont très mal chauffés en hiver. Quant aux plus pauvres, il suffirait de voir leur mobilier pour se faire une idée de leur profonde misère. Aussi, presque tous ces derniers sont-ils inscrits au bureau de bienfaisance, du moins les enfants et les vieillards. Cependant, et cela est remarquable, leurs vêtements de dessus ne sont que rarement en mauvais état.

L'opinion générale, à Reims, veut que les ouvriers nés dans le pays soient naturellement doux, soumis, tranquilles, amis de l'ordre ; mais elle leur reproche de se livrer à la boisson, surtout à ceux qui travaillent dans les filatures et les ateliers de construction. Les tisserands et les bonnetiers y sont moins enclins. On voit, en effet, un très grand nombre des premiers, et parmi eux il y a souvent des femmes, qui s'enivrent, principalement les dimanches et les lundis, beaucoup même les deux jours suivants. Il serait peut-être difficile qu'il en fût autrement, du moins les lundis ; car, dans la plupart des établissements où le moteur est une pompe à feu, j'ai vu arrêter celle-ci, et par conséquent tout travail dans la manufacture, quand, par l'absence d'une partie des ouvriers, et à cause de la dépense du combustible, le fabricant n'avait plus de profit à faire marcher ses métiers. Ainsi des maîtres qui devraient s'efforcer de faire venir leurs ouvriers à l'atelier tous les lundis, semblent prendre soin de leur donner l'habitude d'un chômage, qui devient pour eux l'occasion de dépenses ruineuses et de démoralisation.

Tous les ivrognes qu'on voit à Reims ne sont pas des ouvriers de la fabrique de laine ; il existe parmi eux beaucoup de gens étrangers au pays, mais surtout plusieurs centaines de Belges que l'on accuse, avec un certain nombre de forçats libérés, de la plupart des désordres qui se commettent.

L'ivresse est une source déplorable de désordres et de misères. La morale en gémit, mais elle se trouverait heureuse de n'avoir que cette honteuse habitude à reprocher aux ouvriers de Reims. Non seulement la dissolution des mœurs s'y montre comme dans toutes les autres grandes villes de fabrique, où la prévoyance des maîtres ne tient pas séparés les uns des autres les jeunes gens des deux sexes ; mais elle y a un caractère particulier que l'on ne trouve point ailleurs.

Louis-René Villermé

Si j'en crois ce qui m'a été rapporté, beaucoup de filles et de jeunes femmes des manufactures, abandonnent souvent l'atelier dès six heures du soir, au lieu d'en sortir à huit, et vont parcourir les rues dans l'espoir de rencontrer quelque étranger, qu'elles provoquent avec une sorte d'embarras timide. Ce désordre est si bien connu que la plaisanterie, qui manque rarement chez nous de se mêler aux actions les plus répréhensibles, comme pour les excuser ou les affaiblir, a créé dans les ateliers une expression particulière pour désigner celle dont il s'agit : quand une jeune ouvrière quitte son travail le soir avant l'heure de la sortie générale, on dit, qu'elle va *faire son cinquième quart de journée.*

Ce mot peut faire sourire, mais on éprouve un sentiment pénible, à voir de très jeunes filles dont la taille n'annonce pas plus de douze à treize ans, s'offrir le soir aux passants. Ce dernier fait, au surplus, se trouve confirmé par un journal imprimé à Reims, dans lequel on lit, non seulement, « que cette ville est infectée de prostitution », mais encore « qu'il s'y trouve peut-être cent enfants au-dessous de quinze ans qui n'ont, pour ainsi dire, pas d'autre moyen d'existence, et que dans ces cent, dix ou douze n'ont pas atteint leur douzième année... » Je n'invente pas, ajoute l'auteur de l'article, je raconte des faits, et « je ne dis pas tout ».

On conçoit maintenant qu'il doive y avoir à Reims un très grand nombre de naissance de bâtards. J'en trouve, en effet, pour la période de 1825 à 1835 inclusivement, une contre 3,99 légitimes, tandis que dans le département entier de la Marne, dont Reims fait partie, c'est pour les onze mêmes années consécutives, une contre 12,03. Il faut ajouter ici que cette ville n'a point eu depuis longtemps de soldats en garnison, et qu'on n'y voit guère d'autres étrangers que ceux que la fabrique ou le commerce y attire...

Si mes renseignements sont exacts, les ouvriers ont très généralement de la probité. Et cependant on a établi dans cette ville, il y a quelques années, une association dont l'existence semble témoigner le contraire : c'est la Société dite *des Déchets,* dont le principal but est de prévenir, autant qu'il est possible, les vols de matières premières commis par les ouvriers infidèles. Je ne sais pas jusqu'à quel point cette association atteint un pareil but ; mais quoique je n'en connaisse pas une seconde qu'on puisse lui comparer, elle n'est pas pour moi la preuve que les vols qu'elle se propose d'empêcher soient plus communs à Reims que dans certaines autres villes de fabrique ; seulement, ils y sont, assure-t-on, plus fréquents aujourd'hui qu'ils ne l'étaient autrefois...

On ne saurait déduire exactement ... les salaires moyens payés aux différentes classes d'ouvriers. On sait seulement que ces salaires se rapprochent plus du minimum que du *maximum* ... Néanmoins, si nous divisons les travailleurs d'après le sexe, l'âge, les forces et l'habileté, nous trouvons :

– pour les hommes faits, depuis 1 F. 25 jusqu'à 4 F. 75 ;

– pour les femmes, depuis 90 c. jusqu'à 1 F. 75 ;

– pour les jeunes gens, depuis 1 F. jusqu'à 1 F. 25 ;

– pour les enfants de 10 à 15 ans, depuis 40 c. jusqu'à 75 c.

... Quel que fût le lieu du domicile, j'ai vu des ouvriers de la fabrique de Reims dans une condition très sensiblement *meilleure que celle* dans laquelle ils étaient à la fin de 1830, en 1831 et en 1832 ; car on estimait, pendant mon séjour dans le pays, que les prix de main-d'œuvre y étaient alors augmentés d'un quart sur ceux de 1832.

Les ouvriers de Reims sont en général bien nourris : leur pain est excellent, et la plupart d'entre eux mangent de la soupe grasse et de la viande deux fois par semaine, quand ce n'est pas plus souvent. Beaucoup en ont même tous les jours ou presque tous les jours. Enfin, un grand nombre de femmes prennent du café au lait chaque matin. La viande de boucherie, le pain, le vin sont, dans la ville, les seules denrées à bon marché : voilà peut-être pourquoi nos travailleurs font une plus grande consommation de viande que dans les autres villes. Ils y trouvent de l'économie, à cause du parti que l'on en tire pour la soupe et pour l'assaisonnement des légumes et des pommes de terre. Celles-ci d'ailleurs se vendent à un prix si élevé, qu'ils ne les achètent guère qu'à la livre [1]. À la campagne, les légumes, les racines, les fruits et le lait composent surtout le régime alimentaire.

La nourriture d'un ouvrier qui se met en pension lui coûte, en ville, depuis 274 jusqu'à 292 F. par an, et son lit, suivant qu'il le partage avec un autre dans une *chambrée commune*, dans un

---

1 C'est 15 à 16 sous par jour, dont 4 pour le pain, et 11 à 12 pour le reste. La soupe grasse fait partie, au moins une fois par jour de l'un des deux grands repas.

Louis-René Villermé

cabinet particulier, ou bien qu'il couche seul, de 36 à 50 F., de 48 à 54 F., et de 84 à 96 F. Par conséquent, son logement et sa nourriture réunis lui reviennent depuis 310 F. 50 jusqu'à 388 F. Le prix le plus commun est peut-être 365 F., ou 7 F. par semaine, 20 sous par jour, pour être nourri, et n'avoir que la moitié d'un lit dans une *chambrée commune* [1].

La nourriture des femmes leur revient à meilleur marché. Celles qui n'ont point de famille et ne vivent pas en concubinage, se réunissent ordinairement deux ou trois dans un cabinet ou une petite chambre qu'elles meublent à frais communs.

Si à l'aide de tous ces détails nous cherchons maintenant à évaluer les dépenses, du moins autant qu'il nous est possible de le faire, et si nous les rapprochons des recettes, il en résulte qu'à Reims, comme ailleurs, les ouvriers qui gagnent le moins peuvent à grand'peine vivre dans les temps ordinaires, lors même qu'ils sont économes et n'ont aucune charge. Cela résulte non seulement de la comparaison des recettes et des dépenses, mais encore des renseignements presque unanimes que m'ont donnés beaucoup de personnes.

Les ouvriers de Reims, comme ceux de toutes les autres villes manufacturières un peu considérables, n'ont d'autre moyen d'existence que leurs salaires. Beaucoup pourraient néanmoins, avec de l'ordre et de la santé, réaliser des épargnes ; mais très peu songent au lendemain. Ceux de la campagne, plus sobres en général, plus laborieux, plus économes et d'une conduite meilleure à tous égards, savent en faire cependant avec des gains moins forts.

Les uns et les autres ne sont pas contents de leur sort, et la plupart, surtout dans la ville, ils s'en plaignent, sans se douter qu'autrefois ils étaient dans une moins bonne position. Je n'alléguerai pas, en preuve de ceci, que la misère les pousse à mendier moins souvent que jadis...

J'ai vu, en général, peu d'enfants à Reims, chez nos ouvriers, et les registres de l'état civil viennent confirmer la même observation

---

1 Pour ce dernier prix, on a souvent encore son linge blanchi, si l'on couche deux dans un lit en chambrée commune. Dans la pension la plus fréquentée de la ville, on paie 15 sous par jour, mais on n'y a jamais plus d'une fois de la soupe grasse... Les pensionnaires achètent eux-mêmes le pain qu'ils mangent à leurs repas, moins cependant celui de la soupe qu'on leur fournit avec le bouillon. Il va sans dire d'ailleurs que les ouvriers qui veulent boire du vin, le paient toujours à part.

pour la ville entière, car ils donnent, terme moyen, pour les onze années consécutives de 1825 à 1835 inclusivement, 3,39 naissances légitimes par mariage. J'ignore d'ailleurs l'âge auxquels les ouvriers se marient, mais je sais que beaucoup d'entre eux vivent en concubinage : tous mes renseignements s'accordent sur ce point... Dans cette ville et dans tous les environs, on allaite les enfants des pauvres tantôt au sein et tantôt au biberon ; mais ceux des ouvriers le sont plus souvent au biberon que les autres, surtout quand on confie le soin de les élever à des femmes qui font le métier de nourrices. L'allaitement au sein ne dure pas en général beaucoup de temps, et l'on se hâte trop de nourrir les enfants avec de la bouillie. En outre, l'allaitement artificiel est le seul connu pour ceux qui sont abandonnés, et il résulte des recherches qu'on a bien voulu faire pour moi à l'administration des hôpitaux et hospices de Reims, et qui comprennent 916 enfants exposés avant l'âge de deux mois accomplis, depuis 1826 jusques et compris 1835, que leur mortalité, dans le cours seulement de la première année de la vie, a été de 586, ou de 64 sur 100, malgré les bons soins d'ailleurs que ces enfants recevaient à l'Hôtel-Dieu pendant le peu de jours qu'ils y passaient.

Je ne sais pas jusqu'où s'étend l'influence de l'allaitement artificiel sur la santé des Rémois. Mais, malgré la pureté de l'air que l'on respire en toute saison dans leur ville, on voit beaucoup de scrofuleux parmi les ouvriers de la fabrique, et surtout parmi leurs enfants. Il paraît, au reste, qu'avant le milieu du siècle dernier, époque de la construction de la place Royale dans le quartier le plus populeux, de l'élargissement des rues les plus étroites, du pavage pour la première fois de plusieurs autres, et de l'établissement de fontaines publiques, les habitants, du moins les ouvriers, beaucoup plus misérables, beaucoup plus serrés dans leurs logements qu'ils ne le sont aujourd'hui, étaient très communément attaqués de scrofules et même de goitres. Mais depuis lors, la première maladie est devenue moins fréquente, généralement moins intense, et la seconde ne s'observe presque plus. Des vieillards m'ont affirmé qu'à l'époque de leur jeunesse, des goitres volumineux déformaient le cou d'une foule de Rémoises, et qu'aujourd'hui cette maladie est entièrement disparue de leur cité. Enfin, la coutume qu'avaient jadis les rois de France, à Reims, lors de la cérémonie de leur sacre,

Louis-René Villermé

de toucher les écrouelleux, et un ancien hospice où l'on a toujours recueilli et traité ces malades, semblent des preuves certaines qu'autrefois il y en avait beaucoup plus que de nos jours.

Quoi qu'il en soit, l'état général de la santé des ouvriers de la fabrique, dans la ville, est regardé, par beaucoup de médecins et par d'autres personnes comme généralement mauvais. Mais les seuls enfants scrofuleux ou écrouelleux m'ont paru justifier cette opinion.

Il y a depuis l'année 1823 une caisse d'épargnes à Reims, mais les ouvriers y font encore trop rarement des dépôts. Quant aux associations organisées pour venir au secours de ceux de leurs membres qui tombent malades ou qui deviennent infirmes, mes recherches n'ont pu m'en faire connaître que sept, réunissant ensemble 283 membres, et composées presque uniquement d'ouvriers de la fabrique, surtout de tisserands. Ces sociétés, dont les indigents ne peuvent faire partie, ne suffiraient pas, en les supposant même aussi nombreuses qu'elles pourraient l'être, aux besoins des ouvriers de Reims. Ici, comme ailleurs, le bureau de bienfaisance et la charité particulière y suppléent pour les plus pauvres, non complètement, mais autant qu'il leur est donné de le faire. Des secours mieux placés, et par conséquent plus utiles, parce que toujours offerts aux plus dignes, ils ne s'accordent que temporairement et dans des circonstances extraordinaires, sont ceux que la société de charité maternelle de la ville de Reims distribue aux pauvres mères de famille au moment de leurs couches, et à leurs enfants nouveau-nés pendant les premiers mois. Cet éloge, du reste, peut également s'appliquer à toutes ou à presque toutes les sociétés de charité maternelle du royaume.

Chapitre III
Des ouvriers de la ville de Rethel

Comme ville de fabrique, Rethel, qui n'est pas à plus de huit lieues de Reims, en est une succursale, mais elle a bien moins de variété dans les articles qu'elle produit. Elle est aux campagnes voisines, ce que Reims est à celles qui l'environnent, un centre où l'on exécute principalement les opérations qui, dans l'état actuel de l'industrie, ne peuvent être faites avec profit qu'en grand et à l'aide des mécaniques modernes, c'est-à-dire, dans des usines *proprement* dites.

J'ignore le nombre des ouvriers de la fabrique de Rethel. Je sais seulement qu'au mois de novembre 1836, il y en avait en ville de 1 400 à 1 800, qui étaient principalement employés dans les filatures. Il doit y en avoir maintenant davantage, car j'ai vu dans la ville de nouvelles manufactures en construction. Du reste, la fabrique paraît être organisée comme à Reims ; il suffira donc d'indiquer les différences.

Non seulement le peignage et le tissage de la laine, mais encore l'épluchage et l'ourdissage, ont presque toujours lieu chez les ouvriers, qui emportent les matières premières dans leur domicile. Les filatures de laine peignée emploient, proportion gardée, beaucoup plus de femmes que les mêmes filatures de Reims. La durée de la journée chez les fabricants est de 15 heures entières, dont 13 de travail effectif...

Les ouvriers de Rethel sont en général bien logés. Ils sont également bien vêtus ; et, en outre, mieux chauffés que ceux de Reims. Le goût des boissons enivrantes et le défaut d'économie passent pour être leurs vices dominants. Le premier n'est pas moins commun qu'à Reims, s'il ne l'est davantage ; mais pour tous, le mardi est un jour de travail. Il y a d'ailleurs moins de libertinage à Rethel, et la prostitution publique paraît y être inconnue. J'ai vu néanmoins des ouvriers qui, reconnaissant l'influence fâcheuse du rapprochement des deux sexes dans les manufactures, ne permettaient pas à leurs enfants d'y aller travailler...

Les prix de main-d'œuvre étaient, en général, un peu moins élevés qu'à Reims. Il entre dans le régime alimentaire des ouvriers de Rethel plus de légumes, de plantes potagères, et moins de viande de boucherie que dans celui des ouvriers de Reims. L'eau est également la boisson de presque tous, et elle est meilleure que dans cette dernière ville. Quelques-uns boivent du cidre chez eux, mais très généralement ils ne font usage du vin ou de la bière qu'au cabaret ou dans leurs pensions. Le pain et la viande sont au même prix qu'à Reims, le vin plus cher, et les pommes de terre, les légumes, les plantes potagères, à meilleur marché.

Louis-René Villermé

En définitive, les ouvriers de Rethel, qui ont de l'ordre et de l'économie, peuvent vivre assez aisément dans les temps ordinaires, du moins pour la très grande majorité, mais il leur est difficile de réaliser des épargnes. Les seuls ivrognes, ou à peu près, sont dans la misère...

Chapitre IV
Des ouvriers de la fabrique de Sedan

La fabrique de draperies de Sedan, sans contredit l'une des plus connues de l'Europe, doit sa célébrité à la finesse de ses draps noirs, à la beauté, à la solidité de leur teinture. On y fait aussi, mais en bien moindre quantité, des draps de toutes les couleurs et différentes sortes d'étoffes de laine.

Resserrée par ses fortifications, qui l'empêchent de s'étendre, la ville, centre de cette fabrique, n'a pu participer à l'augmentation de population que l'on observe partout dans les villes industrielles... En 1836 et au commencement de 1837, la fabrique de Sedan employait de 12 à 12 000 ouvriers, dont 3 ou 4 000 demeurent dans la ville, où ils travaillent ; 2 000 à 2 500 autres s'y rendent chaque jour des villages les plus voisins. Le reste habite les campagnes dans un rayon de trois à quatre lieues, et se compose de tisserands et de leurs aides.

Il ne paraît pas qu'en 1824, 1825 et 1826 cette fabrique eût moins d'ouvriers qu'aujourd'hui ; mais dans la première moitié de 1831, par suite de la révolution de juillet, il n'y en avait peut-être pas plus de 5 à 6 000 qui fussent occupés.

Les manufacturiers de Sedan achètent ordinairement leurs laines triées ou assorties, et lavées. Ils teignent en pièce les draps noirs et tous ceux auxquels le tissage et les opérations qui le précèdent ou le suivent, pourraient faire perdre de leur fraîcheur s'ils étaient teints en laine... Comme à Reims, des entrepreneurs particuliers se chargent, dans leurs propres établissements, de chaque opération ; et presque toujours le dégraissage à fond des laines en branche et la teinture, ont lieu chez ces entrepreneurs.

Les tisserands, à bien dire, travaillent tous chez eux, où ils emportent la chaîne et la trame de leurs pièces, mais les autres ouvriers sont occupés chez les fabricants ou chez les entrepreneurs, dans les ateliers desquels on voit les sexes confondus...

Dans aucune autre ville, la durée de la journée et celle du travail effectif ne sont plus longues ni peut-être plus variables qu'à Sedan. La journée commune est de 16 heures, et celle du travail effectif de 14, et même, ce qui paraît exorbitant, de 15 heures pour plusieurs ouvriers dans quelques manufactures, tandis que dans d'autres la durée du travail n'est pas ordinairement de plus de 12 heures pour les hommes et de 8 heures et demie pour les femmes. Mais dans beaucoup de manufactures, moyennant un supplément de salaire, le travail journalier se prolonge fréquemment au-delà de ces nombres d'heures, sans que les ouvriers puissent s'y refuser.

Le logement d'un ménage consiste très généralement, dans la ville, pour ceux qui travaillent chez les fabricants, en une chambre à feu, dans laquelle le locataire établit souvent un cabinet, et en un petit grenier ou une cave... Le tout est loué 75 ou 80 F. par an, quelquefois 100 F. dans certaines rues, quand ce logement est sur le devant, et jusqu'à 110 ou 120 F., quand il s'y joint une seconde pièce habitable plus petite que la chambre à feu.

Dans les campagnes, à trois quarts de lieues de Sedan, on a pour 60 F. un logement semblable à celui qui se paie 80 F. en ville, ou même plus grand...

Dans la ville et dans les villages, les ouvriers m'ont paru très bien vêtus. Il y en a même beaucoup qui, les dimanches, se confondent, par leur mise propre et recherchée, avec la classe bourgeoise.

Ces ouvriers forment une population excellente, laborieuse, soumise, tranquille, amie de l'ordre, facile à conduire, et peu ou point ivrogne. Tous les maîtres s'accordent à leur reconnaître ces qualités ; tous disent que nulle part il n'y en a de meilleure ; et, ce qui s'observe rarement, les ouvriers à leur tour se louent de leurs maîtres, reconnaissent en être bien traités, les respectent et les aiment.

Ces éloges sont mérités, et il est juste de les donner. Il faut aussi ne pas taire le mal... À Sedan, pour un assez grand nombre de jeunes ouvrières, la dépravation commence, m'a-t-on dit, dès l'âge de quinze ans ; et là, comme dans beaucoup d'autres villes de

Louis-René Villermé

manufactures, elles cèdent bien moins encore à la séduction qu'aux détestables conseils des femmes avec lesquelles elles travaillent. Pressées, poursuivies sans cesse par leurs discours, leurs railleries, leur exemple, elles succombent ; et telle est, assure-t-on, la force de ces attaques renouvelées chaque jour, qu'il n'est point rare que pour les faire cesser la victime s'empresse d'avouer dès le lendemain sa chute de la veille. Dès lors, elle s'unit très fréquemment aux autres, pour faire succomber, à son tour, toute nouvelle compagne dont la sagesse est un reproche pour elle.

Comme ville de fabrique du Nord de la France, Sedan est remarquable par le petit nombre de ceux qui fréquentent le cabaret, et il y a peut-être très peu de villes d'Europe, situées sous la même latitude, où l'on vende, proportion gardée, aussi peu d'eau-de-vie. C'est bien moins, il paraît, parce que les ivrognes d'habitude cessent de l'être, que parce qu'on empêche les jeunes gens de le devenir. Cet heureux résultat est principalement attribué aux fabricants les plus riches et les plus honorables, qui s'entendent entre eux pour renvoyer de leurs ateliers tous les ouvriers qui s'enivrent, à plus forte raison pour n'en point admettre. Les ouvriers connaissent la sévérité des maîtres à cet égard ; ils savent bien qu'après une pareille cause de renvoi, il n'y a plus pour eux possibilité de trouver de l'ouvrage dans une bonne maison de la ville.

C'est ainsi que depuis plusieurs années la tempérance s'observe de plus en plus à Sedan, et que les chômeurs de lundis y sont à peine connus. On ne s'y repose que le dimanche, et encore ce jour-là les ouvriers travaillent-ils très souvent dans les manufactures jusqu'à midi. Les moins moraux sont en général les fileurs, parce qu'il y a parmi eux beaucoup de compagnons étrangers, surtout des Belges... Les tisserands de la campagne sont, comme partout, les meilleurs sujets : mais il faut excepter ceux d'un village situé à une lieue au nord de la ville, Saint-Mengs, dans lequel il y a beaucoup de contrebandiers.

... Quoi qu'il en soit, il paraît constant que depuis plusieurs années il y a une amélioration réelle dans l'état moral et intellectuel des ouvriers de la fabrique de Sedan. Comparés à la généralité de ceux des autres fabriques, non seulement ils savent plus souvent lire et écrire, mais encore ils sont moins pauvres et plus heureux, parce qu'ils sont aussi laborieux, plus économes, plus sobres. Enfin, ils paraissent commettre plus rarement des crimes...

On a vu que la durée du travail journalier varie beaucoup à Sedan d'une manufacture à une autre. Il en est de même des salaires. Cependant, les différences sont moins grandes qu'on pourrait le croire. Ainsi, dans les manufactures où la durée du travail journalier est dite de 10 à 12 heures seulement, le salaire payé ne saurait être aussi fort que dans les manufactures où la journée de travail effectif est dite de 14 et même de 15 heures ; mais dans les premières on exige chaque jour des ouvriers un travail supplémentaire qui est payé séparément, ici 4 sous par heure aux hommes, 3 sous aux femmes et aux enfants, et là 3 sous et 2 sous. De cette manière la différence des gains est, comme celle de la durée journalière du travail plus nominale que réelle, et disparaît en grande partie...

Lorsque les ateliers sont ouverts le dimanche, ce qui a lieu fréquemment jusqu'à midi, mais jamais plus tard, le travail de ce jour-là se paie comme pour les heures supplémentaires. Quelquefois il arrive que les ateliers des premières maisons marchent pendant la nuit : alors le service de nuit est de 9 heures consécutives sans repos et les ouvriers qu'il emploie ne travaillent pas de jour. Ceux-ci, ordinairement les moins habiles, sont presque tous étrangers à l'établissement ; mais c'est parmi eux que l'on choisit ceux qui doivent y être attachés. Enfin, il est à remarquer, pour les tisserands, que les évaluations que j'ai données ne s'appliquent qu'à ceux qui tissent pendant la journée entière.

Suivant la déposition de M. Cunin-Gridaine, dans l'enquête commerciale de 1834, les salaires moyens étaient alors, savoir :

pour les hommes,   de 2 F. à 2 F. 25 ;

pour les femmes,   de 1 F. à 1 F. 25 ;

et pour les enfants,   de 0 F. 75,

la journée étant calculée à raison de quinze heures de travail... Si les salaires ne s'étaient pas accrus de 1834 à 1836, les évaluations générales de M. Cunin-Gridaine seraient plutôt au-dessous de la vérité qu'au-dessus. Mais il paraît qu'ils avaient reçu une légère augmentation... M. Cunin-Gridaine a le mérite, que n'ont pas eu tous les fabricants entendus dans l'enquête, de n'avoir pas présenté les plus forts salaires payés dans son établissement comme étant ceux de la plupart des ouvriers.

Louis-René Villermé

L'ouvrier de la ville n'a pour vivre que son salaire. Celui de la campagne est plus heureux, il possède très souvent la maison qu'il habite, avec même un jardin, et quelquefois un petit champ où il récolte des pommes de terre. En outre, beaucoup de ces derniers ont leur part de pâturage et d'affouage dans la commune de leur domicile, et tous les ans un grand nombre de familles de tisserands élève un ou deux porcs, dont la chair et le lard sont pour eux d'une grande ressource, surtout pendant l'hiver. Quelques-uns possèdent aussi une ou deux chèvres.

En général tous entretiennent facilement leur famille, élèvent convenablement leurs enfants, et beaucoup, surtout parmi ceux des villages, font de petites épargnes. Nulle part, enfin, je n'en ai rencontré autant qui m'aient dit être heureux. Ils estiment que ceux d'entre eux qui travaillent chez les fabricants sont communément dans une meilleure position que les tisserands qui travaillent dans leurs propres domiciles [1].

Les ouvriers employés par la fabrique sont très bien nourris, particulièrement dans la ville, où leur pain, le même que celui des maîtres, est excellent ; la bière est la boisson habituelle de presque tous ceux qui en désirent. Tous leurs aliments étant à bon marché, ils peuvent varier leur nourriture. D'ailleurs, la viande de boucherie qu'ils achètent est de seconde qualité ; en général chaque famille, quelque peu nombreuse qu'elle soit, en fait entrer par jour une demi-livre dans sa soupe, excepté les vendredis. Ayant été une fois dans les ateliers de M. Cunin-Gridaine, à l'heure du goûter des ouvriers (le goûter est un de leurs moins bons repas), j'ai assisté à celui des tondeurs de draps, et j'ai eu ainsi la preuve que ces derniers se nourrissaient très bien. Chacun d'eux, assis sur une tablette de fenêtre, avait à côté de lui un verre et une bouteille de bière ; le premier mange avec son pain du fromage, le second de la charcuterie, le troisième du fromage, le quatrième un morceau de

---

1 Les voici rangés dans l'ordre suivant lequel plusieurs d'entre eux et un fabricant m'ont dit que décroît leur aisance : *Hommes* : 1. Conducteurs de tondeuses ; 2. Tisseurs de nouveautés ; 3. Presseurs, gagés, apprêteurs, etc., 4. Fileurs en gros ; 5. Laineurs ; 6. Tisseurs en draperies ordinaires ; 7. Fileurs en fin. *Femmes* : 1. Fileuses en fin ; 2. Rentrayeuses ; 3. Ourdisseuses et dévideuses ; 4. Nopeuses et épinceteuses ; 5. Éplucheuses de laine ou pluseuses ; 6. Bobineuses chez les tisseurs. Cet ordre est justement, comme on devait s'y attendre, celui du décroissement des salaires.

bœuf, le cinquième une cuisse d'oie, etc.

À Sedan, comme dans toutes les villes de manufactures, les hommes isolés se mettent en pension. Pour 25 ou 30 F. par mois, ils sont couchés deux dans un lit, nourris, éclairés, et ils ont une mesure de bière à chaque repas. Pour 10 sous par jour, on les couche, on leur donne un quarteron de viande cuite avec du bouillon gras au dîner, et des pommes de terre ou des légumes au souper ; ils achètent à part le pain qu'ils mangent et la bière qu'ils boivent. Il y existe d'ailleurs une coutume excellente : les jeunes gens de la ville ne sont pas reçus dans ces pensions avant l'âge de vingt ans, sans le consentement de leurs parents, auxquels ils remettent toujours, jusqu'à quinze ans et parfois jusqu'à vingt, le salaire entier de leurs journées ; mais aussi il est d'usage que celui des heures supplémentaires leur soit laissé pour le dépenser comme ils le veulent.

Si l'on suppose maintenant un ménage qui gagne seulement les salaires moyens calculés par M. Cunin-Gridaine pour l'année 1834 ; ce ménage recevra par an, dans la ville, à raison de 300 journées de travail, savoir :

le mari	600 à 675 F.	en tout,
la femme	300 à 375 F.	de 1 125 à 1 275 F.
et un enfant	225 F.	

Si les personnes dont il se compose dépensent par jour pour leur nourriture,

le mari	0 F. 75
la femme	0 F. 60
trois jeunes enfants	1 F. 15
total	2 F. 50
ou par an	912 F. 50
et si le loyer de cette famille lui coûte	75 F.

987 F. 50

Le reste, c'est-à-dire depuis 137 F. 50 jusqu'à 287 F. 50, pour fournir aux autres dépenses. Cette famille, dont j'ai eu soin, si nous la considérons comme famille moyenne, de ne point exagérer le revenu, et d'augmenter plutôt les charges que de les atténuer, peut

Louis-René Villermé

donc vivre très facilement, et même faire quelquefois de petites épargnes.

Ainsi se trouve établi, comme fait général, ce que j'ai dit de l'heureuse position habituelle des ouvriers de la fabrique de Sedan, quand ils ont de l'ordre. Ce qui suit achèvera de le démontrer.

Pour une somme modique, et par économie, beaucoup, parmi ceux de la ville, mettent leurs enfants nouveau-nés en nourrice dans le Luxembourg, où ils sont allaités au sein, et non au biberon comme les enfants des ouvriers de Reims. Ils doivent cet avantage au voisinage d'un pays pauvre où la main-d'œuvre est à très bas prix, et où les paysans, qui trouvent difficilement à gagner de l'argent, n'en ont besoin que de très peu.

Il y a des villes où l'on rencontrerait à peine quelques vieillards dans les manufactures : on trouve qu'il est avantageux de payer plus cher des ouvriers plus jeunes. À Sedan, il n'en est pas ainsi dans plusieurs maisons, particulièrement chez MM. Bacot. J'y ai vu avec surprise de vastes et bons ateliers, bien éclairés, bien chauffés, tenus avec beaucoup de soin, où il n'y avait guère que des vieillards et des vieilles femmes occupées à éplucher de la laine, ou bien à dévider des fils. Chacun d'eux, commodément assis, annonçait, par la propreté de toute sa personne et par son teint fleuri, une santé et une aisance que l'on trouverait bien rarement dans une réunion de vieilles gens qui ne gagnent pas plus de 10 à 16 ou 17 sous par jour. Ils étaient la plupart, il est vrai, plus ou moins secourus par leurs enfants.

Il existe, chez le plus grand nombre des fabricants de la ville, un usage très moral que l'on doit regretter de ne pas retrouver aussi fréquent, à beaucoup près, dans toutes nos cités manufacturières : c'est l'usage de conserver à l'ouvrier qui tombe malade son emploi ou son métier pour le temps où il pourra le reprendre. Quand la maladie n'est pas une simple indisposition, celui qui en est atteint ou bien sa famille présente au fabricant un remplaçant. Celui-ci s'admet toujours, lors même qu'il est pris, ce qui a lieu très souvent, parmi les moins bons sujets de la fabrique. On m'en a montré qui tenaient ainsi la place d'un absent depuis plus de six mois. L'ouvrier malade continue à recevoir son salaire entier, et il paie lui-même son remplaçant, mais de manière à gagner quelque chose sur lui. On concevra maintenant qu'il y ait peu de manufactures dans lesquelles on trouve, proportion gardée, autant d'anciens ouvriers que dans les premières maisons de Sedan... Les ouvriers savent qu'une fois admis dans ces maisons, il n'y a plus pour eux, de chômage, ou qu'il y en a moins que partout ailleurs, et que l'on adoptera également leurs enfants. Ils savent encore que s'ils tombent malades, ils retrouveront leur emploi lorsqu'ils seront guéris ; que s'ils deviennent vieux, infirmes, loin qu'on leur refuse tout travail, comme cela se fait dans tant d'endroits on leur en donnera un proportionné à leurs forces ; enfin qu'ils recevront du maître, quand l'âge avancé les rendra incapables de travailler, de généreux et permanents secours. Aussi, dans leur pensée, ce maître est-il très fréquemment pour eux un protecteur, sévère il est vrai, mais juste, et ils préfèrent être employés chez lui plutôt que dans les autres manufactures.

Ces choses, je ne les ai pas apprises des seuls fabricants, mais aussi des ouvriers eux-mêmes.

Il n'est pas rare que les bons exemples ne portent pas leurs fruits. Les fabricants de Sedan se montrent généreux envers leurs ouvriers, ceux-ci le sont à leur tour envers leurs camarades tombés dans le malheur, ou envers les veuves et les enfants en bas âge de ces camarades : des quêtes, auxquelles ils donnent tous, sont faites chaque semaine en faveur de ces derniers dans les manufactures. C'est ainsi qu'ils suppléent aux bienfaits des sociétés de secours mutuels, qui n'existent pas à Sedan. Du moins, je n'ai pu, à mon grand étonnement, constater l'existence d'aucune pendant mon séjour dans cette ville...

Il ne paraît pas qu'en 1834, nos ouvriers fussent tout-à-fait aussi heureux que je les ai vus à la fin de 1836 ; cependant voici en quels termes M. Cunin-Gridaine a déposé sur eux dans l'enquête commerciale d'alors : « on ne pourrait pas toucher à leur salaire sans les mettre dans une condition extrêmement fâcheuse ... L'ouvrier est aujourd'hui dans une belle position ... Le dimanche, à sa mise, on ne le distinguerait pas du chef... Il y a dans le prix de notre main-d'œuvre une grande différence avec celui de la Belgique ; mais les Belges emploient dans leurs fabriques de petits enfants qui peuvent à peine se soutenir,... et gagnent trois ou quatre sous par jour. Nous n'employons pas d'enfants en si bas âge ; chez nous

Louis-René Villermé

ces enfants vont à l'école, on les laisse se fortifier avant de les faire travailler, et plus tard, ils seront plus fort, plus intelligents... ». Ce n'est pas en France que le sort des ouvriers des fabriques de drap est le plus à plaindre, et il est très sensiblement meilleur aujourd'hui, à Sedan, qu'il ne l'était il y a 25 ou 30 ans. Qu'il me soit permis de confirmer de mon témoignage ce qui vient d'être dit des enfants de la classe ouvrière de cette ville, qui vont à l'école et qu'on laisse se fortifier avant de les faire travailler. J'ai vu des fabricants, qui en avaient besoin, refuser des enfants de dix à douze ans qu'on aurait certainement admis partout. Donnez encore à cet enfant, disaient-ils, une ou deux années pour qu'il se développe ; pendant ce temps envoyez-le à l'école, afin qu'il puisse devenir un jour contremaître, et après je le prendrai.

Je puis certifier aussi la très bonne santé des ouvriers qui travaillent dans les manufactures de Sedan. J'ai remarqué, néanmoins, un peu de pâleur chez les femmes ou filles des ateliers de cardage et de filage. On ne peut avoir oublié, d'ailleurs, ce que j'ai dit des vieillards employés chez MM. Bacot. J'ajouterai que le jour de mon arrivée à Sedan, j'ai été frappé, en passant la porte de leur manufacture, au moment où la cloche allait annoncer la rentrée dans les ateliers, après l'heure du dîner, d'y voir un grand nombre d'enfants, jouant, courant, sautant avec gaîté et une pétulance qui, sans leur bonne mine, auraient déjà été pour moi la preuve la plus manifeste de leur excellent état de santé. Au coup de la cloche, tous se précipitèrent d'un bond dans la cour. Les pauvres enfants, d'ailleurs plus jeunes, qui travaillent dans les filatures de coton ne ressemblent point à ceux-là...

Terminons en disant qu'ils ne mettent point, ou très peu à la caisse d'épargnes. D'abord c'était dans la seule crainte qui, je crois, n'existe plus aujourd'hui, du moins au même degré, que les fabricants n'en profitassent pour diminuer le salaire. Maintenant, à cette crainte, il s'en joint une autre, c'est que la municipalité ne connaisse tous les déposants, et ne leur donne des soldats de passage à loger, ou ne leur fasse payer un impôt. Ils regardent comme un meilleur placement, du moins ceux de la ville, d'augmenter leur mobilier, ou, quand ils ont économisé une certaine somme, l'acquisition à la porte de Sedan d'un petit jardin qu'ils donnent à loyer, ou qu'ils cultivent eux-mêmes dans leurs moments de loisir. Il en est de même pour les ouvriers de la campagne, ils préfèrent acheter une maison, un jardin ou quelques perches de terre. C'est là le but de l'ambition de beaucoup, et celui qui l'atteint est estimé bienheureux.

En résumé : les ouvriers des manufactures de Sedan, valent mieux, en général, que ceux des autres villes de fabrique de la France ; et par suite de leur meilleure conduite et peut-être aussi de salaires un peu plus forts, ils sont plus heureux ou dans une position matérielle préférable. Enfin, le bon esprit des fabricants, le soin qu'ils mettent à prévenir l'ivrognerie en la repoussant de leurs ateliers, et leur sollicitude pour leurs ouvriers, contribuent certainement à ces bons résultats.

Chapitre V
Des ouvriers de la fabrique d'Amiens

La fabrique d'Amiens produit des étoffes de coton et de laine, surtout de laine peignée ou d'estame, dont elle mélange souvent les fils avec ceux de soie, de poils de chèvre, de lin ou de chanvre. Cette fabrique est très considérable ; néanmoins ses plus grands établissements rassemblent à peine deux cents ouvriers, beaucoup n'ont qu'un manège pour moteur, et quelques-uns même marchent encore à bras d'hommes, entièrement ou en partie. Dans aucun on ne confectionne tout-à-fait une pièce d'étoffe : le filateur n'est pas fabricant de tissus, et celui-ci fait presque toujours teindre, imprimer, etc., hors de chez lui, par des entrepreneurs, les pièces dont il avait confié les matières premières aux tisserands.

Cette fabrique n'est pas celle qui a le plus souffert de la crise industrielle de 1830 à 1831, parce qu'alors les alépines, que la ville et les faubourgs d'Amiens fabriquaient presque seuls, étant devenus à la mode, un grand nombre d'ouvriers leur dut de ne pas manquer de travail ; mais la demande de ces étoffes ayant toujours été en diminuant depuis 1835, et plusieurs articles (les velours de coton surtout), ayant cessé d'être exportés en Espagne, par suite de la guerre civile qui la désolait, j'ai vu, lors de mes deux séjours dans le pays, beaucoup d'ouvriers sans occupation, et, par conséquent, dans une véritable détresse. La plupart n'étaient pas employés plus de trois ou quatre jours par semaine ; partout je n'entendais que plaintes, et je voyais, ou fermer des ateliers, ou tout au moins diminuer, soit le nombre des jours, soit celui des heures de travail. Aussi, pour venir au secours d'un grand nombre de malheureux inoccupés, la mairie d'Amiens se vit-elle dans la nécessité d'en employer plusieurs centaines à des travaux de terrassement.

L'état habituel des ouvriers étant celui qu'il m'est important de faire connaître, je dois, dans ce que je vais dire, faire avec soin la part de la crise, afin de n'en point confondre les résultats avec l'état habituel dont il s'agit.

La fabrique d'Amiens compte environ 40 000 ouvriers, y compris les enfants. Une moitié habite la ville et les faubourgs, l'autre dans un rayon de six à dix lieues. Cette dernière moitié se compose presque exclusivement de peigneurs de laine, de tisserands, de leurs aides ou trameuses, et de *coupeurs de velours* de coton. Sur les 40 000, près de 10 000 travaillaient directement ou indirectement, en 1836, à la fabrication des alépines, près de 15 000 à l'industrie cotonnière, et celle de la laine employait le reste. Quand la mode abandonne un article pour en adopter un autre, les ouvriers passent assez facilement de la fabrication du premier à celle du second ; c'est ainsi que le nombre des fileurs de laine a plus que doublé depuis 1828, époque à partir de laquelle beaucoup de filatures de coton ont été changées en filatures de laine.

Les tisserands, leurs aides et les coupeurs de velours, font beaucoup plus de la moitié de tous les ouvriers ; ils travaillent chez eux. Il n'y a d'exception que pour 500 tisserands au plus qui fabriquent en ville, chez les maîtres, des étoffes brochées ou façonnées, et des articles de nouveauté. Presque tous ceux de la campagne se livrent aussi tous les ans, pendant quelques mois, de la fin de juin à la fin de septembre, aux travaux de l'agriculture, et, dans les vallées, surtout celle de la Somme, à l'exploitation des tourbières.

Dans les manufactures d'Amiens, comme dans les autres, les sexes sont mêlés partout où la nature du travail ne s'y oppose point.

Dans les temps ordinaires, chez les fabricants, la journée est de quatorze à quinze heures, sur lesquelles on en prend deux ou deux et demie pour les repas. Les ateliers s'ouvrent de six à huit heures du matin selon la saison. Quelquefois, quand l'industrie prospère, on prolonge le travail ; mais alors tout ce qui excède sa durée habituelle se paie en sus du salaire convenu et dans la proportion de celui-ci. Quant aux ouvriers qui restent chez eux, leur journée est, comme ailleurs, communément plus longue que chez les fabricants, à l'exception toutefois de celle des coupeurs de velours.

En général, les ouvriers d'Amiens demeurent dans la partie basse de la ville, c'est-à-dire dans les plus mauvais quartiers, dans les rues étroites, où les maisons, fréquemment en bois, ont un aspect misérable, et des chambres humides, mal éclairées, mal closes, malsaines. La plupart des logements n'y sont pas de plain-pied ; mais à chaque pièce du rez-de-chaussée, répond une chambre au premier étage, un grenier au-dessus de celle-ci, ou quelquefois un grenier seul. On communique de l'une de ces pièces à l'autre par un escalier intérieur, raide, souvent obscur, si étroit qu'on a peine à y passer, et si mal disposé qu'une échelle serait préférable. Quand elles sont occupées par plusieurs locataires, et il en existe beaucoup où il en est ainsi, la famille de l'étage supérieur traverse la chambre de l'autre famille, toutes les fois qu'elle sort ou rentre.

Chacun de ces logements se loue par semaine depuis 1 F. 50 jusqu'à 2 F. 50 ou même 3 F., selon la rue, la grandeur des pièces, leur nombre et la manière dont elles sont éclairées. 2 F. est le prix le plus commun. On renvoie ordinairement la famille qui passe quinze jours sans payer ; mais aux époques de crise industrielle, alors que cette famille peut à grand-peine s'acquitter ou qu'elle est tout-à-fait hors d'état de le faire, on diminue le prix de location ou bien on cesse de l'exiger, car on ne trouverait pas de locataire plus solvable. Les familles les plus aisées paient leur loyer tous les trois mois, et les autres, c'est-à-dire la presque totalité, le paient chaque semaine ou chaque fois qu'elles touchent leur salaire.

Une armoire, une ou deux planches, quelques sièges, quelques poteries, une table, les lits, les ustensiles du métier, tel est l'ameublement de la plupart de ces logements, où rien ne cache d'ordinaire la nudité et souvent la saleté des murs. On voit aussi parfois, chez les habitants du rez-de-chaussée, les objets d'une sorte de petit commerce. Comme le grenier n'a pas de cheminée, ceux qui l'habitent font leur cuisine au foyer de l'étage inférieur, à moins qu'ils ne puissent monter un poêle chez eux.

Lorsque toute la famille couche dans la même chambre, il est

Louis-René Villermé

rare que ce soit sur un seul lit : les parents partagent le plus grand avec les plus jeunes enfants, les filles ont le second et les garçons le troisième. Il est commun, au reste, que les enfants des deux sexes dorment ensemble jusqu'à l'âge de onze, douze ou treize ans, c'est-à-dire jusqu'à ce qu'ils fassent leur première communion ou que le prêtre recommande de les séparer. J'ai vu souvent ces derniers coucher sans draps, mais il y en avait toujours au moins un au lit des grandes personnes, lors même qu'il manquait de matelas.

Dans les faubourgs d'Amiens où l'on a construit par spéculation beaucoup de maisons pour les ouvriers, les logements ont très généralement le même nombre de pièces que dans la ville : ces pièces sont disposées de la même manière l'une au-dessus de l'autre, mais elles sont plus grandes, mieux éclairées, et les fenêtres s'ouvrent sur de larges rues, sur des jardins ou sur la campagne. Elles sont aussi mieux meublées. Chaque logement se paie d'ordinaire 40 sous par semaine ; un petit jardin d'une à quatre perches en fait souvent partie, sans que le prix en soit toujours augmenté. Au-delà de trois quarts de lieues de la ville, on ne loue plus à la semaine...

J'ai vu, au mois de mars et d'avril 1837, par un froid très intense, les ouvriers rester sans feu chez eux dans la ville. Il paraît, au reste, qu'ils s'y chauffent habituellement très mal. Ils n'y brûlent que de la tourbe ; et il en est de même dans beaucoup de communes rurales, où d'ordinaire on leur distribue ce combustible comme aux autres habitants.

À l'époque dont je viens de parler, il y en avait un grand nombre, surtout parmi les femmes mariées, dont les habits paraissaient sales et en très mauvais état ; mais les filles, à partir de l'âge de quinze ou seize ans, étaient mieux vêtues, presque toujours avec propreté, très souvent avec coquetterie. Trois mois plus tard, quand je les observais pour la seconde fois, à une époque de plus grande misère encore, leurs vêtements, ainsi que leurs personnes, étaient beaucoup plus propres, mais nous étions en été.

L'ivrognerie est un vice très commun dans la capitale de la Picardie et dans tous les environs, moins pourtant qu'à Lille, et qu'on ne le croirait sur la foi des journaux qui, depuis quelques années, entretiennent le public de la société de tempérance d'Amiens. Ce vice, assure-t-on, est bien moins commun à la campagne qu'à la ville. Cependant j'ai vu dans la dernière bien moins d'ivrognes qu'à Reims ; mais je m'y trouvais à deux époques où la plupart des ouvriers, sans ouvrage ou à la veille d'en manquer, étaient forcément tempérants. C'est, du reste, comme ailleurs, au cabaret, les dimanches et les lundis, qu'ils s'enivrent, principalement dans l'après-midi et la soirée : ils commencent par boire de la bière, et ils finissent par de l'eau-de-vie. La société de tempérance d'Amiens paraît n'avoir aucun effet sur cette habitude... Les petits fabricants d'Amiens laissent souvent leurs ouvriers se reposer les lundis, c'est-à-dire s'enivrer, principalement dans les temps de prospérité de la fabrique, parce qu'ils craignent de les perdre en les mécontentant [1].

Sans même qu'ils s'enivrent, beaucoup de ces travailleurs, ainsi que beaucoup d'hommes des autres classes ouvrières, boivent tous les matins *à jeun,* surtout dans la ville, un ou plusieurs petits verres d'eau-de-vie ; habitude que les médecins de l'Hôtel-Dieu regardent comme la cause de maladies de l'estomac très fréquentes chez ces buveurs, et dont les autres seraient exempts...

Les jeunes gens des deux sexes ont fréquemment entre eux des rapports intimes, même dès l'âge de quinze ans, surtout dans la ville. En 1821, le maire d'Amiens crut qu'il était du devoir de l'autorité de réprimer des désordres devenus trop scandaleux. Il fit afficher dans la ville un arrêté qui défendait aux fileurs et fileuses des manufactures, de choisir leurs aides parmi les jeunes gens d'un autre sexe que le leur. J'ignore quelles ont été les conséquences de cette mesure.

C'est ici le lieu de parler de jeunes ouvrières, communément des rentrayeuses, à la mise propre, recherchée, qui sont les maîtresses des commis, des contremaîtres et des fils de fabricants. Le plus souvent, si l'on m'a dit vrai, l'amant ne garde pas dans ses ateliers celle dont il a fait choix, mais il la fait passer dans les ateliers d'un autre, à qui il rend le même service. Cet échange complaisant a pour but de cacher un commerce qui ne manquerait pas de se trahir, et de ne point donner un exemple, toujours mauvais, quoique exceptionnel, de relâchement toléré dans le travail. On m'a signalé ce fait dans beaucoup d'endroits, mais nulle part on ne

1 Plusieurs fabricants n'imposent pas d'amende, mais privent l'ouvrier de travail pendant un jour. Cette mesure n'est pas bonne : elle entraîne un jour de repos ; et un jour de repos, pour beaucoup d'ouvriers, c'est aussi un jour d'inconduite.

Louis-René Villermé

m'en a peut-être autant entretenu que dans la ville d'Amiens.

On ne s'étonnera donc pas, après ces détails, de trouver pour le chef-lieu du département de la Somme, pendant les onze années de 1825 à 1835 inclusivement, sur 6,36 naissances, une illégitime, lorsque le département entier en compte seulement une sur 13,30...

À ces détails sur les mœurs, il faut en ajouter quelques-uns sur leurs mariages. 352, contractés entre eux seuls, en premières noces, dans la ville d'Amiens, pendant les trois années 1834-1836, donnent les résultats suivants : la moitié avaient été célébrés à 25 ans pour les hommes et à 24 pour les femmes ; — l'âge moyen était 26 ans 3 mois pour ceux-là, 25 ans 3 mois pour celles-ci ; — c'est à 21 et à 22 ans qu'il y en a eu le plus pour les deux sexes... à partir de la 38ᵉ année, il y a un peu plus de personnes qui se marient en premières noces parmi les femmes que parmi les hommes, preuve évidente qu'un certain nombre de vieilles filles épousent des hommes plus jeunes qu'elles. Deux choses paraissent y déterminer ceux-ci : les épargnes de la femme et l'ascendant de cette dernière sur un jeune homme inexpérimenté...

La fécondité des unions n'est pas inférieure, quoique restreinte, à celle que l'on observe dans le département pris en masse dont cette ville fait partie. Ce fait n'est pas unique, mais il est digne de remarque. L'instruction élémentaire paraît se propager beaucoup dans la Somme depuis quelques année ; néanmoins il résulte des renseignements qui m'ont été fournis à cet égard, que ce serait parmi les ouvriers de la fabrique qu'il y aurait, proportion gardée, le moins d'individus sachant lire et écrire...

Le salaire se paie chaque semaine, excepté aux tisserands qui le reçoivent, comme partout, en livrant leurs pièces... Les salaires qui paraissent d'abord ne pas s'éloigner beaucoup de ceux que l'on payait en 1834, lors de l'enquête commerciale, sont cependant bien au-dessous ; car ils supposent les ouvriers occupés chaque semaine pendant six journées entières. Or, telle n'était pas, comme je l'ai déjà dit, la position de tous quand j'étais à Amiens : le manque d'ouvrage pendant un ou plusieurs jours, ou la diminution des heures de travail, réduisait les gains d'un très grand nombre d'entre eux. D'autres enfin étaient complètement sans travail ; et, dans quelques filatures, des fileurs dont on venait d'arrêter ou de supprimer les métiers, faisaient la besogne des rattacheurs. Ce n'est pas tout : sur les minces salaires de la plupart des tisserands, il faut encore diminuer les frais de dévidage ou bobinage de la trame. Mais aussi, d'un autre côté, beaucoup d'entre eux, principalement ceux qui tissent les velours de coton et les escots, travaillent souvent pour leur propre compte : ils achètent les fils dont ils ont besoin, et ils vendent ensuite, à pris débattu, leurs pièces aux négociants de la ville. De cette manière, des tisserands qui seraient peu rétribués par les maîtres, font quelque fois, quand les temps sont bons, des bénéfices assez forts comme fabricants.

On peut admettre, je crois, pour la première époque où j'étais à Amiens (mars et avril 1837), et toujours dans la supposition d'un travail non interrompu, que communément un homme gagnait par semaine, de 8 à 14 F. Une femme, qui ne tissait pas, de 4 à 5 F. Beaucoup, à cause des soins à donner à leurs enfants et au ménage, pas plus de 2 à 3 F. Un jeune homme de 14 à 18 ans, de 3 à 5 F. Un enfant plus jeune, de 2 à 3 F.

Mais au mois de juillet, c'est-à-dire au plus fort de la crise, j'ai vu des ateliers de tissage à la Jacquart où les ouvriers, réduits au tiers de ce qu'ils étaient trois mois auparavant, ne gagnaient plus que 23 sous par jour, au lieu de 32 à 40 sous. Au reste, les tisserands encore occupés, avaient tous subi, proportion gardée, une aussi forte diminution.

Mais comme ils quittent leurs métiers une partie de l'année, pour les travaux de l'agriculture et l'extraction de la tourbe, ils trouvent dans le passage d'une occupation à l'autre le moyen de gagner toujours quelque chose, et dans le prix élevé de leur main-d'œuvre pendant le peu de semaines qu'ils travaillent à l'exploitation des tourbières, le moyen de se contenter de très petits gains en d'autres temps ; voilà comment ils peuvent vivre et fabriquer des étoffes à bon marché. La famille, logée dans sa propre maison, est bien plus heureuse, surtout si elle possède un petit jardin et exploite seulement un hectare de terre... Les ouvriers de cette ville ne sont pas, en général, aussi bien nourris que ceux de Lyon, Rouen, Reims et Sedan. Chaque famille mange cependant deux ou trois fois par semaine de la soupe grasse... L'eau est la boisson habituelle ; mais dans les campagnes beaucoup d'hommes boivent du cidre, et dans la ville de la petite bière coupée d'eau.

Louis-René Villermé

La femme sans parents ni mari, et qui travaille dans les manufactures d'Amiens, se met très souvent en demi-pension chez une pauvre famille dont elle partage la chambre.... Une famille composée du père, de la mère et de deux enfants en très bas âge, peut vivre dans la ville si elle gagne 14 ou 15 F. par semaine. Si elle n'en a que 12 elle vit à peine. Avec moins elle est dans une grande misère : elle ne paie pas ou paie fort mal son loyer, et elle ne peut se passer des secours de la charité. Il n'y a d'épargne, et par conséquent d'amélioration possible, que pour la famille dont les salaires s'élèvent au-dessus de leur moyenne, en supposant d'ailleurs qu'elle n'ait aucune charge, qu'elle ne subisse point de chômage, qu'elle soit économe, rangée, sobre, et que tous ses membres se portent bien. Quant aux hommes isolés et dans la force de l'âge, ils pourraient presque toujours faire des épargnes, mais ils en font rarement. Ici, comme ailleurs, les ouvriers de la campagne sont les plus économes, surtout lorsqu'ils ont une petite exploitation rurale...

J'étais en Picardie à une époque de grande gêne et de privations inaccoutumées pour les ouvriers : c'est dire qu'ils n'étaient pas contents, mais ils subissaient leur sort avec beaucoup de patience et de résignation [1].

Ils offrent très généralement toutes les apparences de la santé : les jeunes femmes, surtout les filles, ont une fraîcheur de teint, une coloration de visage fort remarquable, que j'ai vu contraster avec la pâleur et la maigreur de beaucoup de femmes mariées et plus particulièrement de celles qui étaient ou avaient été nourrices. Ce mauvais état des dernières résulte toujours, m'a-t-on dit, du long temps (dix-huit mois ou deux ans), pendant lequel beaucoup donnent le sein à leurs nourrissons ; mais à l'époque où j'étais à Amiens, la misère, produite par la crise industrielle, pouvait y contribuer aussi.

Je ne puis taire ici une cause particulière de ruine pour la santé des jeunes ouvriers dans les petites filatures qui manquent d'un moteur général. Cette cause, sur laquelle l'attention de la mairie d'Amiens a été appelée deux fois, à ma connaissance, par le conseil

---

1 J'ai même vu à Amiens, vers la mi-mars, une émeute à laquelle ils ont eu le bon esprit de ne pas se mêler... Parmi les grandes villes manufacturières, Amiens est peut-être celle où il y aurait, proportion gardée, le moins d'ouvriers étrangers au pays.

des prud'hommes de la ville, consiste à faire mettre en mouvement, par des enfants, les machines à filer ou à carder, au moyen d'une manivelle à laquelle on fait décrire, avec la main, un cercle dont le point supérieur passe à cinq pieds des planchers, et à exiger ainsi de ces enfants plus qu'il ne convient à leur faiblesse et à leur taille. Je ne parlerais pas de cet abus du pouvoir des fileurs sur leurs aides, s'ils n'avaient été dénoncés à l'autorité municipale par le conseil des prud'hommes, et si une double enquête n'était venue confirmer les assertions de ce conseil...

C'est dans le quartier de la ville plus particulièrement habité par les ouvriers de la fabrique, qu'il y a, proportion gardée, le moins d'hommes propres au service militaire. J'ai voulu savoir si les diverses causes d'exemption, qui se rapportent à la bonne ou à la mauvaise constitution, confirmaient cette première donnée. J'ai trouvé :

exemptions du
service militaire

— dans le quartier nord-est, habité par un grand nombre d'ouvriers : N.E.

— dans le quartier sud-est, habité par un petit nombre d'ouvriers : S.E.

	N.E.	S.E.
pour défaut de taille	57 sur 413	39 sur 370 exemptés
pour difformités	44 sur 413	46 sur 370 exemptés
pour faiblesse de constitution	51 sur 413	33 sur 370 exemptés

... J'ai recherché, en outre, s'il n'y avait pas de rapport entre les professions, d'une part, et les exemptions du service militaire, de l'autre, pour cause d'infirmité, de maladies, de faiblesse de constitution et de défaut de taille. Ici, je n'ai plus eu égard aux quartiers de la ville, mais j'ai divisé les professions des conscrits en deux classes ou catégories : celles qui font supposer l'aisance ou une sorte d'aisance, et celles qui font supposer la misère, ou au moins la gêne.

Voici les résultats de ce travail : les hommes âgés de 20 à 21 ans

Louis-René Villermé

ont été trouvés d'autant plus souvent aptes au métier des armes, par leur taille, leur constitution, leur santé, qu'ils appartenaient à la classe aisée de la population, et d'autant moins souvent, qu'ils appartenaient à la classe pauvre, à la classe ouvrière de la fabrique. Contre cent hommes supposés propres au service, 93 ne l'étaient pas dans la première catégorie, et jusqu'à 243 dans la seconde. Cette différence est énorme.

Les mêmes résultats se montrent également, si, au lieu d'avoir égard aux professions des conscrits eux-mêmes, on a égard à celles de leurs parents. Sur cent hommes bons pour l'armée, 78 seulement ne le seraient pas, parmi les fils des personnes dont la condition sociale annonce l'aisance, et jusqu'à 205 parmi les fils d'ouvriers.

Ainsi, dans l'une comme dans l'autre combinaison, on trouve que les hommes sont généralement plus grands, plus forts, plus robustes et mieux constitués dans les classes aisées, que dans les classes pauvres, du moins dans la moitié d'Amiens, pour laquelle j'ai fait cette recherche, et pendant les années qu'elle embrasse.

Les ouvriers de cette ville ont fait, jusqu'ici, très peu de dépôts à la caisse d'épargnes, même alors que l'état de la fabrique était le plus prospère... Quant aux ouvriers de la campagne, bien qu'ils soient, en général, plus économes, ils placent encore moins leur argent à la caisse d'épargnes : ils préfèrent le garder.

Je n'ai pas trouvé à Amiens, ni dans les campagnes voisines, une seule de ces utiles sociétés qui existent dans un grand nombre de villes, pour venir au secours de leurs associés malades ; mais il y a des fabricants qui, au moyen d'une petite retenue faite sur les salaires (2 à 4 sous par semaine), ont créé une *caisse des malades* pour leurs manufactures. Parmi ces maîtres, les uns y versent le montant des amendes imposées aux ouvriers qui s'absentent des ateliers, sans permission ni excuse suffisante ; les autres, ne consultant que leurs intérêts, gardent au contraire pour eux-mêmes le montant de ces amendes, comme une indemnité du tort que leur fait un retard dans la fabrication.

Un septième des habitants d'Amiens est habituellement secouru par le bureau de bienfaisance ; mais la crise de 1837 a dû y augmenter beaucoup le nombre des indigents. Cette ville n'avait encore, d'ailleurs, qu'une salle d'asile pour les jeunes enfants, pendant les deux séjours que j'y ai faits.

Chapitre VI
Des ouvriers en laine du midi de la France

I. Des ouvriers de la fabrique de Lodève

Cette fabrique, la plus importante de toutes celles du midi, est concentrée dans la seule ville de Lodève ou sur son territoire : elle occupe sept ou huit mille ouvriers à confectionner des draps pour l'habillement des troupes...

Nous avons vu partout les tisserands travailler chez eux ; mais ici, la règle est qu'ils travaillent, comme les autres ouvriers, dans les manufactures où, comme ailleurs, les sexes sont confondus, lorsque la nature des occupations ne s'y oppose point.

La durée de la journée est, en général, de douze à treize heures, sur lesquelles on en retranche deux ou deux et demie pour les repas : le travail effectif n'est donc que de dix à onze heures par jour. Ce peu de longueur de la journée nous explique pourquoi on trouve ici des enfants plus jeunes, proportion gardée, que dans les autres fabriques de draps. Beaucoup, en effet, n'ont pas encore neuf ans accomplis. Les ouvriers qui fournissent la journée la plus longue, sont les fileurs et leurs aides ou rattacheurs. Les familles se composent communément, à Lodève, de cinq à six personnes : le père, la mère, trois ou quatre enfants, quelquefois même un ou deux aïeuls de ceux-ci ; c'est un nombre moyen très fort... Une grande, mais unique chambre, ou bien plusieurs petites pièces, servent d'habitation à chaque famille. Beaucoup de ces logements occupent, dans les rues étroites de la ville, les uns des rez-de-chaussée humides, mal éclairés, mal aérés, les autres des espèces de greniers froids pendant l'hiver, et surtout trop chauds pendant l'été. Quel que soit, au reste, l'étage où ils se trouvent, ils ne sont en général ni propres ni commodes...

Si l'on m'a dit vrai, tous les ouvriers se chaufferaient assez bien pendant l'hiver. Leur mise est peu propre les jours ouvrables. J'en ai vu cependant qui étaient assez bien habillés, du moins dans la

Louis-René Villermé

ville, où les dimanches leurs vêtements, surtout ceux des jeunes hommes, sont loin de manquer d'une sorte de luxe. Il est toutefois impossible de les confondre avec leurs maîtres.

Ils sont actifs, laborieux et sobres comme tous les habitants du midi. Il n'est point rare, cependant, de voir les hommes dépenser le dimanche, en repas auxquels leurs femmes n'assistent point, mais, sans qu'ils s'enivrent, le salaire entier d'un jour ou même davantage ; et ces repas, qui ont lieu chez eux, non au cabaret, sont, m'a-t-on affirmé, une des principales causes qui les empêchent de faire des épargnes. Il paraît, d'ailleurs, qu'ils passaient autrefois une partie des dimanches à boire du vin dans les cabarets ; à présent, c'est dans les cafés, à boire de la bière et à jouer au billard.

Ils ne se reposent guère que le dimanche et quelquefois le lundi dans l'après-midi. De plus, chaque classe d'ouvriers consacre, par an, un jour de son lendemain, à célébrer ce qu'ils appellent leur fête. Quoique Lodève soit une ville manufacturière de 11 000 âmes, la prostitution y est tout-à-fait inconnue, et l'aspect des femmes dans les ateliers, comme hors de ceux-ci, ne saurait faire présumer de leur part le moindre libertinage. En outre, les mœurs des époux passent pour être très bonnes, parmi les ouvriers de la fabrique ; mais on prétend que celles des jeunes gens sont moins pures. Cette accusation serait d'ailleurs atténuée par la petite proportion des naissances illégitimes, qui n'est ici que d'une sur 30, lorsque dans le département de l'Hérault pris en masse, une naissance de bâtard répond à 19,77. Un enfant illégitime sur 30 dans une ville manufacturière de 11 000 habitants ! Certes, on doit être d'autant plus étonné d'en trouver si peu, que cette proportion est beaucoup plus faible que celle qu'on observe dans le département entier dont Lodève fait partie...

À Lodève, les ouvriers en laine passent pour se marier fort jeunes, et presque toujours dès qu'ils ont satisfait à la loi du recrutement. J'ai voulu faire sur ce sujet quelques recherches dans les registres de l'état civil, et j'ai trouvé pour âge moyen de tous les mariages contractés entre les seuls ouvriers de la fabrique, pendant les quatre années 1831-1834 : 27 ans 5 mois chez les hommes ; 24 ans 9 mois chez les femmes. Et pour les mariages en premières noces : 26 ans 3 mois chez les hommes, et 24 ans 2 mois chez les femmes.

La réunion des ouvriers dans les manufactures, où les deux sexes et les âges se trouvent mêlés, paraît ici bien moins nuisible qu'ailleurs. Ils s'abandonnent rarement à l'inconduite ; mais quoiqu'ils vivent presque tous en ménage, ils ont peu de prévoyance et d'économie. Celui qui fait des épargnes, met ordinairement son ambition à acheter une petite vigne à la porte de la ville, où, quand la saison le permet, il va passer le dimanche avec sa famille...

Quelques-uns des nouveau-nés sont confiés à des nourrices qui demeurent dans la montagne. Tous les autres sont gardés par leurs mères, auxquelles on permet, ce qui n'a pas lieu ailleurs, du moins aussi généralement, de se les faire apporter dans les ateliers, pour les allaiter...

La fabrique de Lodève, et c'est par là que je veux terminer, est dans une position tout exceptionnelle. Ainsi ses fabricants, confectionnant surtout pour les troupes, les draps qu'ils livrent au ministère de la guerre ou de la marine, avec lequel un marché les engage, ne peuvent, sous aucun prétexte, arrêter ni même ralentir leur fabrication : il faut qu'ils fournissent aux époques convenues les quantités comme les qualités promises. Cette nécessité entraîne celle de produire régulièrement et d'occuper toujours, dût-on perdre sur leur travail, assez d'ouvriers pour remplir les conventions. Il en résulte que les ouvriers de Lodève touchent un salaire plus élevé que dans tout le reste du midi de la France, et qu'ils peuvent en outre compter sur une même quantité de travail, tant que dure l'engagement du maître, c'est-à-dire presque indéfiniment, car le contrat de celui-ci se renouvelle toujours d'avance.

Enfin la guerre, ou seulement une menace de guerre, qui est, pour les autres fabriques un sujet d'alarme, est au contraire une cause de prospérité et d'extension pour celle de Lodève, parce qu'alors on augmente l'armée et que l'administration veut avoir de grands magasins d'habillements militaires... Lorsque la paix amène la prospérité générale de l'industrie, la quantité de travail diminue dans Lodève, et les ouvriers y souffrent d'autant plus, que beaucoup de nouveaux venus s'y sont établis à l'époque où ils y trouvaient facilement de l'emploi. C'est pour cette raison, si je suis bien informé, que pendant le dernier hiver (1838-39), il y avait une misère véritable dans cette ville. La municipalité crut devoir alors organiser quelques travaux de charité, afin de venir au secours

Louis-René Villermé

d'un certain nombre d'ouvriers sans ouvrage.

II. Des ouvriers en laine de la fabrique
de Carcassonne

Cette fabrique, déjà ancienne, puisque dès le XVe siècle, si ce n'est même plus tôt, elle envoyait ses étoffes dans le Levant, produit des draps en général peu fins, et d'autres tissus de laine de diverses espèces...

Les fabricants ne font point travailler chez eux. À l'exception du triage des laines, de *l'épincetage* etc., et des derniers apprêts, toutes les opérations se font ordinairement chez des entrepreneurs de chacune d'elles. Ainsi, les laines sont portées successivement chez le laveur, le dégraisseur et le filateur ; les fils remis aux tisserands qui les tissent dans leur propre domicile ; et les pièces de draps envoyées au laineur, au tondeur, et ensuite au foulonnier à trois ou quatre lieues dans la montagne...

Les logements d'ouvriers m'ont paru, en général, passables dans la ville basse et les faubourgs, mais très mauvais dans l'ancienne ville, la ville haute ou la cité. On se ferait difficilement une idée, si on ne l'avait vu, de la misère qui règne dans ce dernier quartier de Carcassonne, où sont réunis beaucoup de tisserands et les autres ouvriers les plus pauvres de la fabrique. On n'y voit que des rues étroites, tortueuses, des maisons mal bâties, sales dans leur intérieur, à rez-de-chaussée souvent obscurs, humides, de logements mal meublés, trop petits pour les habitants, et presque partout ceux-ci plongés dans l'indigence. La durée journalière du travail effectif est ordinairement de douze heures dans les filatures et chez les divers entrepreneurs, mais, comme dans toutes les fabriques, elle est plus longue pour les tisserands qui travaillent chez eux... Terme moyen, si l'on fait abstraction des contremaîtres et des enfants, chaque ouvrier recevait :

les hommes 1 F. 47 1/3   442 F.

les femmes 1 F. 13 1/7   339 F.

et sans distinction de sexe 1 F. 29 1/6   388 F.

Les salaires des tisserands sont encore moins élevés. En effet, la largeur des étoffes qu'ils fabriquent est telle, que presque toujours deux personnes, un homme et une femme, ou un enfant déjà grand, se réunissent pour faire aller un métier. Or, ces deux ouvriers, et la dévideuse qui n'est employée que la moitié du temps employé par eux au tissage, gagnent ensemble chaque jour, d'après ce qu'ils m'ont dit eux-mêmes, de 2 F. à 2 F. 90 : c'est, par journée de travailleurs (en en supposant deux et demie), depuis 80 c. jusqu'à 1 F. 16. D'un autre côté, les fabricants m'ont dit payer de 20 à 25 F. pour la façon d'une pièce de drap, qui emploie aussi deux tisserands avec une dévideuse, et demande dix journées de travail pour le tissage, et près d'une autre journée pour rendre la pièce et en monter une nouvelle sur le métier. C'est donc par jour, pour chaque personne, depuis 73 c. jusqu'à 91.

Il paraît bien difficile qu'un ouvrier et sa famille puisse vivre, avec des gains aussi modiques. Il m'a été affirmé cependant qu'il le pourrait, s'il avait plus d'ordre et d'économie ; d'où il faut conclure que ces qualités sont rares chez les tisserands de Carcassonne, car tous ceux dont j'ai vu le ménage étaient bien misérables.

Il résulte au surplus de mes renseignements, que les tisserands de la campagne, qui sont tous en même temps agriculteurs, ont pour la plupart une meilleure position...

Section III
Des ouvriers de l'industrie de la soie

Chapitre premier
Des opérations dont s'occupent les ouvriers
de l'industrie de la soie

Le premier travail des ouvriers en soie proprement dits, commence au dévidage ou tirage des cocons. On l'appelle aussi filage, mais improprement... Depuis un certain nombre d'années, on connaît très bien, dans le midi de la France, les appareils modernes au moyen desquels une seule chaudière à vapeur, par conséquent un seul foyer, suffit au chauffage de beaucoup de bassines, comme un seul moteur au mouvement de tous les dévidoirs, en conservant à chaque ouvrière la faculté d'arrêter le sien. Il en existe aujourd'hui dans tous les départements que baigne le Rhône au-dessous de Lyon, et dans ceux qui avoisinent la Méditerranée. Néanmoins, j'ai encore vu presque partout, dans les départements de Vaucluse, du Gard, de l'Hérault (et je sais qu'il en est de même dans ceux de l'Ardèche, des Bouches-du-Rhône et de la Lozère), le tirage de la soie pratiqué comme il y a cent ans, comme dans l'enfance de l'art : chaque bassine avait son fourneau, et chaque dévideuse son aide, qui est ordinairement un enfant du même sexe qu'elle.

La seconde préparation que l'on fait subir à la soie, est *l'organsinage* ou *moulinage.* Elle consiste à tordre séparément le fil de chaque écheveau obtenu par le tirage, en le dévidant de nouveau ; à réunir, à retordre ces fils en un seul ou en plusieurs, et à répéter l'opération en raison de la force qu'on veut leur donner. Ce travail s'exécute au moyen de machines légères, mais assez compliquées, appelées *moulins,* et dans la composition desquelles il entre beaucoup de bobines, d'asples et de fuseaux.

La soie est ensuite remise au teinturier *cuite* ou *crue* (*écrue*), suivant qu'on l'a déjà, ou non, fait bouillir dans l'eau. Souvent même quand elle a été teinte, on *l'organsine* de nouveau...

Le tirage se fait, tantôt dans de grands ateliers, tantôt en famille ; mais très souvent, à cause de la saison, dans des endroits frais, et même à l'air sous des hangars. Quant au moulinage, il y a presque toujours, dans chacun de ses ateliers, depuis huit à dix ouvrières jusqu'à trente ou quarante.

Ces femmes appartiennent à la classe la plus pauvre. Beaucoup sont étrangères aux lieux où elles travaillent. Dans les départements de la Drôme, de Vaucluse, du Gard et de l'Hérault, elles viennent principalement du Vivarais et des Cévennes, c'est-à-dire des montagnes de l'Ardèche et de la Lozère. Celles dont la demeure est peu éloignée retournent chaque samedi soir dans leurs familles, et reviennent le lundi matin, en apportant leur provision de pain pour toute la semaine.

Il serait difficile de se faire une idée de l'aspect sale, misérable, des femmes employées au tirage de la soie, de la malpropreté horrible de leurs mains, du mauvais état de santé de beaucoup d'entre elles, et de l'odeur repoussante, *sui generis,* qui s'attache à leurs vêtements, infecte les ateliers et frappe tous ceux qui les approchent. À ce travail s'ajoute encore la douleur qu'il cause, par la sensibilité qu'acquiert le bout des doigts plongé à chaque instant dans l'eau bouillante ou presque bouillante des bassines.

L'organsinage n'a pas ces inconvénients. Sa durée journalière est, comme celle du tirage, aussi longue que le permet le soleil, et il est rétribué de salaires aussi modiques ou à peu près. Ceux-ci varient, suivant le pays, la saison et l'habileté des ouvrières, depuis 15 à 16 sous par jour jusqu'à 20 ou 22. En général, 18 sous est un bon salaire moyen. Les femmes infirmes et les jeunes filles en gagnent de 8 à 14.

Le *moulinier* et le *maître-tireur* logent assez souvent chez eux les ouvrières étrangères à la localité ; ils donnent à celles-ci un mauvais lit pour deux, et pendant l'été de la paille à celles qu'ils n'emploient que momentanément. Elles font leur cuisine en commun, et chacune en est chargée à tour de rôle. Cette cuisine se réduit presque toujours à un bouillon maigre, à des légumes, des pommes de terre, des herbes potagères, et quelques laitages, avec parfois un peu de morue ou de poisson salé. Toutes apportent leur pain, taillent leur soupe et reçoivent leur ration. Les autres aliments sont achetés par celles qui les désirent. Elles font ordinairement trois repas par jour, deux qui interrompent le travail, et un immédiatement avant de se coucher. Presque toutes ces femmes ont de l'économie ; mais celles du Vivarais et des Cévennes font plus particulièrement des épargnes.

S'il faut en croire tous mes renseignements, les *bourretaires* ou cardeuses de la bourre, de la filoselle, des débris de cocons qui ne peuvent être dévidés, sont aussi pauvres que les malheureuses dont je viens de parler. Cette profession, qui compte aujourd'hui, dans le midi de la France, bien moins d'ouvrières qu'autrefois, est principalement exercée par les femmes des Cévennes.

Leur métier passe pour fort dangereux ; elles succombent, dit-on, jeunes encore, aux maladies de poitrine, surtout à la phtisie pulmonaire. Mais je n'ai pu m'en assurer, ni voir si, comme on l'affirme, elles travaillent dans des ateliers bas, humides, non aérés et au milieu de poussières qu'elles font soulever et respirent... Voici seulement ce que j'ai observé dans la maison centrale de détention

Louis-René Villermé

de Nîmes : le 12 juillet 1836, sur 425 hommes travaillant au cardage ou pour le cardage, douze ou quinze étaient occupés dans une cour, sous une tente ouverte de tous côtés, à battre de la bourre et des débris de cocons sur des billots. À ce battage, qui écrasait les larves ou portions de larves desséchées et détachait de la soie les corps étrangers, en succédait un autre fait avec des baguettes sur une claie ; mais je n'ai pas vu qu'il se dégageât beaucoup de poussière, ni que les ouvriers fussent sensiblement gênés ou même salis.

Après avoir été ainsi ouverte et nettoyée autant qu'il est possible, la bourre est lavée, puis *décreusée* ou dégommée dans une solution chaude de savon, et séchée. Mais ces dernières opérations ne se font point dans la prison. Le cardage proprement dit s'opère, ou du moins s'opérait encore, dans des espèces de galeries en partie souterraines, éclairées d'un seul côté et n'ayant d'autre ouverture que la porte, car les fenêtres étaient tenues exactement fermées...

... Après le cardage de la filoselle on la file. Je ne crois pas devoir parler ici de ce filage, parce qu'il se fait ordinairement dans les filatures de coton, de la même manière, et avec les mêmes mécaniques, ou avec des mécaniques qui sont empruntées de ces filatures.

Nulle part, les ouvriers d'une seule des professions qui viennent d'être mentionnées ne sont bien nombreux, mais tous ensemble forment dans les pays où l'on élève en grand les vers à soie, une partie assez considérable de la population. Parmi eux, il y a beaucoup d'individus à qui la faiblesse de l'âge ou de la constitution permettrait difficilement d'autres travaux.

Quant aux autres opérations auxquelles on soumet la soie pour en faire des tissus, elles n'offrent rien de particulier.

Chapitre II
Des ouvriers en soieries de la fabrique de Lyon

Je n'ignore pas combien l'aveuglement et l'esprit de parti ont présenté, dans ces derniers temps, la position des ouvriers de la fabrique de soieries de Lyon, sous un faux jour. Ce sera une raison de plus pour que j'apporte une extrême réserve dans ce que j'en dirai.

La ville de Lyon, dont toute l'Europe connaît et admire les belles étoffes, tire la soie qu'elle met en œuvre de plusieurs pays étrangers et de nos départements méridionaux, où l'on cultive en grand le mûrier. La soie est apportée en écheveaux, filée, comme on le dit improprement, et tordue ou moulinée... La *teinture* et *l'ourdissage* forment, à Lyon, deux professions à part, exercées presque exclusivement, celle-là par des hommes, celle-ci par des femmes.

Quant aux tisserands ou *tisseurs,* qui fabriquent les soieries, ce sont des hommes et des femmes ordinairement dans la force de l'âge ; ils occupent le premier rang parmi les ouvriers, sont les plus nombreux et gagnent les meilleurs salaires. On les appelle *canuts,* ou bien *ouvriers de la fabrique.* Cette dernière dénomination est celle qu'ils se donnent.

L'organisation de la fabrique de Lyon ne ressemble point à celle des autres fabriques. C'est par familles isolées que l'on confectionne dans cette ville, comme dans le midi de la France, presque toutes les étoffes de soie. Le *marchand-fabricant,* qui vend ces étoffes en gros, n'est à bien dire que négociant ; car il n'a pas d'atelier à lui, et il ne possède aucun établissement où des ouvriers travaillent sous ses yeux ou sous ceux de ses contremaîtres. Il achète les soies, les fait préparer et les confie à un tisserand appelé *chef d'atelier,* qui les tisse ou les fait tisser.

Ce chef d'atelier est le propriétaire des métiers ; il en a ordinairement depuis deux jusqu'à six ou huit, qui sont établis dans son logement. Lui et sa famille travaillent sur tous ceux qu'ils peuvent faire marcher, et les autres sont occupés par de simples ouvriers appelés *compagnons* si ce sont des hommes, et *compagnonnes* si ce sont des femmes. Il leur fournit des instruments de travail, et pour salaire il leur donne presque toujours la moitié du prix de tissage ou de façon payé par le fabricant.

Le compagnon couche et prend le plus souvent ses repas chez son chef d'atelier, qui lui retient alors sur son salaire le prix du logement et de la nourriture.

Enfin, il y a encore parmi les ouvriers tisseurs, les *apprentis* et les *lanceurs.* L'apprentissage dure communément trois années, et commence à l'âge de 15 à 18 ans. Les lanceurs sont des enfants de

Louis-René Villermé

9 à 14 ans, dont l'occupation consiste à lancer la navette pour la confection de certaines étoffes brochées et très larges.

On voit que les tisseurs se divisent en deux classes : ceux qui possèdent des métiers et ceux qui n'en ont pas. Ceux-là, les plus habiles, sont des chefs de famille, des habitants de Lyon, particulièrement intéressés à la prospérité de sa fabrique, et les seuls à qui les marchands livrent la soie et commandent le travail. Quant aux compagnons, ils n'ont de relation qu'avec les chefs d'atelier, et ne sont ni mariés ni domiciliés dans la ville. Il faut les regarder comme des ouvriers nomades ; ils affluent à Lyon lorsque la fabrique prospère et ils en partent (avec difficulté pourtant) lorsqu'elle languit ; tandis que les chefs d'atelier et leurs familles sont des ouvriers permanents.

Il y a bien quelques chefs d'atelier qui ne tissent pas eux-mêmes, et font néanmoins tisser chez eux. Ils sont ainsi de véritables entrepreneurs ; mais leur nombre est trop peu considérable pour en parler. Au surplus, ni les uns ni les autres ne travaillent exclusivement pour tels ou tels fabricants, mais successivement et souvent à la fois pour plusieurs. Les commis de ces derniers surveillent ordinairement la fabrication.

La conséquence de cet état de choses est qu'il n'existe entre le marchand-fabricant et les ouvriers qu'il emploie, presque aucun lien réel de clientèle et de patronage ; ils peuvent même ne pas se connaître. Aussi cette absence de tout lien entre eux a-t-elle été, avec l'influence de la révolution de 1830, jointe à quelques autres circonstances dont je parlerai plus loin, ce qui a le plus contribué aux funestes insurrections de novembre 1831 et d'avril 1834.

Il n'y a qu'une exception à tout ce que je viens de dire : c'est une grande manufacture connue sous le nom de la *Sauvagère*, située très près de Lyon, et dans les ateliers de laquelle on réunit communément quatre à cinq cents travailleurs, qui fabriquent toutes sortes d'étoffes de soie, principalement des étoffes mélangées de coton ou de laine, et brochées ou nuancées de plusieurs couleurs. Le propriétaire s'y occupe avec sollicitude du sort et des mœurs de ses ouvriers, et ceux-ci peuvent, s'ils le veulent, se nourrir dans l'établissement à meilleur marché que partout ailleurs. Chacun y couche aussi lorsqu'il le désire : il est seul dans un lit, les hommes pour 30 sous par mois, les femmes pour rien, et chaque sexe dans un bâtiment à part. Enfin, les intérêts des enfants et des jeunes gens ne sont pas oubliés dans cette manufacture modèle : on y entretient, aux frais du maître, une école pour tous ceux qui travaillent dans la maison.

Ces détails suffisent pour donner une idée juste et vraie de l'organisation, si peu connue à Paris, de la fabrique de soieries de Lyon. Je vais maintenant tâcher de faire connaître l'état physique et moral de ses ouvriers.

L'administration estimait, au commencement de 1835, qu'il y avait alors à Lyon et dans ses faubourgs, environ 8 000 chefs d'atelier, et au moins 30 000 compagnons, en tout 38 000 tisseurs, sans compter les apprentis ; mais un nombre très grand de femmes et d'enfants de chefs d'atelier, était compris dans les 30 000 compagnons [1].

À tous ces individus, il faut ajouter les ouvriers des professions accessoires, ou qui préparent la soie, et les constructeurs de métiers. Leur nombre paraît n'avoir jamais été connu ; on sait seulement qu'il est considérable et presque aussi élevé que celui des tisseurs... Il y a, dans la classe entière des ouvriers en soieries, plus de femmes que d'hommes ; mais parmi les tisseurs, et surtout parmi les compagnons, plus d'hommes que de femmes...

1 C'est une opinion générale à Lyon, que dans cette ville et dans les communes suburbaines de la Croix-Rousse, de la Guillottière et de Valse, qui en sont les faubourgs, les ouvriers en soie forment, avec leurs familles, la majorité de la population. Mais cette opinion n'est pas fondée sur des dénombrements, excepté pour la Croix-Rousse, qui est principalement habitée par les ouvriers dont il s'agit.

	Ouvriers employés à la fabrique des <u>soieries, et</u> <u>personnes de leurs familles</u>	<u>Population totale</u>
La Croix-Rousse	10 048	16 449
La Guillottière	4 532	21 638
Valse	<u>918</u>	<u>4 737</u>
	15 498	**48 825**

Si l'on comparaît ces chiffres de la population avec ceux que donnent, pour les mêmes communes, les tableaux officiels de la population du royaume, d'après le dénombrement de 1831, ils paraîtraient exagérés. Mais on sait que des raisons d'intérêt local font que, pour un grand nombre de villes, les relevés officiels donnent des chiffres qui sont bien au-dessous de la vérité.

Louis-René Villermé

La fabrique lyonnaise est plus souvent que toutes les autres en proie à des crises. C'est ainsi que l'on voit quelquefois le nombre de ses métiers se réduire, en une seule année, à moins des deux tiers de ce qu'il était l'année précédente, et cependant cette fabrique n'a cessé depuis bien longtemps d'être la première du monde pour l'industrie de la soierie. On conçoit que le sort de ses ouvriers dépende toujours du sien. En effet, ils passent rapidement de l'excès de la misère à la prospérité, et de celle-ci à la détresse ; ils diminuent ou augmentent de nombre, émigrent de Lyon ou y affluent, suivant sa fortune ou ses vicissitudes diverses.

Les ouvriers en soieries de Lyon sont logés, comme partout ailleurs le sont les classes ouvrières, dans les plus mauvais quartiers et les maisons les moins belles et les moins commodes : tels que les rues en pente qui conduisent à la Croix-Rousse, et le quartier Saint-Georges. Bien peu de villes, en Europe, ont des rues étroites, plus mal percées, plus tortueuses, que ce quartier Saint-Georges, qui occupe, sur la rive droite de la Saône, une portion du versant escarpé de la montagne de Fourvière. Les impasses y sont nombreuses, obscures, irrégulières, d'un aspect misérable et souvent traversées par des escaliers qui conduisent de l'un à l'autre. Les maisons n'y ont que des étages trop bas, et des cours, quand il y en a, extrêmement petites et d'une saleté repoussante. Aussi les loyers sont-ils là moins chers que dans le reste de la ville, et les habitants y passent-ils pour très pauvres [1].

Mais dans les deux faubourgs de la Croix-Rousse et des Brotteaux, on observe le contraire. On y a construit pour les ouvriers des maisons très hautes, dans de larges rues, où ils jouissent généralement d'assez d'espace et d'un beau jour. Les étages y ont depuis 3 mètres 85 millimètres (9 pieds et demi), jusqu'à 3 mètres 572 millimètres (11 pieds) d'élévation et plus. Le logement consiste, pour la plupart des chefs d'atelier, du moins pour ceux qui ont quelque aisance, en deux pièces, fréquemment précédées d'un petit couloir ou d'une sorte de tambour. L'une, plus petite, ayant sa

1 C'est d'ailleurs un reproche que méritent, en général, les habitants de la ville de Lyon. Les étrangers y sont au moins autant frappés de la hideuse malpropreté des allées, des escaliers et des corridors d'une multitude de maisons, que de la saleté des rues. L'étroitesse de la plupart de celles-ci, leur pavé de cailloux du Rhône, et la hauteur démesurée des bâtiments qui les bordent, y entretiennent nécessairement de l'humidité et de la boue.

fenêtre à part, est la chambre à coucher de la famille. L'autre, plus grande, sert d'atelier : les métiers y sont établis, et, de plus, on y fait la cuisine et l'on y mange. Enfin, dans cette grande pièce, à côté des métiers ou entre eux, très souvent au-dessus de la table à manger, il y a une soupente aussi aérée qu'il est possible, dans laquelle couche le compagnon et l'apprenti.

Quant aux logements des ouvriers, qui habitent les villages environnants, ils n'offrent rien à noter. Bien peu, au reste, soit à la campagne, soit à la ville, se distinguent par la propreté.

Pendant l'hiver, les ouvriers de la fabrique de Lyon se chauffent ordinairement très bien... Leurs habits sont de coton en été, de drap en hiver, et ils portent généralement des souliers pendant toute l'année... je mentionnais à l'instant le peu de propreté des logements occupés par les ouvriers en soieries de Lyon ; mais il est des reproches plus graves à leur faire : je veux parler du luxe de leurs habits les dimanches et les jours de fêtes, qui tend à les faire confondre avec la classe bourgeoise ; de leur passion pour les plaisirs coûteux ; de leur manque fréquent d'économie, et de leurs mœurs trop libres, souvent dissolues, surtout parmi les jeunes gens et les compagnons ; défauts qui s'observent au surplus à des degrés divers dans toutes les grandes villes.

Dans des livres fort graves, on représente les ouvriers en soie lyonnais comme des êtres dégradés au physique et au moral, vicieux, stupides, apathiques, vivant au jour la journée, grossiers dans leurs mœurs, mal conformés dans leur physique, disgraciés enfin de toute manière par la nature.

Ce portrait pouvait être ressemblant il y a cinquante ans ; mais certainement ce n'est pas celui des canuts actuels de Lyon. Depuis longtemps, mais surtout depuis une douzaine d'années, leur état physique, moral et intellectuel s'améliore progressivement... Ces ouvriers seraient aujourd'hui partout, dans nos grandes villes manufacturières, plus laborieux, plus sobres, plus intelligents, et, à certains égards, non moins moraux que les autres ouvriers pris en masse... Levés ordinairement à la pointe du jour en été et plus tôt en hiver, ils travaillent très souvent jusqu'à dix et onze heures du soir. Déduction faite des trois repas, beaucoup travaillent quinze heures par jour, et quelquefois davantage. Le repos du dimanche

Louis-René Villermé

est d'ailleurs constamment observé par eux ; mais, en général, ils n'en ont pas d'autre.

Afin de les bien faire connaître, je vais dire les résultats de mes observations dans les rues, sur la place publique, et dans les cafés et cabarets de la Croix-Rousse, pendant l'après-midi et toute la soirée, jusqu'à onze heures, du dimanche 15 mars 1835.

Je n'ai vu qu'un seul homme ivre. Ceux qui buvaient du vin étaient en très petit nombre, excepté pourtant dans un cabaret fréquenté par des compagnons. Dans chacun de ces lieux, il y avait un billard sur lequel ils jouaient, sans bruit, la bière qu'ils buvaient. Là, aucune vocifération, aucune chanson, aucun mot grossier n'est venu frapper mon oreille. Dans un café où l'on ne voyait que des chefs d'atelier, on aurait dit, et pour la mise, et pour la décence, sous tous les rapports, des bourgeois aisés. Il y avait à peine quelques femmes parmi eux.

Beaucoup parlaient de la fabrique des soieries de Lyon, de ses embarras, de son avenir et de la concurrence des fabriques étrangères. Ils émettaient sur ces choses si importantes pour eux, des opinions fort différentes, et cela sans trop élever la voix et presque comme l'auraient pu faire des gens désintéressés et de bonne société. J'ai recueilli dans leur discours des plaintes contre plusieurs marchands ou négociants fabricants, mais surtout contre les commis de ceux-ci. J'ai pu faire aussi la remarque que plusieurs avaient été travaillés, si je puis dire ainsi, par des idées saint-simoniennes...

Mes autres observations sur les ouvriers en soieries de cette grande ville, m'ont confirmé dans l'opinion qu'avait fait naître en moi ma visite des cafés et des cabarets de la Croix-Rousse. On en concluera que, loin d'être dégradés au moral comme on l'a dit, et d'une intelligence si bornée, ce sont au contraire des hommes plus avancés dans la véritable civilisation, que ne le sont la plupart des ouvriers de Paris, et même, j'ose le dire, que ne sont beaucoup d'hommes élevés par leur fortune ou leur position sociale, au-dessus du rang d'ouvrier...

En 1835 et jusque dans l'été de 1836 (je ne les ai pas vus dans le fort de la crise commerciale qui commençait alors), malgré toutes les assertions contraires, leur santé laissait peu à désirer, surtout si l'on a égard à ce que leur profession n'exigeant point des individus robustes, beaucoup d'hommes, qui ne peuvent être forgerons, charpentiers, ouvriers des ports, etc., se font tisseurs de soie.

Les métiers à la Jacquart ont contribué à l'amélioration de leur constitution. Grâce à eux, la fabrication des étoffes dites façonnées, c'est-à-dire de celles dans lesquelles on représente des fleurs, des dessins, ou que l'on broche d'or et d'argent, est maintenant plus facile, plus prompte qu'autrefois et moins fatigante, à durée égale de travail. On doit encore à Jacquart une heureuse modification apportée à l'habitation des ouvriers : la hauteur de son métier force les propriétaires et constructeurs de maisons, d'espacer beaucoup les planchers, et par conséquent de donner abondamment de l'air et de la lumière dans l'intérieur des logements. Enfin, ce métier a fait supprimer la classe entière des *tireurs*, qui était composée d'enfants dont la constitution, m'a-t-on assuré, se détériorait toujours par la grande fatigue à laquelle ils étaient soumis, et par les attitudes vicieuses qu'ils étaient obligés de prendre.

La circonstance qui, d'après les ouvriers eux-mêmes, leur occasionne le plus de fatigue, la seule même qui nuise à leur santé, si l'on met à part la longue durée du travail, est la percussion, renouvelée à chaque instant, du balancier du métier, serrant chaque fil de la trame sur le fil précédent. Cette percussion se transmet à la partie inférieure de la poitrine par *l'ensouple* ou gros cylindre sur lequel on enroule l'étoffe à mesure qu'on la tisse.

Si j'en crois l'assertion unanime de beaucoup de personnes, l'usage devenu modéré des boissons alcooliques, plus de propreté et moins de misère qu'autrefois, contribuaient encore à rendre meilleure la santé des ouvriers en soieries de Lyon. Il est indubitable que depuis un certain nombre d'années, ils ont beaucoup gagné à plusieurs égards. Néanmoins, ils sont mécontents, et ils l'étaient surtout quand je les ai vus. Ils se croient malheureux, parce qu'ils se sont créé de nouvelles habitudes, de nouveaux besoins ; qu'ils s'imaginent être les premiers, les seuls importants dans l'industrie des étoffes de soie, qu'ils jalousent les fabricants et les regardent comme leurs ennemis naturels. D'un autre côté, ceux qui fabriquent les étoffes façonnées ne savent pas assez prévoir les chômages auxquels ils sont plus exposés que les autres ; et la plupart ressemblent plus ou moins à des gens qui, chaque soir, dépenseraient tout le salaire de la journée sans jamais économiser, durant les six jours ouvrables de la semaine, de quoi vivre le dimanche.

Cependant, les témoignages que j'ai recueillis portent à croire que les plaintes contre les fabricants n'ont pas toujours été sans motif ; leur tort est de les avoir généralisées. J'ai aussi vu à Lyon des hommes qui, par leur position sociale, leur âge, les emplois qu'ils remplissaient, leur réputation de probité, de capacité, de prudence, donnent un grand poids à toutes leurs assertions, et qui trouvaient fondée l'irritation des ouvriers contre plusieurs commis : suivant eux, des jeunes gens, que la fougue de la passion et l'étourderie de l'âge ne sauraient jamais excuser, auraient voulu, pour prix du travail qu'ils accordaient dans des moments où il y en avait très peu, imposer de déshonorantes conditions à des femmes, à des filles d'ouvriers, ou bien s'en seraient vantés avec impudeur.

Cette position des ouvriers, le mépris avec lequel ils s'imaginent être regardés par les marchands fabricants, le souvenir de leur défaite dans les journées d'avril 1834, alors que la ville et ses faubourgs n'étaient point coupés par des casernes fortifiées aussi nombreuses qu'aujourd'hui, et le sentiment de leur impuissance, les ont profondément humiliés. Mais aussi leurs idées, leurs mœurs et toutes leurs habitudes, paraissent en avoir reçu un notable et très heureux changement... Deux fois, dans des lieux publics, j'ai entendu, en 1835, des chefs d'atelier dire à des camarades qui s'écartaient un peu de la décence, *ce n'est pas comme cela que vous forcerez ceux qui nous méprisent à nous estimer,* et les deux fois, ces simples paroles ont produit immédiatement leur effet. Ainsi s'explique comment je les ai vus si réservés dans les cafés de la Croix-Rousse.

En juin 1836, leur irritation contre les fabricants ne se laissait pas apercevoir ; mais deux ou trois d'entre eux, des médecins et d'autres personnes qui recevaient leurs confidences, m'ont affirmé qu'elle n'était que diminuée...

Il est peu de sujets, dans toutes mes recherches, sur lesquels il m'ait été aussi difficile d'avoir une opinion, que sur les salaires payés par la fabrique de Lyon et sur leur rapport avec le prix des choses nécessaires à la vie ; on ne s'entendait même pas sur le point le plus facile à constater, le chiffre des salaires. ... Je me contenterai de rapporter les faits suivants : l'ouvrier laborieux et bien portant travaille ordinairement trois cents jours dans l'année, s'il fabrique des étoffes unies, et 240 jours si ce sont des étoffes façonnées. Dans le premier cas, il ne se repose guère que les dimanches et les jours de fête ; dans le second, il perd encore le temps employé à monter le métier.

On peut porter à trois ou environ le nombre moyen des métiers par chef d'atelier, et à quatre celui des personnes par famille ; mais pour la ville de Lyon, non compris les faubourgs ou communes sub-urbaines, il faut compter deux métiers et demi, ou à peu près, par chef d'atelier. Le mari et la femme occupent chacun un métier, et il en est de même de celui ou de ceux des enfants qui sont assez âgés pour tisser les étoffes : quand ils sont trop jeunes, on les emploie comme *lanceurs*, ou bien, avec d'autres individus aussi faibles qu'eux, à charger les canettes, et l'on confie le métier restant à un compagnon ou à une compagnonne.

En général, les métiers d'un atelier ne sont occupés toute l'année, qu'autant qu'ils confectionnent, en partie du moins, des étoffes unies. Beaucoup d'ouvriers, surtout ceux qui sont économes, préfèrent même s'en tenir à ces sortes d'étoffes, dont la fabrication, mieux assurée que celle des étoffes façonnées, demande d'ailleurs moins de soin, moins d'attention, moins de fatigues. Avec les étoffes unies, le métier est toujours prêt, et 24 heures ou deux jours après qu'une pièce a été tissée, elle peut être remplacée par une autre du même genre. Avec les tissus façonnés, il faut beaucoup plus de temps pour monter le métier, dont le moindre dérangement suffit pour arrêter la marche pendant deux, trois ou quatre jours. Ce montage exige d'ailleurs de la part du chef d'atelier, pour divers frais et le temps qu'on y emploie, une avance de 50 à 150 F., même 200 F., suivant la complication du dessin qui doit être exécuté... Quand la mode n'adopte pas un dessin, il faut cesser aussitôt de le fabriquer, et dans ce cas, l'ouvrier qui a perdu un temps, toujours long, à monter son métier, temps qui est ordinairement à sa charge, aurait eu plus de gain à faire une étoffe unie... Les chômages n'ont point lieu à des époques périodiques ; ils sont toujours, sauf quelques exceptions, l'effet d'une cause qui menace les intérêts de la partie riche de la société.

Il ne faut pas oublier d'ailleurs que, dans la fabrique de Lyon,

Louis-René Villermé

comme dans toutes les autres, les prix de façon varient avec les circonstances qui augmentent ou diminuent la commande, et que celle-ci est elle-même beaucoup plus variable que dans d'autres industries, à cause de la grande valeur de la soie. Les produits de luxe sont toujours les premiers que l'on cesse d'acheter dans les circonstances difficiles. Enfin, la facilité qu'a le marchand-fabricant d'interrompre ses travaux, sans grand inconvénient pour lui, est funeste à l'ouvrier, qu'elle fait chômer plus souvent que ne chôme celui des autres manufactures dont les propriétaires ne peuvent fermer leurs ateliers sans se ruiner. Aussi, dans la fabrique de Lyon, les crises sont-elles plus fréquentes et souvent plus longues que dans les autres fabriques, et celle de 1836 et 1837 y a-t-elle eu des résultats encore plus déplorables qu'ailleurs. Les commandes ayant cessé, toutes les maisons ont dû suspendre leurs affaires, car elles ne pouvaient que perdre en faisant fabriquer d'avance, et des milliers de familles ont été sans ouvrage, c'est-à-dire presque sans autre ressource que les secours insuffisants de la charité.

À défaut de données complètes et certaines sur les salaires des ouvriers en soierie, nous saurons bientôt comment ces salaires, leur unique revenu, leur permettent de se nourrir. J'ai déjà dit comment ils sont vêtus et logés...

De tous mes renseignements, il résulte que *dans les temps ordinaires* les ouvriers-maîtres ou chefs d'atelier de la fabrique de Lyon et les compagnons, qui gagnent le plus, peuvent seuls faire des épargnes, et que les compagnons qui fabriquent les étoffes unies légères, vivent à grand'peine. Mais la confection de ces dernières étoffes n'exigeant pas l'emploi d'une certaine force physique, elles sont presque toujours fabriquées par des femmes, dont les besoins, et par conséquent les dépenses, sont moindres que ceux des hommes. D'un autre côté, la plus grande partie de ces ouvrières étant filles ou épouses des chefs d'atelier, elles ajoutent leurs gains à ceux plus ou moins forts de leurs parents ou de leurs maris.

Les chiffres de dépenses rapprochés de chiffres de recettes avancés par M. Jules Favre, sont la preuve, ou de l'extrême détresse des ouvriers tisseurs de la fabrique de Lyon, ou de l'exagération de leurs plaintes. Ce qui a été dit jusqu'ici ne porte pourtant pas à croire que ces ouvriers fussent, quand je les observais, dans une bien grande indigence. C'est maintenant le lieu, pour décider la question, de parler de leur nourriture.

En allant chez eux aux heures des repas, j'ai pu voir (surtout au mois de mars 1835, époque où des journaux de Lyon les représentaient comme des malheureux mourant de faim), j'ai pu voir, dis-je, de quoi ces repas se composaient. C'était : au *déjeuner* : de pain assez blanc et généralement de très bonne qualité, seul pour le compagnon, et souvent assaisonné d'un morceau de fromage pour le chef d'atelier et sa femme. Celle-ci déjeunait quelquefois avec du café au lait. *Au dîner* : de la soupe, tantôt grasse, tantôt maigre ; presque tous les jours de la viande de boucherie, avec des légumes et des pommes de terre, ou bien une salade ; le tout paraissant bien préparé, d'un aspect, d'une odeur à réveiller l'appétit, et servi dans une vaisselle de faïence ou de terre peu recherchée, mais propre, et sur une table ordinairement nue, mais qui quelquefois était aussi couverte d'une nappe. Enfin, il y avait du vin pour toute la famille, moins les compagnons ; le maître en boit régulièrement depuis un demi-litre jusqu'à un litre entier ; mais quand il est cher ou quand la fabrique est en souffrance, on en consomme moins. J'ai vu chez plusieurs chefs d'atelier des dîners comme celui dont je viens de donner le détail. Chez l'un d'eux qui m'était signalé comme très pauvre, le dîner consistait seulement en un reste de légumes et un peu de fromage, mangés, il est vrai, avec un pain excellent.

Je n'ai jamais assisté à un souper, mais je sais que de la viande rôtie, ordinairement reste du dîner, et une salade le composent très souvent.

Ainsi, les ouvriers tisseurs de la fabrique de Lyon sont ordinairement bien bien mieux nourris que la plupart des autres ouvriers en France. Combien peu, en effet, ont régulièrement du pain blanc, du vin et de la viande avec des légumes !

Il n'est pas possible de croire à la misère d'ouvriers qui se nourrissent habituellement aussi bien. Et d'ailleurs, la vue de leurs ménages, leur ameublement et leurs habits de travail, étaient loin, sans être brillants, de rendre vraisemblable la misère dont ils se plaignaient. Mais dans le fort ou à la fin de la crise de 1837, il n'en devait plus être de même.

Je n'insiste pas ici sur l'opinion générale qui règne à Lyon, que les compagnons économes, rangés, intelligents, deviennent facilement chefs d'atelier, que le sort de ces derniers est presque toujours assez bon ; je dirai seulement que les uns et les autres n'ont d'autre ressource pour vivre que leurs salaires, auxquels les chefs d'atelier ajoutent leurs profits sur les compagnons.

Il y a eu, pour eux, immédiatement après les funestes journées de novembre 1831 et d'avril 1834, une crise passagère, pendant toute la durée de laquelle leur existence a été pénible. Et pourtant, malgré ces événements, malgré leurs plaintes, malgré leurs goûts de dépense, de plaisirs coûteux, malgré leurs habitudes nouvelles de luxe, les ouvriers tisseurs de la fabrique de Lyon étaient, alors que je les observais en mars et avril 1835, et en mai et juin 1836, dans une position matérielle bien meilleure que les ouvriers de beaucoup de professions, surtout que les tisserands et les autres ouvriers employés dans nos filatures de coton de Lille et du département du Haut-Rhin.

On se rappelle le caractère et l'intelligence si remarquable développés par eux dans les événements de 1831 et 1834, et dans le grand procès politique jugé en 1835 par la Chambre des Pairs. Je conviens que la position théâtrale qui leur fut faite alors, a dû leur donner beaucoup de relief ; mais on conviendra qu'une détresse habituelle comme celle à laquelle on les disait en proie, ne forme pas des hommes de leur trempe. Aussi, dans la crise de 1836 et 1837, et surtout quand le travail manquait à tout le monde dans la ville de Lyon, tout le monde a-t-il souffert ensemble et avec autant de résignation et de patience, qu'on en mettait peu quelques mois auparavant.

Parmi les dépenses trop fortes que font nos ouvriers, il en est une qu'on ne saurait leur reprocher : c'est celle de leur logement... Les ouvriers de la fabrique de Lyon payaient l'un dans l'autre, en 1835, pour eux, leurs familles et trois métiers, environ 210 F. de loyer à la Guillotière, 200 F. à la Croix-Rousse, un peu moins dans le quartier Saint-Georges, et un peu plus que partout ailleurs, au contraire, dans le reste de la ville. Ces prix étaient trop élevés et (le maire de Lyon) en était convaincu, car il émettait le vœu que l'administration, qui n'a point à intervenir dans les intérêts particuliers, favorisât autant qu'elle le pouvait, les constructions nouvelles, dans la vue de faire diminuer le prix des loyers. Au reste, ils ont diminué sensiblement en 1836.

Ces prix et l'élévation des octrois sur le vin et la viande, ont, depuis, 1822 ou 1823, déterminé beaucoup d'ouvriers à quitter la ville de Lyon pour aller s'établir dans les villages voisins, et surtout à se concentrer dans les faubourgs ou communes suburbaines, principalement à la Croix-Rousse et au quartier des Brotteaux (quartier neuf dépendant de la Guillottière), où ils se portent avec prédilection. Et c'est ainsi que ces deux endroits se sont singulièrement accrus dans ces dernières années, quoique les canuts préfèrent le séjour de la ville proprement dite.

En outre, les deux insurrections lyonnaises et la crise momentanée qui en a été le résultat immédiat pour la fabrique, ont fait naître des craintes dans l'esprit des ouvriers, et décidé un certain nombre d'entre eux à se répandre plus loin et en plus grande quantité que jamais dans les campagnes, et jusque dans les départements qui entourent celui du Rhône. Quelques-uns, qui s'étaient compromis dans les insurrections, ont même fui jusqu'en Suisse ; et ce pays leur devra de voir se développer plus tôt, au détriment de la manufacture de Lyon, l'industrie des étoffes façonnées. Dès l'année 1825, d'ailleurs, ceux qui fabriquaient les étoffes unies légères durent émigrer dans les villages pour vivre à plus bas prix, et soutenir la concurrence de la Suisse et de l'Allemagne, devenue de plus en plus redoutable. Il y avait, à la fin de 1837, assure-t-on, hors de la ville et de ses faubourgs, au moins 18 000 métiers qui ne servaient qu'au tissage de ces dernières étoffes, dont la confection ne demande presque aucune surveillance de la part des fabricants ou de leurs commis. Cette tendance actuelle de la fabrique lyonnaise à se disperser, est un fait très remarquable ; mais il me semble qu'on l'exagère... Ce sont bien plus souvent des campagnards qui se sont fait tisseurs, ou d'anciens tisserands en coton de la fabrique de Tarare, qui préfèrent tisser la soie, que des canuts qui se sont fixés dans les villages. C'est de cette manière, que Lyon devient aujourd'hui le centre d'une vaste fabrication qui, naguère, était presque resserrée dans ses murs.

Jusqu'ici l'industrie des riches étoffes façonnées appartenait exclusivement à cette ville ; mais elle est fortement menacée d'en perdre bientôt le monopole. La Suisse commence à en fabriquer de pareilles ; et l'Amérique du nord n'achète déjà plus à Lyon que des échantillons que l'on transporte à la Chine, où on les imite

Louis-René Villermé

parfaitement et à bien meilleur marché qu'on ne pourrait le faire en France. En outre, on a résolu le problème de faire marcher par une chute d'eau ou par la force d'une pompe à feu les métiers à la Jacquart, et l'on ne saurait prévoir quels seront pour la fabrique lyonnaise et pour ses nombreux ouvriers les résultats de cette invention. Je ne parle pas ici de l'application du même moyen au tissage des soieries unies : déjà il commence à s'introduire en France.

En général, les ouvriers de la fabrique ne se marient que pour s'établir comme chefs d'atelier. Je n'ai point fait sur les registres de l'état civil la recherche de l'époque de leur mariage, mais... ce serait, communément, de 24 à 27 ans pour les hommes, et de 20 à 23 ans pour les femmes.

Ils ont très peu d'enfants ; car les registres de l'état civil de la Croix-Rousse, commune dont ils composent presque seuls la population, n'en donnent que 3,23 par mariage, terme moyen, depuis 1805 jusques et compris 1834. Comment ne pas voir dans ce petit nombre de procréations, et dans sa tendance à diminuer encore, la preuve du soin qu'ils mettent, bien différents en cela de la plupart des ouvriers, à ne pas accroître leur postérité plus rapidement que leur fortune ?

On demeure encore bien plus convaincu qu'ils observent le *moral restreint* (tant recommandé par Malthus et regardé par lui, M. D'Ivernois et leurs partisans, comme le critérium d'une civilisation avancée), quand on voit le nombre moyen des naissances par mariage être beaucoup plus fort à la Guillottière, où, proportion gardée, l'on compte bien moins d'ouvriers en soieries qu'à la Croix-Rousse.

Presque tous les nouveau-nés des ouvriers tisseurs qui habitent la ville et ses faubourgs, sont mis en nourrice dans les départements voisins de l'Ain ou de l'Isère, ou bien dans la Savoie, parce que les mères ont beaucoup plus de profit à faire des soieries qu'à élever elles-mêmes leurs enfants. On les retire des mains des nourrices plus ou moins longtemps après qu'ils ont été sevrés, et communément lorsqu'ils marchent bien seuls.

Si ces faits ne prouvent point l'aisance des parents, ils prouvent au moins leur non-misère habituelle.

L'instruction que les enfants de nos ouvriers reçoivent dans leurs familles passe pour être très négligée. Mais où ne fait-on pas avec plus ou moins de raison ce reproche au peuple ? Je ne le crois pas mérité ici : quelques enfants examinés par moi savaient tous lire ; et j'ai entendu plusieurs chefs d'atelier exprimer le désir que leurs fils pussent un jour suivre les leçons de la nouvelle école d'arts et métiers établie à Lyon sous le nom de la *Martinière*, où l'on ne peut être admis si l'on ne sait au moins lire et écrire.

Dès l'âge de huit à neuf ans, les enfants dévident la soie et préparent les canettes ; mais ce n'est que vers l'âge de seize ans qu'ils cessent, garçons et filles, d'être à charge à leurs familles...

L'utilité des caisses d'épargnes n'est pas encore, à beaucoup près, assez, appréciée par les ouvriers. Cependant le nombre de leurs dépôts a augmenté chaque année, du moins jusqu'à 1838 ; et, nulle part, en France peut-être, les ouvriers n'en font autant, relativement aux autres classes. Quant aux sociétés de secours mutuels, dites aussi de prévoyance, ces utiles associations d'ouvriers qui mettent en commun, chaque mois ou chaque semaine, une petite partie des gains de leurs membres, pour ceux qui tombent malades ou deviennent infirmes, quatre-vingt-une reconnues par l'autorité locale et réunissant ensemble 3 700 membres, existaient en 1835. Elles ont toutes leurs bureaux à Lyon, mais leurs membres résident aussi dans les communes ou faubourgs de Valse, de la Croix-Rousse et de la Guillottière. Sur ces 81 sociétés, dix, d'après leurs titres, étaient composées principalement, sinon exclusivement, de chefs d'atelier, et une de *maîtres liseurs de dessins...*

Chapitre III
Des ouvriers en soieries des fabriques de Saint-Étienne et du midi de la France

I.

De même que Lyon confectionne toutes sortes de soieries, et particulièrement les plus riches, celles qui sont *façonnées,* brochées d'or et d'argent, de même les fabriques du midi de la

France, d'Avignon et de Nîmes, qui se trouvent admirablement placées au milieu d'un pays producteur de la soie, approvisionnent surtout le commerce, l'une de soieries légères unies, l'autre d'étoffes mélangées de soie et de coton ou de laine. Quant à la fabrique de Saint-Étienne, dont Saint-Chamond fait partie, elle confectionne des rubans et des passements.

Ces fabriques comptent, comme celle de Lyon, un grand nombre d'ouvriers dans les campagnes et dans plusieurs villes ou bourgs environnants. Leur organisation est semblable ; seulement, elles ont peu de compagnons, et ceux-ci sont presque toujours des gens de l'endroit où ils travaillent, ou bien des villages voisins : aussi, beaucoup vont-ils chaque jour coucher dans leurs familles et même y prendre leurs repas. Leurs salaires sont en général plus petits qu'à Lyon, quoiqu'ils reçoivent communément plus de la moitié du prix de la main-d'œuvre payé par les fabricants. Il y a d'ailleurs parmi eux, un grand nombre de femmes, de filles d'agriculteurs ou d'autres artisans, qui ne seraient point dénués de moyens d'existence si la fabrication s'arrêtait. Enfin, excepté à Saint-Étienne et à Saint-Chamond, ils m'ont paru dans une position moins bonne que celle des canuts de Lyon, et cependant ils se plaignaient bien moins. Mais il se pourrait que la différence très marquée entre les plaintes des uns et des autres, au moment où je faisais mes observations, n'existât plus aujourd'hui, que l'irritation des ouvriers de Lyon est calmée.

II.

Le voyageur qui visite Saint-Étienne est fort étonné de trouver des ateliers de rubans et de passements de soie dans cette ville, où tant de forges alimentées par la houille, versent continuellement dans l'atmosphère une fumée noire et salissante. Il semble d'abord que la confection si propre, si délicate de ces rubans, et les ateliers sans nombre de dévidage et d'*ourdissage* de la soie, ne puissent être trop éloignés de lieux si enfumés où l'on fond des métaux ; où l'on fabrique des bêches, des pioches, des enclumes, des sabres, des baïonnettes, etc. ; et l'on a peine à concevoir comment des industries qui s'exercent sur des matières et dans des conditions si différentes, ne s'excluent pas l'une l'autre. Aussi, depuis quelques années, les ouvriers en rubans quittent-ils l'intérieur de la ville pour aller demeurer, à une petite distance, dans des maisons nouvellement construites pour eux, très souvent par eux-mêmes, et où les ateliers d'armes, de taillanderie, de quincaillerie, ne les suivent point. Ils y sont encore déterminés par le désir de se soustraire aux octrois levés sur les aliments et les boissons à l'entrée de la ville.

On assure que la fabrique de rubans de Saint-Étienne et Saint-Chamond occupait, en 1835, jusqu'à 27 000 ouvriers, dont les trois quarts au moins étaient des femmes ou des enfants du même sexe.

Tous les tisseurs fabriquaient leurs produits sur trois sortes de métiers à la main :

1.	Sur des métiers dits à *basse lisse* ou à une seule pièce unie ;

2.	Sur des métiers dits *à haute lisse* ou à une seule pièce façonnée ;

3.	Et sur des métiers à plusieurs pièces, dits à la *barre,* parce que le tissage	s'effectue au moyen d'une longue barre de bois que l'ouvrier tient dans sa	main.

Les premiers métiers, au nombre d'environ 18 000 en 1835, sont surtout répandus dans les campagnes, que des commis parcourent à cheval pour en rapporter les pièces fabriquées, et remettre aux ouvrières la chaîne et la trame de celles qu'on leur donne à faire. Ces ouvrières appartiennent à des familles agricoles, et s'occupent elles-mêmes, une partie de l'année, des travaux de l'agriculture.

Les seconds métiers, remplacés tous les ans par des mécaniques à la Jacquart, sont aujourd'hui très peu nombreux.

Quant aux troisièmes, dont chacun fabrique à la fois depuis six jusqu'à vingt-quatre ou même trente pièces et n'emploie qu'un seul ouvrier, il y en a peut-être 6 000, dont près de la moitié (à la Jacquart) servent à faire des rubans façonnés. Tous ensemble, les métiers à la barre représentent plus de 60 000 métiers à une seule pièce.

En 1835, les ouvriers qui conduisaient tous ces métiers, étaient dans une assez bonne position matérielle ; ils m'ont paru, en général, être plus économes et avoir des mœurs plus pures que ceux de Lyon.

III.

La fabrique de Nîmes, s'étend autour de la ville. Ses principaux ouvriers se divisent en tisserands ou tisseurs, en bonnetiers et en imprimeurs. Ceux-ci, qui comptent peu de femmes et augmentent rapidement depuis quelques années, n'étaient qu'au nombre de six à sept cents en juin 1836, non compris les enfants qui les aident ; mais l'impression des étoffes de soie ayant acquis depuis lors une grande activité, ils sont plus nombreux aujourd'hui.

Les tisserands se divisent en trois classes. La première comprend ceux qui fabriquent les grands châles ; la seconde ceux qui fabriquent les autres étoffes pour lesquelles on se sert aussi de la mécanique à la Jacquart ; et la troisième enfin, désignée sous le nom de *petits métiers,* se compose d'ouvriers qui n'emploient pas cette mécanique. Les étoffes unies très légères, les foulards et les autres tissus qu'on destine à l'impression sont exclusivement confectionnés par ces derniers.

L'âge de tous ces travailleurs est ordinairement compris entre 14 et 55 ans. Chacun d'eux se fait aider par une vieille femme, un homme infirme ou un enfant, qui dévide la soie et charge les canettes. En outre, à ceux de la première classe est attaché un enfant de sept à treize ans pour lancer la navette.

Excepté les imprimeurs, ils travaillent tous chez eux ou en famille... Les ouvriers en soieries de Nîmes passent pour être mal chauffés en hiver. Ils m'ont paru peu propres sur eux, et presque tous mal vêtus. J'ai remarqué d'ailleurs que le luxe des habits du dimanche n'existe pas chez eux, à beaucoup près, autant qu'à Lyon.

Il y en a peu, m'a-t-on dit, qui sachent lire et écrire. Cependant, en général, ils sont intelligents, laborieux, nullement ivrognes, ni adonnés aux autres débauches, et le dimanche est le seul jour de la semaine qu'ils consacrent au repos. Mais malheureusement, si mes renseignements sont exacts, ils n'ont ni prévoyance ni économie, à l'exception des bonnetiers, qui forment ici comme presque partout, une classe d'artisans à part, plus propre que les autres, plus rangée, plus économe, de meilleures mœurs, et par conséquent plus aisée, malgré la modicité de leurs gains.

En juin 1836, les meilleurs salaires étaient, sauf quelques rares exceptions, de 3 F. par journée de travail pour les tisserands de première classe, et de 4 F. 50 pour l'imprimeur. Mais depuis 1835, le tisserand ordinaire, possesseur d'un seul métier, ne pouvait gagner par jour, terme moyen, que 30 sous, sa femme 12 sous, en dévidant la soie avec laquelle il confectionnait les étoffes, et ses deux enfants de 5 à 12 sous chacun, suivant leur âge. Voilà donc un produit journalier d'environ 3 F. pour une famille que nous supposons composée de quatre personnes seulement, qui toutes gagnent quelque chose. On conçoit que si elle peut s'entretenir avec cela, elle ne saurait jamais faire aucun sacrifice pour l'instruction de ses enfants ; ni réaliser la moindre épargne avant le temps où chacun d'eux conduit un métier. À dater d'alors seulement, elle est dans l'aisance ; mais cet état ne peut durer : les enfants quitteront la maison paternelle, se marieront, et l'âge des infirmités viendra.

Si avant cette dernière époque, nos ouvriers savent profiter de leur position, ils achètent dans un faubourg de la ville une petite maison où ils se logent (c'est là le but de l'ambition des meilleurs), ou bien une petite vigne qu'ils cultivent eux-mêmes, et dans laquelle ils vont passer une partie des dimanches. Il y en a peu, malheureusement, qui aient cet avantage, et j'ajouterai comme nouvelle preuve de la misère d'un grand nombre, que chez beaucoup d'entre eux, j'ai vu des glanes dont les épis avaient été ramassés par leurs femmes ou leurs enfants. Il y en a d'ailleurs qui, chaque année, travaillent dans les champs comme simples journaliers.

Ils se nourrissent en général assez bien lorsqu'ils gagnent de bonnes journées, moins bien pourtant que l'ouvrier lyonnais. Ainsi, ils ne mangent de la soupe grasse, pour la plupart, qu'une fois par semaine ou deux fois au plus. Ils boivent aussi du vin, mais jamais avec excès. Enfin, leur pain, quoique bon, est de seconde qualité... Si une famille n'a qu'un métier à tisser des étoffes unies, elle ne gagne pas, ou elle gagne à grand'peine 3 F. par journée de travail, 900 F. par an. Il faut donc qu'elle diminue ses dépenses au-dessous du taux moyen, déjà réduit, ou bien, ce qui heureusement a toujours lieu, que la charité intervienne en sa faveur. Mais si elle a un troisième enfant à la mamelle, si l'ouvrage manque, si les prix de façon baissent, si la maladie de l'un de ses membres vient

Louis-René Villermé

augmenter ses dépenses ou amoindrir ses recettes, comme elle n'a presque jamais d'autre ressource que son travail, elle est dans la plus profonde détresse... On compte très peu de célibataires à Nîmes, parmi les ouvriers en soieries ; et, si l'on m'a dit vrai, ils se marient très jeunes : l'homme, de vingt-deux à vingt ans, et la femme de dix-neuf à vingt-trois. Celle-ci, m'a-t-on assuré, est souvent enceinte au moment de son mariage, mais l'homme qu'elle épouse est presque toujours celui qui l'a séduite.

J'ai vu fréquemment trois enfants par ménage ; chaque union en produit, terme moyen, pour la ville entière, un peu plus de quatre, et chose remarquable dans une grande ville qui est à-la-fois ville de garnison et de fabrique, les enfants naturels n'y font que le onzième ou le douzième des naissances totales. Mais dans cette même ville, partagée entre deux sectes religieuses qui s'observent et se regardent comme ennemies, il y a dans les habitudes du peuple beaucoup d'obéissance et de soumission aux préceptes de la morale...

Quoiqu'ils ne paraissent pas éprouver de maladies particulières à leur profession, les ouvriers dont il s'agit sont en général d'une constitution plus faible que les agriculteurs. Les membres du conseil de révision pour le recrutement de l'armée remarquent tous les ans, d'ailleurs, leur peu d'aptitude au service militaire...

On évaluait approximativement à Nîmes, en 1836, le nombre des ouvriers en soieries à 15 400, y compris les aides des tisserands, c'est-à-dire à un peu plus d'un tiers de la population totale de la ville. On a vu que ceux qui gagnent les meilleurs salaires sont, après les imprimeurs, les tisserands de grands châles brochés. Mais cette branche d'industrie souffrait beaucoup à Nîmes lors de mon séjour dans cette ville, et un grand nombre d'ouvriers qu'elle occupait avaient émigré... Le coup porté à la fabrication des châles, entraînait la gêne de tous ; car ils se faisaient concurrence pour la confection des articles demandés.

On concevra aisément, après tous ces détails, que les ouvriers en soieries de Nîmes font rarement des dépôts à la caisse d'épargnes établie dans cette ville. Cependant, dès l'année 1836, c'est-à-dire, trois ans après l'ouverture de cette caisse, le résumé de ses opérations a mentionné plus de déposants parmi les ouvriers que parmi les domestiques. Du reste, bien peu font partie de ces associations éminemment morales dont le but est de se porter mutuellement secours en cas de maladie. D'après mes renseignements, sur quatre semblables qui existaient à Nîmes, aucune n'était reconnue ou autorisée par l'administration, et une seule se composait d'ouvriers de la fabrique.

En terminant, je ferai la remarque, que la fabrique de Nîmes confectionnant beaucoup d'articles dits de goût et de *nouveauté,* qui imitent autant que cela est possible, des articles de luxe vendus très cher à Paris, à Lyon, et dans d'autres grandes villes, mais dans des qualités inférieures, et en les mettant à la portée d'un grand nombre de bourses, il en résulte que les hauts rangs de la société abandonnent bientôt un article que son imitation rend vulgaire, que d'un autre côté les classes moins riches ne tardent pas aussi à le dédaigner ; et que de cette manière, et malgré la merveilleuse facilité des fabricants à modifier leur industrie d'après les caprices de la mode, la fabrique de Nîmes est l'une des plus mauvaises pour ses ouvriers : la nécessité de changer continuellement une partie de ses produits les expose à des chômages fréquents. On peut d'ailleurs observer dans la même ville, un fait qui confirme très bien cette assertion : il est offert par les bonnetiers qui, occupés pendant toute l'année, et ne connaissant point les chômages, sont ordinairement, malgré d'assez faibles salaires, dans une meilleure position que les tisserands d'articles de goût.

Résumé succinct des trois sections

I. Ouvriers de l'industrie cotonnière

De tous les ouvriers de cette industrie, ceux des manufactures d'indiennes sont les plus heureux : leur travail n'est pas fatigant, leur journée n'est jamais trop longue, et ils reçoivent les meilleurs salaires. Les plus mal partagés sont les tisserands à bras et les ouvriers des filatures et des tissages mécaniques.

La classe nombreuse des tisserands travaille ordinairement en famille dans des caves, ou des rez-de-chaussée humides et mal aérés. Elle habite presque toujours la campagne, prête

Louis-René Villermé

fréquemment ses bras à l'agriculture, et a, en général, de l'ordre, de l'économie et de bonnes mœurs. Mais, excepté les tisserands, en petit nombre, qui font les étoffes dites *façonnées* et les articles de nouveauté, ses gains sont très modiques, et sa nourriture, sa santé, laissent, comme son logement, beaucoup à désirer. Les tisserands de la fabrique de Tarare m'ont paru encore plus laborieux, plus sobres, plus économes, de meilleures mœurs et de meilleure santé que ceux des autres fabriques.

Les ouvriers des filatures et des tissages mécaniques travaillent réunis dans des ateliers communs, où le mélange des sexes et des âges a très souvent la plus fâcheuse influence sur leurs penchants et leurs habitudes, surtout lorsqu'ils demeurent dans une grande ville, ou ne rentrent pas le soir dans leurs familles. Non-seulement leur travail est insalubre pour un certain nombre, excessif pour les jeunes enfants ; mais encore il est, pour beaucoup, rétribué par des salaires très faibles, et d'autant plus insuffisants, que ceux qui les reçoivent n'ont pas d'autre ressource pour vivre, et manquent presque toujours d'ordre et d'économie.

C'est à Lille et dans le département du Haut-Rhin que le sort des ouvriers en coton est le plus déplorable. On a vu l'indigence affreuse, l'abrutissement, les vices, la dégradation profonde de ceux de Lille, et combien il y en a dans la Haute-Alsace, qui sont mal logés, mal vêtus, mal nourris, pâles, maigres, exténués de fatigues ; mais le plus grand nombre de ces derniers, auxquels on donne à Thann et à Mulhouse l'expressive et étrange épithète de *Nègres Blancs,* se recommandent à toutes les sympathies des hommes de bien par leurs bonnes qualités et la cause respectable de leur misère.

À Roubaix, à Tourcoing, dans les campagnes environnantes, où très souvent les mêmes ouvriers travaillent alternativement le coton et la laine, à Saint-Quentin, à Rouen, et dans le reste des départements de l'Aisne et de la Seine-Inférieure, la condition habituelle, c'est-à-dire, hors des moments de crise, des ouvriers de l'industrie cotonnière, est à-peu-près, en général, aussi bonne qu'on peut l'espérer. Mais dans les deux dernières villes principalement, et dans leurs banlieues, l'initiation prématurée des jeunes gens à ce qui se passe de plus intime entre les deux sexes, amène un libertinage porté fréquemment jusqu'aux plus graves excès.

II. Ouvriers de l'industrie lainière

Ici, comme pour la fabrication du coton, une partie des ouvriers travaillent dans les ateliers des manufactures, et les autres, qui ne sont pas les moins nombreux, dans leurs propres domiciles. Ces derniers se composent presque exclusivement des peigneurs, des tisserands, et de leurs aides. Mais on ne fabrique pas les étoffes de laine comme celles de coton, de lin ou de chanvre, dans des pièces humides, et encore moins dans des espèces de caves. En outre, dans l'industrie lainière, le battage, hormis quelques cas rares, n'est pas malsain ; les enfants qu'elle emploie sont moins jeunes, par conséquent plus forts, et les diverses classes de travailleurs ont un salaire plus élevé. Ces différences en entraînent nécessairement dans le sort des ouvriers : aussi l'homme qui manufacture la laine est-il communément mieux logé, mieux vêtu, mieux portant que celui qui manufacture le coton. Comparé à ce dernier, il réunit tous les avantages.

Les fabriques de Reims et d'Amiens confectionnent en grande partie ces articles de *nouveauté* ou de *goût*, que la mode adopte avec empressement et abandonne bientôt après pour d'autres, il en résulte des chômages que ne connaissent pas, ou que connaissent plus rarement, les travailleurs des fabriques de draperie proprement dites.

Le goût de la boisson et le manque d'économie sont les défauts dominants des ouvriers des deux villes que je viens de nommer, et de Rethel. Ceux de la ville de Sedan, non moins tranquilles que ces derniers, non moins amis de l'ordre, et, dès lors faciles à conduire, mais généralement plus laborieux, plus sobres que la plupart des autres ouvriers en laine, sont aussi plus rangés, aiment véritablement leurs maîtres, et vivent dans de meilleures conditions matérielle, morale et intellectuelle. Quant à la fabrique d'Elbeuf, elle est aussi dans une bonne position, mais l'ivrognerie y est plus fréquente et l'instruction élémentaire moins répandue qu'à Sedan. Je n'ai pas vu Louviers ; toutefois je sais qu'on peut appliquer à ses travailleurs ce que je viens de dire de ceux d'Elbeuf.

Dans le midi de la France, les ouvriers du drap, peu ou point adonnés au vin, et plus sobres en tout cas que ceux de nos départements du nord et de l'est, fournissent habituellement une journée de travail moins longue. Ceux de Lodève gagnent les plus forts salaires, et sont d'autant plus heureux, que cette fabrique, qui a, pour ainsi dire, le monopole de la confection des draps des troupes de terre et de mer, se trouve dans une position tout-à-fait exceptionnelle qui prévient beaucoup de chômages, et par conséquent les crises si funestes aux populations manufacturières. Ce sont les tisserands de Carcassonne qui m'ont paru les plus misérables.

III. Ouvriers de l'industrie de la soie

Bien peu de travaux sont plus dégoûtants, d'une odeur plus repoussante, et payés d'un salaire plus faible, que la première préparation de la soie ou son *tirage* du cocon. Aussi, les ouvriers, ou mieux, les ouvrières qui l'exécutent, appartiennent-elles à la classe la plus pauvre, et il serait difficile, si on ne les avait vues, de se faire une idée de la misère et du mauvais état de santé d'un grand nombre d'entre elles.

Quant aux ouvriers en soieries proprement dits, leur position est la meilleure : leur travail est rétribué d'un salaire beaucoup plus fort. Ils sont, par conséquent, mieux vêtus, mieux logés, mieux nourris qu'un très grand nombre d'autres ouvriers, et communément encore ils sont plus rangés, plus sobres, de meilleures mœurs, et de meilleure santé qu'eux. Ils doivent ces avantages, en partie du moins, à la nature des matières qu'ils mettent en œuvre, au climat qu'ils habitent, et au travail qu'ils font en famille.

À la nature des matières qu'ils mettent en œuvre. Les soies leur sont toujours remises dans un état remarquable de propreté ; il ne s'en dégage jamais ni duvet, ni poussière qui salisse les vêtements et la peau ou altère la santé, et on les tisse sans *encollage*. En outre, n'ayant pas besoin de dresser leurs métiers dans les pièces humides et mal aérées, ne craignant ni l'air, ni la sécheresse, ni le soleil, ils fabriquent leurs étoffes à tous les étages des maisons.

Au climat qu'ils habitent. Comme ce climat est celui du midi, ils lui doivent de s'enivrer peu, quoique vivant dans des pays où l'on récolte en abondance du vin, et où, par conséquent, il est à bon marché.

Au travail en famille. Cet ouvrage tout entier montre que le travail en famille conserve, fortifie les bonnes mœurs, tandis que le travail en commun n'en donne trop souvent que de mauvaises.

Lorsqu'il n'y a point de crise, les ouvriers en soieries de Lyon sont les plus favorisés par l'élévation de leurs salaires. En outre, leur sobriété, leur intelligence surtout, les rendent de beaucoup supérieurs à la plupart des autres. Sans la fièvre d'ambition qui les tourmentait quand je les observais, et qui changeait pour eux une assez bonne position matérielle en un malaise moral, ils m'auraient paru devoir être contents de leur sort.

Il faut en dire à-peu-près de même des ouvriers de la fabrique de rubans de Saint-Étienne et Saint-Chamond. Mais les ouvriers en soieries de Nîmes, d'Avignon et du reste du midi de la France, ne pourraient pas, avec leurs gains, s'habiller et se nourrir aussi bien que ceux de Lyon.

Quant aux ouvriers en soieries et en cotonnades du canton suisse de Zurich, ils m'ont semblé, les plus heureux, les premiers surtout. Comme ils se composent principalement de femmes et de filles d'agriculteurs, leurs salaires sont modiques ; mais ils savent y remédier par l'ordre, l'économie, la prévoyance. Ils ne travaillent ordinairement à leurs toiles que dans les intervalles laissés par d'autres soins. Si leur sort est préférable à celui des mêmes ouvriers en France, il faut surtout l'attribuer à la simplicité de leurs mœurs, au bon esprit qu'ils montrent de n'être pas jaloux de leurs fabricants, à l'habitude de travailler en famille, habitude heureuse que leur permet encore le petit nombre des grands ateliers communs qui existent maintenant dans le canton de Zurich. Mais il est facile de prévoir un terme à cet état de choses : le système des grands ateliers commence à s'établir en Suisse, et il s'y étend pour ainsi dire chaque jour aux dépens du travail en famille. Il est donc probable que quand il aura fait les mêmes progrès que chez nous, il produira, en partie du moins les mêmes résultats et occasionnera les mêmes inconvénients.

Enfin, pour résumer encore plus succinctement les faits, et comparer entre elles les trois industries qui font le sujet de ce volume, je dirai :

Louis-René Villermé

C'est parmi les ouvriers en coton que, proportion gardée, il y a le plus de pauvres, et dans cette industrie, comme, dans celle de la laine, les plus malheureux sont les simples tisserands d'étoffes unies.

Mais, c'est au contraire parmi les ouvriers en soie, que le tisserand gagne les meilleures journées. On a vu qu'à Lyon, les femmes des *canuts* mettent par économie leurs enfants en nourrice, parce qu'elles ont plus de profit à tisser qu'à les allaiter elles-mêmes.

En général, et c'est là un fait important qui ressort de tout ce que j'ai vu : tandis que dans les villes les ouvriers se trouvent réduits à la plus affreuse misère quand cesse la demande de leur travail, dans les campagnes leur double *profession* de tisserand et de cultivateur diminue pour eux les malheurs des crises industrielles. Ils doivent encore à cette position particulière d'autres avantages qui ne sont pas moins précieux : ils vivent plus dans l'intérieur de leur famille, et ils ont aussi plus de vertus domestiques que ceux des villes. Voilà sans doute pourquoi les tisserands disséminés dans les villages, font encore assez souvent des épargnes, du moins ceux des deux industries de la laine et de la soie, et cela malgré la modicité de leurs gains, que maintiennent d'ailleurs très bas et la facilité de l'apprentissage, et la double profession de tous ceux qui quittent la navette chaque fois que les travaux de l'agriculture les réclament, pour y revenir ensuite aux heures pendant lesquelles ils ne travaillent pas dans les champs. Cette double profession contribue donc au bas prix de la main-d'œuvre de l'ouvrier employé comme tisserand. Mais elle répand l'aisance dans les familles agricoles.

Deuxième partie

Chapitre premier
Condition matérielle des ouvriers

... Depuis notre révolution, nous avons vu la misère, malgré ses retours passagers à une grande intensité, diminuer beaucoup. En outre, la richesse et ses avantages sont moins que jamais, parmi nous, le privilège exclusif d'une seule classe : mais tout le monde y prétend aujourd'hui, et pour cette raison les pauvres se regardent comme plus malheureux que jadis, bien qu'en réalité leur condition soit meilleure.

Ainsi, quoiqu'il y ait encore dans les villes, trop de rues étroites, sales, obscures, où un grand nombre de familles habitent, surtout dans les villes manufacturières, une seule pièce encombrée de lits, de coffres, de chaises, de métiers, d'outils, dans laquelle elles couchent, travaillent, font la cuisine et prennent leurs repas ; cependant il est vrai de dire qu'en général les demeures des ouvriers ne sont plus des espèces de huttes sans fenêtre ni meubles, et ne recevant de jour que par la porte... Communément, ceux dont la conduite et les mœurs méritent le blâme se retirent dans les mêmes rues ou les mêmes maisons, presque toujours les plus sales, les plus malsaines ; d'un autre côté, les ouvriers honnêtes choisissent, au contraire, d'autres lieux où ils paient plus cher leurs logements, mais où ils n'ont de contact qu'avec des personnes qui leur ressemblent...

Le drap a généralement remplacé la grosse toile pour leurs vêtements d'hiver. Il n'y a qu'une opinion à cet égard dans les villes de Roubaix, Saint-Quentin, Amiens, Rouen, Elbeuf, Reims, Sedan, Lyon, etc., où le luxe des habits et le goût de la toilette sont, du reste, poussés très loin, surtout chez les filles d'atelier. C'est au point que les dimanches et les jours de fête, dans beaucoup de villes de France, celles du midi exceptées, on pourrait confondre, au premier abord, une partie des ouvriers et des ouvrières de nos manufactures avec la classe bourgeoise, tant leur mise est recherchée...

Le progrès ne serait pas moindre pour la nourriture. Ainsi, dans plusieurs villes (Lyon, Reims, Sedan, etc.), et dans quelques provinces (la Normandie, par exemple), la viande, la soupe grasse, le pain blanc seraient d'un usage beaucoup plus commun qu'autrefois. Il se peut d'ailleurs que dans la plus grande partie des campagnes, le pain soit encore ce qu'il était il y a cinquante ans ; mais certainement celui des ouvriers des villes est meilleur... Le sarrazin et l'avoine ont été souvent remplacés par le seigle, et celui-ci par le froment. Plus de froment et moins de menus grains fourniraient une nouvelle preuve que la condition du peuple s'est améliorée sous le rapport des aliments. Ceux-ci, d'un autre côté, sont devenus plus variés par les cultures alternes ou les récoltes sarclées. Mais quand la pomme de terre en fait la base jusqu'au

Louis-René Villermé

point de tenir complètement de pain, elle nourrit mal tous ceux qui ne peuvent y ajouter en même temps de la viande, et ce cas est ordinairement celui des plus pauvres ouvriers.

On ne paraît pas au reste savoir assez, en France, combien la viande est nécessaire aux travailleurs. Et cependant, partout, ceux qui exécutent des ouvrages de force, en font un aliment habituel, et y ajoutent une boisson fermentée, telle que du vin, du cidre ou de la bière. Ce fait est trop général pour n'être pas la conséquence d'un besoin...

Si l'on retranche les tisserands et les simples journaliers, dont la plupart sont si mal rétribués, le salaire moyen des travailleurs qui font le sujet de mes recherches, est d'environ 2 F. pour l'homme, 1 F. pour la femme, 45 c. pour l'enfant de huit à douze ans, et 75 c. pour celui de treize à seize ans [1]. Communément, les gains des enfants augmentent d'un sou par jour pour chaque année de plus de leur âge. Il résulte, en outre, de tous mes renseignements :

1.   Que les salaires s'accroissent continuellement jusque vers l'âge de trente ans, d'abord très vite, puis lentement.

2.   Qu'après trente-cinq à quarante ans, ils baissent toujours, mais dans une progression plus lente que celle de leur accroissement.

3.   Que jusqu'à l'âge de quinze ou seize ans, ils diffèrent peu pour les deux sexes.

4.   Qu'à partir d'alors, les salaires de la femme restent toujours de beaucoup inférieurs à ceux de l'homme.

5.   Et que, passé l'âge de 20 ans, les femmes n'obtiennent en général que la moitié des gains de l'homme.

L'ouvrier à la tâche ou aux pièces est partout mieux payé que

---

1 Le taux du salaire est toujours très bas pour les femmes, et si bas, que c'est celui de leurs maris qui semble le compléter. On voit, par exemple, dans la fabrique de Rouen, les salaires des simples ouvriers d'une filature de coton, celle de M. Crespet, varier comme il suit, à une époque où ils étaient faibles, et où le pain était cher :

de 454 F. par an à	785,56	pour les hommes faits.
de 252 F. par an à	264,52	pour les femmes.
de 200 F. par an à	260	pour les jeunes gens de 14 à 16 ans.
de 152 F. par an à	182	pour les jeunes gens de 12 à 14 ans.
de 145 F. par an à	156	pour les enfants de 10 à 12 ans,
de 104 F. par an à	–	pour les enfants de 7 à 9 ans.

l'ouvrier employé à la journée, parce que celui-ci, dont on achète un certain nombre d'heures, n'a pas le même intérêt à accélérer son travail que l'ouvrier à la tâche dont on achète au contraire l'ouvrage, et non le temps ; aussi communément ce dernier se ménage-t-il très peu.

En général, un homme seul gagne assez pour faire des épargnes ; mais c'est à peine si la femme est suffisamment rétribuée pour subsister, et si l'enfant au-dessous de douze ans gagne sa nourriture. Quant aux ouvriers en ménage, dont l'unique ressource est également dans le prix de leur main-d'œuvre, beaucoup d'entre eux sont dans l'impossibilité de faire des économies, même en recevant de bonnes journées. Cette impossibilité résulte surtout de la position de chefs d'une famille trop jeune encore pour les aider, et aux besoins de laquelle ils sont obligés de pourvoir. Il faut admettre, au surplus, que la famille dont le travail est peu rétribué ne subsiste avec ses gains seuls qu'autant que le mari et la femme se portent bien, sont employés pendant toute l'année, n'ont aucun vice, et ne supportent d'autre charge que celle de deux enfants en bas âge. Supposez un troisième enfant, un chômage, une maladie, le manque d'économie, des habitudes ou seulement une occasion fortuite d'intempérance, et cette famille se trouve dans la plus grande gêne, dans une misère affreuse : il faut venir à son secours...

D'un autre côté, quelque faibles que soient ces salaires, s'ils ne varient pas et s'ils sont obtenus sans interruption pendant toute l'année, ils suffisent *généralement* à l'ouvrier, même marié, pourvu qu'il soit laborieux et qu'il ait une bonne conduite, surtout lorsqu'il peut joindre à ses gains ceux de sa femme et de ses enfants. L'important pour lui est plus encore d'avoir des salaires stables que des salaires élevés, et d'acheter les choses dont il a besoin à des prix toujours les mêmes plutôt qu'à un bon marché qui ne se soutient pas...

La révolution de 1830 a été immédiatement suivie d'une crise commerciale et industrielle. Or, toute crise semblable amène la baisse des salaires : c'est un fait bien connu. Mais ce qui ne l'est pas, c'est que le salaire des ouvriers les moins rétribués baisse ordinairement à peine, si l'on n'a égard qu'au chiffre nominal accordé par journée de travail, tandis qu'en réalité il baisse tout autant, proportion gardée, que celui des autres, et même plus si

Louis-René Villermé

l'on considère les besoins. En effet, c'est ordinairement par les plus pauvres que les réformes commencent : on ne les emploie plus que trois ou quatre jours par semaine, au lieu de six, ou bien six ou huit heures par jour, au lieu de treize, heureux encore quand ils trouvent un peu d'ouvrage. Comme dans les moments de prospérité industrielle, ces malheureux ne gagnent rien au-delà de ce qu'il leur faut rigoureusement pour vivre, la plus petite diminution de salaire les réduit à une extrême indigence...

La dépense la plus forte pour les ouvriers est celle de la nourriture [1]. Elle s'élève communément :

Pour un homme à plus de la moitié de la dépense totale, et aux deux tiers ou aux trois quarts, s'il a des habitudes d'intempérance. Elle atteint la moitié, rarement plus des deux tiers pour une femme ; et pour un adolescent elle arrive aux trois quarts. Elle n'est pas ordinairement tout-à-fait aussi forte, lorsque les ouvriers vivent en famille. Très souvent, le père, à cause de ses habitudes de cabaret, dépense autant à lui seul que les autres ensemble.

Après la nourriture vient l'habillement, qui fait, y compris le blanchissage, du huitième au quart de la dépense totale ; puis, le

---

1 Dépenses principales des ouvriers ordinaires de la fabrique de Rouen, rapportée à leurs dépenses totales, d'après les tableaux dressés par deux fabricants de cette ville :

	Nourriture (en centimes)	Habillement (en centimes)
Pour un homme	70 à 75	9 à 15
Pour une femme	65 à 69	7 à 17
Pour un enfant de 6 ans	69 à 72	10 à 11
Pour un jeune ouvrier ou ouvrière de 12 à 16 ans	78	9

	Blanchissage (en centimes)	Logement (en centimes)
Pour un homme	3 à 4	8 à 10
Pour une femme	5 à 11	9 à 10
Pour un enfant de 6 ans	5 à 7	
Pour un jeune ouvrier ou ouvrière de 12 à 16 ans	5	

logement qui coûte du douzième au dixième, et même davantage dans les grandes villes manufacturières, où fréquemment le loyer du pauvre est aussi cher qu'à Paris. Il est vrai qu'aux époques de détresse, il ne le paie pas : on lui en fait alors la remise, en partie, quand ce n'est pas en totalité, parce qu'on ne louerait pas à d'autres les maisons qu'il habite, et qu'il est un locataire tout trouvé pour le jour où cessera la crise...

On croit communément que de forts salaires sont une garantie de moralité ; cependant les ouvriers les mieux rétribués ne sont pas les plus moraux. Aussi, certaines personnes ne craignent-elles par d'affirmer que si « le vice abonde dans les villes, si, comme elles le disent, il y tient école, table et lit ouverts », c'est en grande partie parce que le taux des salaires y est plus élevé qu'ailleurs. Et on le conçoit ; car plus les ouvriers gagnent, plus ils peuvent aisément satisfaire leurs goûts de débauches...

Chapitre II
Mœurs et principes moraux des ouvriers

I. Ivrognerie des ouvriers

On peut affirmer, en thèse générale, que les ouvriers des manufactures songent peu au lendemain, surtout dans les villes ; que plus ils gagnent plus ils dépensent, et que beaucoup sont également pauvres au bout de l'année, quelque soit la différence de leurs gains et de leurs charges. Travailler mais jouir, semble être la devise de la plupart d'entre eux, excepté dans les campagnes. C'est aussi un fait bien connu, que, s'ils font ordinairement une grande consommation de provision de bouche, lorsqu'ils reçoivent de forts salaires, ils savent, dans les temps de détresse, supporter de dures privations. La plus pénible, pour un très grand nombre, paraît être celle du vin et des liqueurs fortes. On dirait même que, plus ils sont en proie à la misère et au chagrin, plus ils en cherchent l'oubli dans l'ivresse.

Quels que soient le sexe et l'âge des ouvriers, leur profession et les lieux qu'ils habitent, les causes qui contribuent le plus à les rendre

Louis-René Villermé

intempérants, seraient, *d'après eux-mêmes et d'après tous ceux qui les observent* :

— les mauvais exemples que dès l'enfance, ils reçoivent dans leurs familles ;

— le choix ou l'apprentissage d'un métier qui compte beaucoup d'ivrognes ;

— les habitudes de débauche et de désordre qu'entraînent l'organisation du compagnonnage, et le travail en commun dans les ateliers des manufactures ;

— l'oisiveté complète les jours de dimanche, les suspensions momentanées de travail, et tous les chômages de courte durée ;

— le bas prix de l'eau-de-vie et des autres liqueurs spiritueuses, et le grand nombre de cafés, de cabarets surtout, où l'on peut en boire à toute heure et avec excès ;

— enfin le défaut ou l'oubli des principes moraux et religieux.

D'abord, ils boivent les liqueurs spiritueuses sans plaisir, par imitation et pour ne pas faire moins que les autres ; mais bientôt à l'indifférence succède une sensation agréable, puis un désir irrésistible et une passion qui augmente toujours.

C'est ainsi que par une pente plus ou moins rapide, ils sont conduits des habitudes de sobriété aux habitudes d'intempérance, de l'usage modéré des boissons qui enivrent, à leur abus. Dès-lors, pour l'ouvrier, tout devient pour ainsi dire occasion d'aller au cabaret : il y va quand l'industrie prospère, parce qu'il gagne de fortes journées et qu'il a de l'argent ; il y va quand il est momentanément sans ouvrage, parce qu'il n'a rien à faire ; il y va quand il est heureux, pour se réjouir, enfin quand il a des peines domestiques, pour les oublier. En un mot, c'est au cabaret qu'il fait des dettes, qu'il les paie quand il le peut, qu'il conclut ses marchés, qu'il contracte ses amitiés, etc., et qu'il accorde même sa fille en mariage.

Arrivée à ce degré, non-seulement l'ivrognerie s'oppose à l'épargne, à la bonne éducation des enfants, au bonheur de la famille ; mais encore elle ruine celle-ci, elle la plonge et la retient dans une profonde indigence ; elle rend l'ouvrier paresseux, joueur, querelleur, turbulent ; elle le dégrade, l'abrutit, délabre sa santé, abrège souvent sa vie, détruit les mœurs, trouble, scandalise la société, et pousse au crime. On peut l'affirmer, l'ivrognerie est la cause principale des rixes, d'une foule de délits, de presque tous les désordres que les ouvriers commettent, ou auxquels ils prennent part. C'est le plus grand fléau des classes laborieuses ; qu'on la prévienne ou qu'on diminue sa fréquence, et les ouvriers deviendront tout à-la-fois moins pauvres et meilleurs ; ce serait le plus grand service à leur rendre. Mais comment y parvenir, et quels moyens employer ?

Je n'insisterai pas sur les diverses solutions qui m'ont été données de cette question par ceux à qui je la proposais : les plus raisonnables évidemment croyaient la suppression ou la diminution de l'ivrognerie extrêmement difficile, et pensaient qu'il fallait amener les ouvriers à faire de la tempérance un point d'honneur, ou bien ils n'osaient avoir un avis.

Ceux qui ne craignaient pas d'en émettre un, voulaient que l'on combattît directement les causes auxquelles nous venons d'attribuer une influence principale dans la propagation de l'ivrognerie. Ainsi, *autant qu'il est possible*, il fallait, selon eux :

Arracher les enfants et les jeunes gens aux exemples contagieux d'intempérance et d'immoralité que leur donnent les parents ;

Soustraire les apprentis aux habitudes du compagnonnage, surtout pour les métiers qui ne comptent presque que des ivrognes, et remplacer le travail dans les ateliers par le travail en famille ; Prévenir l'oisiveté absolue du dimanche et celle de tous les autres jours de chômage, au moyen d'occupations instructives qui tourneraient à l'avantage des mœurs et par suite de l'aisance ;

Élever, par l'impôt indirect, le prix des liqueurs fortes ... ; ne plus permettre que les cabarets restent ouverts jusqu'à une heure avancée de la nuit, ni qu'ils deviennent des maisons de jeux où les ouvriers accourent en foule le dimanche et le lundi...

Publier *soigneusement toutes les* rixes sanglantes, tous les crimes, tous les accidents occasionnés par l'ivrognerie ; tous les faits punis par la justice et dont elle est la cause ; montrer au peuple, en toute occasion et par tous les moyens, ce que ce vice a de hideux, de funeste, d'abrutissant, et surtout ranimer en lui autant que possible les sentiments de la religion qui le conduiront à l'observance de ses préceptes...

Louis-René Villermé

D'autres enfin croient la chose tout-à-fait impossible, tant que les fabricants, dont l'influence sur leurs ouvriers est si grande, ne s'en occuperont pas sérieusement. La mesure qui leur semblerait devoir être la plus efficace, consisterait à repousser des ateliers tous les ivrognes. Mais pour atteindre ce but, il faudrait le concours de tous ou de presque tous les maîtres de la localité. Or, ce concours volontaire de tous les maîtres est bien difficile : ceux-ci, et c'est le plus grand nombre, n'ont jamais songé à rendre sobres les ouvriers, ceux-là n'y prendraient aucun intérêt, et tous, à bien dire, en seraient détournés par les soins incessants que réclament leurs affaires. J'en ai même trouvé qui ont eu le courage de m'avouer que, loin de s'associer jamais à d'autres fabricants pour prévenir l'intempérance des ouvriers, ils profiteraient de semblables associations pour augmenter leur propre fabrication, en recueillant dans leurs ateliers les travailleurs qui seraient renvoyés des autres. Ils disaient qu'ils étaient fabricants pour devenir riches, et non pour se montrer philanthropes...

II. Imprévoyance. Défaut d'économie.
Libertinage. Mauvais exemples, etc.

Dans une lettre adressée à la Société de Tempérance d'Amiens, M. Hippolyte Passy a caractérisé en quelques mots la situation des classes ouvrières. « Examinez, dit-il, principalement en France, cette situation ; vous trouverez qu'en général les salaires, les gains matériels suffiraient s'ils étaient employés avec réserve et sagacité pour créer une sorte de bien-être ; mais l'usage en est mal entendu. Les dépenses se font au jour la journée, sans soin, sans prévoyance du lendemain ; et l'on est amené à reconnaître que quelque exiguë que soit la part du pauvre, c'est l'art de l'appliquer à ses besoins réels, la capacité d'embrasser l'avenir dans ses conceptions, qui lui manque, et que de là vient sa détresse plus souvent que de toute autre cause. »

Ces paroles exagèrent peut-être un peu les ressources des ouvriers. Il faut du reste y applaudir, tâcher de les inculquer dans leur esprit et attendre leur bien des hommes et des choses qui *peuvent agir* sur leurs habitudes, car les habitudes du peuple sont sa morale. On doit donc travailler à ne leur en donner que de bonnes ; mais aussi il faut désespérer tout-à-fait de l'amélioration d'un grand nombre d'ouvriers. Que peut-on attendre, en effet, d'individus aussi corrompus que le sont les ouvriers de Lille, dont j'ai tracé ailleurs le tableau ? — Rien ; leur amélioration n'est pas possible ; l'accroissement des salaires ne changerait pas même leur état. — C'est seulement de leurs enfants qu'il faudrait s'occuper ; toutes les mesures qui n'auront pas pour but de les soustraire à leur pernicieuse influence, laisseront le mal se perpétuer. Ces malheureux enfants ne voient que désordres, n'entendent que propos obscènes, ne s'imprègnent que de vices : élevés dans une atmosphère d'impuretés, façonnés par les mauvais exemples, et ne pouvant connaître autre chose, ils imitent ce qu'ils voient faire, et ils deviennent nécessairement, comme leurs parents, ivrognes, débauchés, abrutis.

Ainsi se transmettent de génération en génération, par la force ou la contagion de l'exemple, et se perpétuent par celle de l'habitude, la grossièreté, les mauvaises mœurs, les mauvais penchants, la dépravation et la misère, comme se perpétuent aussi et se transmettent les bonnes mœurs et les bonnes qualités dans d'autres classes, chez d'autres ouvriers, ou bien encore chez les ouvriers des mêmes classes qui habitent des lieux différents. En faut-il des preuves ? Comparez entre eux les ouvriers en coton et les *filtiers* de Lille, les chapeliers et les tisserands en soieries de Lyon, les ouvriers de nos fabriques et ceux des fabriques suisses du canton de Zurich, etc. Et ne savons-nous pas aussi que *très généralement*, sous le rapport moral, les ouvriers des villes ne valent pas ceux des campagnes, ni les ouvriers des grands ateliers de manufactures ceux qui travaillent en famille ? Partout on regarde ces ateliers, où sont ordinairement réunis pêle-mêle de nombreux travailleurs, comme des écoles d'ivrognerie et de libertinage. C'est non-seulement l'opinion de toutes les personnes étrangères à l'industrie, qui habitent les villes ou les pays de fabrique, mais encore celle de la plupart des fabricants et de beaucoup de simples ouvriers. J'ai même vu plusieurs de ceux-ci, qui connaissent assez bien les manufactures, pour ne pas vouloir que leurs enfants, surtout leurs filles, y mettent jamais les pieds...

Est-il bien permis, je le demande, lorsqu'on examine les choses de

Louis-René Villermé

ce point de vue, de reprocher à tous les ouvriers des manufactures leur inconduite et leur indigence ? D'ailleurs, fait-on partout, dans ces établissements, ce qu'il est possible, ce qu'il est même facile pour les y arracher ? À ceux qui me répondraient oui, je dirai non. Quoi ! vous mêlez les sexes dans vos ateliers, lorsque d'*ordinaire* vous pourriez si aisément les séparer. Ignorez-vous donc les discours licencieux que ce mélange provoque, les leçons de mauvaises mœurs qui en résultent, même avant l'âge où les sens ont parlé, et les passions entraînantes que vous favorisez dès que leur voix se fait entendre ? Et là où vous séparez les sexes, croyez-vous avoir tout fait ? Dans les ateliers où se trouvent de jeunes filles, imposez-vous la décence ? le cynisme du langage, la jalousie qu'inspire l'innocence à celles qui l'ont déjà perdue, ne sont-ils pas autant de causes de corruption que vous voyez et que vous n'empêchez pas ? chez les enfants même, le mélange des sexes n'amène-t-il pas une licence de rapports, et, jusque dans les actes les plus vulgaires de la vie, un mépris de la décence, qui doivent plus tard porter leurs fruits ? Quelques efforts que vous tentiez ensuite pour corriger le mal, vous eussiez mieux fait de le prévenir. Vous ne pourrez pas vous soustraire au reproche d'avoir laissé se perdre des jeunes filles dont vous auriez pu sauver les mœurs par des précautions sages et honnêtes.

Et si la jeune fille résiste au spectacle de la dépravation, à la corruption de l'exemple, si elle demeure dans la ligne du devoir, croyez-vous qu'elle trouve toujours la même force contre la misère ? N'y a-t-il pas une foule de circonstances qui menacent de la laisser sans ouvrage ? et alors, en proie à tous les besoins, jetée dans les ateliers, loin de sa mère, sans guide, sans religion, tentée par le luxe, prix du déshonneur, que déploient ses compagnes, comment ne succomberait-elle pas aux séductions qui la pressent ? Eh bien ! ces chutes dangereuses, presque inévitables, il y a des industries manufacturières qui les préparent, et semblent organisées pour y conduire, sans que les chefs d'établissements y aient peut-être jamais pensé ; ou bien, s'ils y pensent, ils trouvent plus commode de ne rien faire pour les prévenir. Ce sont les industries sujettes à des chômages un peu prolongés, et plus particulièrement les manufactures d'apprêts des toiles de coton qui occupent, aux époques de commandes, des jeunes femmes, qu'on renvoie aux époques périodiques de repos. Si mes renseignements sont exacts, et je dois les croire tels, il en est ainsi dans une ville que je pourrais nommer ; tandis que dans une autre, Tarare, on sait remédier à ce mal, sans même que le fabricant soit réduit à aucun sacrifice. Le moyen consiste à fournir durant le chômage une autre occupation qui convient aux ouvrières ; elles gagnent moins alors, il est vrai, mais elles ne cessent pas de recevoir des salaires.

Tous les faits que je viens de rapporter avec une réserve dont peuvent être juges ceux qui les ont vus, appelleraient plus d'une réflexion, mais j'ai hâte de finir. J'ajouterai néanmoins que le relâchement des mœurs dans les pays de manufactures, fournit, dans une proportion notable, au recrutement de la classe abjecte qui se livre à la prostitution dans Paris. On connaît très bien les adresses de plusieurs maisons de débauches de la capitale dans les ateliers de quelques villes, et, si l'on m'a dit vrai, de jeunes filles ne craindraient pas, dans leurs discours, de faire allusion au temps où elles iront les habiter. Ce fait est d'ailleurs implicitement consigné, avec les détails qui ne permettent pas le moindre doute, dans un ouvrage fort grave sur la prostitution dans Paris, considérée sous les rapports de l'hygiène publique, de la morale et de l'administration. L'auteur, homme de bien et de savoir, M. le docteur Parent-Duchâtelet, rapporte, d'après des renseignements authentiques puisés dans les archives de la préfecture de police, que plusieurs maîtresses de maisons de prostitution établies dans Paris ont, dans nos villes de manufactures et de garnison de la Flandre, et surtout à Reims et à Rouen, des correspondantes à poste fixe et des espèces de courtiers qui les parcourent pour y engager de jeunes femmes et les leur expédier par la diligence. C'est à Saint-Quentin, où, à mon grand étonnement, j'ai eu connaissance, pour la première fois, de cet immoral commerce de commission.

III. Reproches des fabricants.
Responsabilité de ces fabricants

Il résulte de ce qui précède, que beaucoup de maîtres de manufactures, je pourrai dire la plupart, ne s'occupent ni des sentiments, ni des mœurs, ni du sort de leurs ouvriers, et ne

Louis-René Villermé

les regardent que comme de simples machines à produire. Et néanmoins, je les ai bien souvent entendus se plaindre du relâchement de leurs mœurs, de leur ingratitude, même de la haine qu'ils nourrissent contre eux, enfin du vol des matières premières qui leur sont confiées. Ces reproches sont fréquemment fondés ; mais examinons-les.

Le vol des matières premières a lieu partout, et il se commet principalement sur celles de ces matières que les ouvriers emportent chez eux pour les convertir en étoffes ou leur donner d'autres façons. Je ne sais pas si, comme le prétendent quelques personnes, il est plus commun maintenant qu'il ne l'était autrefois ; mais il détruit bien évidemment la moralité, ou même il prouve qu'elle est déjà détruite, au moins en partie. Le plus grand nombre de ceux qui s'en rendent coupables ne prendraient cependant pas autre chose que des matières premières, et il est juste de dire que les ouvriers montrent en général une très grande répugnance pour le vol. Cette répugnance est, pour ainsi dire, la vertu qui, chez eux, survit aux autres. Leurs disputes même en font foi, car ils se laissent donner les noms les plus injurieux, mais ils ne supportent pas celui de voleur. J'ai entendu, à Lyon surtout, des ouvriers attribuer un grand nombre de soustractions des matières premières aux retenues injustes que les maîtres leur faisaient sur les prix de main-d'œuvre, sous le prétexte de mauvaise fabrication des étoffes.

J'ai déjà dit quels soins touchants, paternels, certains fabricants prennent de leurs ouvriers. Ceux-ci s'en montrent reconnaissants. Il ne faudrait pas conclure de ces paroles, cependant, que telle est en effet la conduite de tous envers les maîtres qui les traitent bien. Je suis loin de le prétendre. Mais les maîtres, à leur tour, n'ont-ils aucun reproche à se faire ? A-t-il bien le droit de se plaindre de l'ingratitude, de la haine même de ses ouvriers, celui qui ne s'informe jamais de leur position, de leur santé, de celle de leurs femmes, et de leurs enfants ? Celui qui, lorsque la maladie vient les atteindre, les abandonne complètement, et les remplace aussitôt par d'autres, sans leur réserver leur emploi ou leur métier pour le temps où ils pourront le reprendre ? Celui qui saisit la première occasion pour ne plus donner d'ouvrage au vieillard dont le bras devient faible, la main moins habile, et le travail plus lent, et cela justement à l'époque de la vie où il aurait besoin de gagner davantage ?...

Et que dire encore de l'indifférence de ces maîtres qui n'ont jamais un mot d'encouragement pour leurs ouvriers, qui ne les voient jamais hors de leurs ateliers, ne leur adressent jamais la parole, ne répondent à leurs questions que par un monosyllabe dur ou offensant, qui ont enfin poussé la naïveté de leur égoïsme jusqu'à m'avouer que dans l'intérêt de l'ouvrier lui-même, il était bon qu'il fût toujours aux prises avec le besoin, parce qu'alors, me disaient-ils, il ne donne pas de mauvais exemples à ses enfants, et que sa misère est le garant de sa bonne conduite ; joignant ainsi un mauvais raisonnement à un mauvais cœur, et oubliant que, pour l'honneur de l'humanité, le respect, l'affection, le dévoûment des ouvriers sont en général la récompense des maîtres qui leur montrent de l'attachement...

Je ne veux pas revenir sur ce que j'ai dit tant de fois dans cet ouvrage. Mais si, comme tout le prouve, la réunion de beaucoup d'ouvriers dans le même atelier entraîne la corruption de leurs mœurs, qui doit-on plutôt en accuser, ou de ceux qui sont rassemblés ainsi, ou de ceux qui les rassemblent ? Personne n'est blâmable, répondra-t-on ; c'est la force des choses qui le veut ainsi. Mais alors je demanderai si, dans les grandes manufactures où plusieurs centaines de travailleurs sont ainsi réunis, c'est bien la force des choses qui fait placer presque partout des bobineuses et des dévideuses dans les ateliers où les hommes filent et tissent, lorsqu'on pourrait si aisément leur donner un local à part ? Si c'est aussi la force des choses qui laisse dire des obscénités, et former par des femmes même les jeunes filles au libertinage et à la prostitution ? Si c'est la force des choses qui empêche de prendre les précautions les plus simples, et les plus nécessaires à la décence publique dans la disposition de certains lieux [1].

On ne saurait nier qu'il y ait des manufactures dont les maîtres prennent des précautions dans l'intérêt de leurs ouvriers. J'en ai cité des exemples dans le premier volume de cet ouvrage. Au reste,

---

1 J'ai vu, dans une filature de Saint-Quentin, les deux seuls cabinets de l'établissement où l'on devrait être le plus caché à tout regard, n'être séparés l'un de l'autre que par une mince et vieille cloison en planches disjointes, à laquelle il y avait des trous à passer plus que la jambe ! Mais j'ai vu des dispositions bien plus offensantes encore pour les mœurs dans une grande manufacture de l'industrie cotonnière à Gand, que j'ai visitée en 1837. Les détails en sont trop repoussants pour être décrits.

Louis-René Villermé

il ne faut pas oublier que si la réunion habituelle dans les ateliers, d'individus dont les inclinations sont mauvaises a toujours une fâcheuse influence, une semblable réunion d'ouvriers qui n'ont que de bonnes inclinations paraît être sans inconvénient. C'est en effet ce qu'on observe à Lille pour les filtiers, à Lodève pour les travailleurs de la fabrique des draps, et ailleurs encore.

Je n'ignore pas qu'il est beaucoup d'ouvriers qui ne doivent accuser qu'eux seuls de leur propre démoralisation, et dès-lors de leur misère ; mais je sais aussi qu'ils y sont fréquemment poussés par des hommes sortis de leurs rangs. C'est en effet parmi ces hommes qui, formés dans les ateliers, sont devenus depuis peu entrepreneurs ou petits fabricants sans capitaux, que se trouvent les misérables qui les embauchent pour les laisser sans ouvrage au bout de quelques jours ; ceux qui font les plus fortes retenues sur leurs salaires, qui les portent à l'inconduite, spéculent sur leur imprévoyance, les encouragent au vol des matières premières, et leur montrent le moins de pitié. Ainsi les nouveaux maîtres sortis de la classe ouvrière ne valent pas en général les anciens. La différence qui existe entre eux, sous ce rapport, n'est, à bien l'estimer, qu'une différence de position : attendez que les premiers soient riches, et ils vaudront les seconds.

IV. Autres faits qui intéressent la moralité des ouvriers

D'abord, je dirai que partout ce sont les ouvriers nomades, les gens étrangers à la localité, les compagnons, les célibataires, tous ceux qui ne sont pas fixés au foyer domestique par la famille, qui ont en général les plus mauvaises mœurs, et font le plus rarement des épargnes. Il n'y a d'exception que pour le très petit nombre des travailleurs qui vont étudier les meilleurs procédés de leurs métiers dans différents pays. On conçoit, au surplus, que ceux qui ne voyagent point, mais qui restent toujours dans le même lieu, près de leurs parents ou des amis de leur enfance, en craignent la censure, et échappent davantage au contact des mauvais sujets, par conséquent à leur funeste influence. Ceci explique déjà comment, dans une même ville, les tisserands qui travaillent chez eux sont ordinairement moins intempérants, ont une meilleure conduite que les ouvriers des filatures ou des grandes usines. D'ailleurs, la modicité de leurs gains ne leur permettrait pas de faire les mêmes dépenses.

C'est ici le lieu de rendre justice aux bonnes qualités des femmes d'ouvriers. On croit trop généralement qu'elles sont des causes de dépenses et de consommation pour leurs maris. Loin qu'il en soit toujours ainsi, elles se montrent généralement très sobres, très laborieuses, très économes, lors même qu'elles avaient les défauts contraires avant de se marier. En entrant en ménage elles deviennent communément rangées, et le nombre des hommes qui, sans elles, s'abrutiraient dans l'ivrognerie et la débauche, est très considérable. Beaucoup d'entre elles obtiennent ce résultat en se faisant remettre chaque samedi soir, moins une petite part, les gains de la semaine que leurs maris viennent de recevoir. Il est aussi très ordinaire, on l'a vu ailleurs, que l'ouvrier marié assigne chaque semaine à sa femme, sur les gains réunis du mariage, une certaine somme pour les dépenses de la famille, et en réserve l'excédent pour son propre plaisir. Il ne faut pas en conclure cependant que les mariages précoces des ouvriers soient communément ce qu'il y a de plus favorable pour eux. Il naît beaucoup d'enfants de ces unions, qui deviennent ainsi une cause fréquente de misère excessive, mais qui préviennent aussi bien des désordres ; on ne saurait dire toujours de quel côté est l'avantage...

La règle des ateliers ne permet pas aux ouvriers à la journée de diminuer ou d'augmenter le nombre de leurs heures de travail ; elle les oblige tous à le commencer et à le finir ensemble. Mais les ouvriers à la tâche ou aux pièces peuvent ordinairement se reposer quand il leur plaît, et, s'ils le veulent, s'épuiser de fatigue pendant trois ou quatre jours, pour se livrer à d'autres excès le reste de la semaine. Cette liberté accordée presque partout, à des degrés divers cependant, aux ouvriers payés à la pièce ou à la tâche, tend à les démoraliser ; aussi, leur conduite est-elle généralement moins bonne que celle des ouvriers payés à la journée. Cette liberté excessive doit certainement compter pour beaucoup parmi les causes de mauvaises mœurs que l'on observe si fréquemment chez les ouvriers des ateliers dits de construction. Il est remarquable que parmi ces derniers, les plus vigoureux, les plus habiles, ceux

Louis-René Villermé

qui gagnent les meilleurs salaires, sont ordinairement les plus déréglés. Apportant une égale ardeur au plaisir comme au travail, ils passent souvent une moitié de leur vie à un labeur extrêmement pénible, et l'autre moitié dans de dégoûtantes orgies.

Le choix presque général du samedi comme jour de paie, est encore une cause de l'inconduite de l'ouvrier ; car s'il possède un peu d'argent, il cède inévitablement aux occasions de plaisir que lui présente le dimanche... je dois ajouter qu'il y a des maîtres qui évitent à leurs ouvriers les débauches de la moitié des dimanches et des lundis, en ne les payant que par quinzaine. D'un autre côté, le lendemain du jour de paie sera toujours, pour beaucoup d'entre eux, une journée de plaisir, de prodigalités, de déraison ; mais, s'il tombait au milieu de la semaine, un bien moindre nombre s'y laisserait aller, et le mal serait moins grand [1].

Si l'homme a besoin d'interrompre ses jours de travail et de peine par un jour de plaisir et de repos, il convient cependant que ce jour ne soit pas étendu au lendemain par l'ouvrier, et ne soit pas passé au cabaret. On a maintes fois proposé, pour en détourner les ouvriers, de les occuper le dimanche par des divertissements utiles à leur santé et par des études attrayantes dirigées de manière à les perfectionner dans leurs métiers, à leur donner avec des idées d'ordre, d'économie, et avec le sentiment religieux, l'instruction morale et intellectuelle. Mais ceux qui ont proposé ces moyens se font singulièrement illusion s'ils croient que des écoles et quelques spectacles, offerts les dimanches au peuple, puissent seuls et toujours le conduire au but. Des personnes recommandables connues des ouvriers, estimées, respectées par eux surtout, qui assisteraient à leurs jeux, à leurs divertissements, qui les présideraient, les dirigeraient avec adresse, feraient beaucoup plus de bien et leur seraient plus utiles. Malheureusement, c'est ce qu'on ne voit jamais ou presque jamais.

Il faut avant tout, à l'exemple de l'agriculteur qui prépare son champ pour l'ensemencer, préparer le peuple à bien recevoir l'instruction et la direction morale qu'on veut lui donner, c'est-à-dire, gagner sa confiance. Lorsque ses préceptes religieux se sont emparés d'elle

---

1 Si tous les ouvriers travaillaient le dimanche, comme les six autres jours, leur salaire de la semaine ne serait très probablement pas augmenté ; car ce qui le règle pour les moins habiles, c'est la dépense strictement nécessaire à leur entretien.

par l'intérêt véritable et affectueux qu'ils ont montré à l'ouvrier, ils peuvent, comme le dit M. Guizot, *s'appliquer à détacher de la terre sa pensée, et à porter en haut ses désirs et ses espérances pour les contenir et les calmer ici-bas.* Car il faut bien l'avouer, la plus grande consolation du peuple, son frein le plus puissant, c'est la croyance d'une vie à venir avec ses peines et ses récompenses. Le seul doute qu'après la mort il n'y a rien, le rend immoral, excuse à ses yeux les passions les plus égoïstes, les plus matérielles, si je puis m'exprimer ainsi, et les plus nuisibles à l'ordre social.

Puisque j'y suis amené par mon sujet, je dirai qu'il n'est point vrai, que la religion ne soit plus partout en France, comme le soutiennent beaucoup de personnes, qu'un vain mot, et que dans les campagnes même elle ait perdu son empire. Cela peut être à Paris et autour de cette capitale, dans un rayon malheureusement trop étendu ; cela peut être encore dans quelques grandes villes et dans leur voisinage. Mais nos départements du midi, ceux de la Bretagne, de la Vendée, la plupart des autres, et même les villes manufacturières de Sedan, de Nîmes, de Lodève, de Saint-Étienne, de Tarare, etc., ont conservé des sentiments religieux fort sincères ; et, avec ces sentiments, les ouvriers y ont aussi de meilleures mœurs.

On s'exagère donc beaucoup les progrès de l'irréligion en France. Il en est de même de l'intempérance... Mais le libertinage, le concubinage et la prostitution *paraissent* être plus communs. Je n'ai trouvé au surplus, chez nos ouvriers, qu'une seule vertu qu'ils possédassent à un plus haut degré que les classes sociales plus heureuses : c'est une disposition naturelle à aider, à secourir les autres dans toute espèce de besoins. ... On leur a quelquefois reproché d'être toujours prêts à menacer la tranquillité publique, et, il faut en convenir, les événements qui ont suivi la révolution de 1830, à Paris, à Lyon, et dans quelques autres villes, semblent justifier cette opinion : la misère, dit-on, est la cause principale de ces dispositions turbulentes et dangereuses. Remarquons pourtant que ce n'était pas dans leurs plus mauvais jours qu'ils ont été les plus menaçants. Soit qu'ils aient appris, par l'exemple même de la révolution de 1830, et par celui des événements de Paris et de Lyon, que les émeutes sont ennemies du commerce, paralysent l'industrie, font fermer les ateliers, soit pour, toute autre cause,

Louis-René Villermé

toujours est-il que la crise si déplorable de 1836 et 1837 n'a pas été accompagnée en France, des scènes de troubles auxquelles on s'attendait. Il faut le dire, le répéter à la louange de la classe ouvrière : partout, durant cette crise, elle s'est résignée avec une sagesse qui lui a valu de ne pas aggraver son malheur. La conduite quelle a tenue alors est la preuve du bon sens des masses populaires, et de l'intelligence parfaite qu'elles ont très souvent, chez nous, de leurs intérêts véritables, quand de perfides conseils ne viennent pas les abuser...

J'ai consulté, dans les pays de manufactures, un très grand nombre de personnes. Toutes, ou à-peu-près, n'ont d'espoir que dans les fabricants, et sont convaincues de l'impossibilité d'améliorer les mœurs et par suite la condition matérielle des ouvriers, aussi longtemps que les maîtres ne s'y appliqueront pas tous ou presque tous à-la-fois dans le même pays. Mais la plupart de ces personnes désespèrent de voir les fabricants et les entrepreneurs d'ouvrage s'unir à jamais entre eux, dans ce but. Selon elles, l'indifférence de ceux-ci, l'égoïsme de ceux-là, la persuasion où sont les uns que leurs tentatives seraient inutiles, et les avantages particuliers que les autres croiront trouver à ne pas s'associer à l'entreprise commune, s'y opposeront toujours. Selon elles encore, M. Owen a bien pu, pendant qu'il était à New-Lanark, en Écosse, soumettre ses travailleurs à la sévérité de son règlement et améliorer ainsi leur condition : il n'y avait pas là d'autre manufacture que la sienne, et sa volonté toujours ferme, toujours intelligente, toujours bienfaisante, y faisait seule la loi. Je ne répéterai pas ici ce qui se passe à Mulhouse, à Wesserling, à Guebwiller, etc., dans le département du Haut-Rhin, à la Sauvagère, à Tarare, dans celui du Rhône, etc. parce que, dans ces différents endroits, il n'y a pas d'association entre les chefs de manufactures, et que chacun, poussé par sa conscience, agit isolément... Mais les fabricants de Sedan s'entendent pour combattre et repousser l'ivrognerie de leurs ateliers, et ils en obtiennent le plus heureux résultat...

Mais, presque partout, ce concours paraît devoir être bien difficile. Je pourrais nommer des villes où des fabricants honorables, des magistrats, des membres de conseils municipaux, et d'autres personnes non moins dignes de foi, m'ont dit avoir entendu des chefs de maisons, surtout de maisons récentes et encore mal affermies, avouer, que loin de vouloir donner à la classe ouvrière de bonnes habitudes, ils faisaient des vœux au contraire pour que l'ivrognerie et la mauvaise conduite s'étendissent à tous les individus qui la composent : de cette manière aucun d'eux ne pourrait sortir de sa condition, aucun ne pourrait s'élever au rang de fabricant, ni par conséquent leur faire concurrence. Enfin, n'ai-je pas moi-même entendu un pareil langage sortir de la bouche d'anciens ouvriers devenus petits fabricants.

Je le demande, comment, en présence de ces faits, compter sur la sollicitude des chefs de l'industrie pour améliorer la position morale et matérielle de leurs travailleurs ? Quant à moi, je ne l'espère que partiellement. Pour que cette sollicitude devînt générale parmi les maîtres, il faudrait que la plupart y vissent leur intérêt...

Chapitre III
Durée journalière du travail

Cette durée est très longue, excepté dans les temps de crise : la journée est ordinairement, pour tous les ouvriers employés dans les ateliers des manufactures de coton et de laine, de quinze heures à quinze heures et demie, sur lesquelles on en exige treize de travail effectif, terme moyen...

Dans un rapport fait à la Société Industrielle de Mulhouse, le 27 février 1827, on établissait que la durée journalière du travail, dans les filatures, était ordinairement de treize ou quatorze heures, pour les enfants comme pour des adultes ; et dans un autre rapport fait à la même société, le 31 mai 1837, on trouve ces paroles remarquables : « Il est des filatures en France qui retiennent leurs ouvriers pendant dix-sept heures par jour, et les seuls moments de repos pendant ces dix-sept heures, sont une demi-heure pour le déjeûner et une heure pour le dîner, ce qui laisse quinze heures et demie de travail effectif. »

Je dois le dire : je n'ai pas vu une seule manufacture de coton où le travail habituel fut aussi long pour les ouvriers à la journée. Mais il l'est très souvent pour les tisserands à la main qui travaillent chez eux en famille. Que ceux-ci fabriquent des étoffes de coton, de laine ou de soie, ils restent ordinairement courbés quatorze à seize

Louis-René Villermé

heures par jour sur leurs métiers, et même jusqu'à dix-sept. En général, ce labeur est en raison inverse du salaire qu'ils reçoivent : moins ils gagnent, plus il dure.

Dans les temps de grandes commandes ou de presse, le travail des manufactures se prolonge quelquefois toute la nuit du samedi au dimanche. Mais c'est une exception, et, le plus souvent, alors, au lieu de faire passer la nuit aux ouvriers, on les fait revenir le dimanche matin, pour les garder jusqu'à midi. Enfin, il y a des manufactures, mais en bien petit nombre, qui marchent tous les jours pendant vingt-quatre heures : on a, dans ce cas, deux troupes d'ouvriers, qui d'ordinaire travaillent alternativement une semaine de jour et une semaine de nuit.

Ces durées paraissent bien longues, je pourrais dire excessives, et d'autant plus qu'elles sont semblables pour tous les ouvriers, n'importe leur âge. Aussi sont-elles une des causes, si même ce n'est la principale, de l'état de souffrance des enfants, et d'une partie des adultes les plus pauvres.

Quelque triste que soit la condition de ceux-ci, celle des enfants employés dans un très grand nombre de nos manufactures doit surtout nous émouvoir ; car, trop souvent victimes des débauches et de l'imprévoyance des parents, ils ne méritent jamais leur malheur.

En Alsace, beaucoup de ces jeunes infortunés appartiennent à des familles suisses ou allemandes entièrement ruinées, que l'espoir d'un sort meilleur y attire, et qui viennent faire concurrence aux habitants du pays. Leur premier soin, après s'être procuré du travail, est de chercher un logement ; mais on a vu que le taux élevé des loyers, dans les villes où sont les manufactures et dans les villages les plus voisins, les force souvent d'aller s'établir à une lieue de distance, et même jusqu'à une lieue et demie.

Il faut donc que les enfants, dont beaucoup ont à peine sept ans, quelques-uns moins encore, abrègent leur sommeil et leur repos, de tout le temps qu'ils doivent employer à parcourir deux fois par jour cette longue et fatigante route, le matin pour gagner l'atelier, le soir pour retourner chez leurs parents. Plus que partout ailleurs cette dernière cause de souffrance s'observe à Mulhouse, ville qui, malgré son rapide accroissement, ne peut loger tous ceux qu'appellent sans cesse ses manufactures. Aussi, est-ce un spectacle bien affligeant que celui des ouvriers qui, chaque matin, y arrivent de tous côtés. Il faut voir cette multitude d'enfants maigres, hâves, couverts de haillons, qui s'y rendent pieds nus par la pluie et la boue, portant à la main, et quand il pleut, sous leur vêtement devenu imperméable par l'huile des métiers tombée sur eux, le morceau de pain qui doit les nourrir jusqu'à leur retour.

Les enfants employés dans les autres filatures et tissages de coton du Haut-Rhin et dans les établissements de même nature du reste de la France, ne sont pas, en général, il est vrai, aussi malheureux ; mais partout pâles, énervés, lents dans leurs mouvements, tranquilles dans leurs yeux, ils offrent un extérieur de misère, de souffrance, d'abattement, qui contraste avec le teint fleuri, l'embonpoint, la pétulance et tous les signes d'une brillante santé, qu'on remarque chez les enfants du même âge, chaque fois que l'on quitte un lieu de manufactures pour entrer dans un canton agricole.

Ces maux sont d'autant plus à déplorer, que les machines si admirables des manufactures actuelles, en permettant de remplacer avec avantage une grande partie des adultes par des enfants, augmentent nécessairement le nombre de ceux-ci dans les ateliers en même temps qu'elles retirent de plus en plus la fabrication des mains des agriculteurs. Mais, on l'a déjà dit, l'industrie, ainsi concentrée dans les villes, y crée une nouvelle classe dont le sort, plus instable que celui des ouvriers de l'agriculture, parce qu'il est soumis à toutes les vicissitudes, à toutes les crises du commerce, serait cependant plus heureux, dans les temps ordinaires, que le sort de ces derniers, s'ils en avaient toujours les mœurs, l'ordre et l'esprit de prévoyance.

Afin de faire mieux sentir combien est trop longue la journée des enfants dans les ateliers, rappellerai-je ici que l'usage et les règlements fixent pour tous les travaux, même pour ceux des forçats, la journée de présence à douze heures, réduite à dix par le temps des repas ; tandis que pour les ouvriers qui nous occupent, sa durée est de quinze à quinze heures et demie, sur lesquelles il y en a treize à treize et demie de travail effectif. Quelle différence !

On m'objectera peut-être que le travail d'un maçon d'un charpentier, d'un manœuvre, est plus fatigant. Mais ces hommes,

Louis-René Villermé

dans la force de l'âge, gagnent un salaire suffisant pour se bien nourrir ; et ceux dont j'expose ici les souffrances sont de pauvres enfants de six à treize ans, en proie à tous les besoins, et dont une partie est d'ailleurs exposée, par la nature même de ses occupations, à une évidente insalubrité.

Toutefois, il y aurait de l'injustice à ne pas faire observer ici, qu'il ne faut point, sous ce rapport, confondre les manufactures de laine avec celles de coton. Dans les unes et les autres, il est vrai, la durée du travail est communément la même ; mais dans les manufactures de laine, les enfants sont, presque partout, plus âgés de deux ou trois ans que dans les manufactures de coton. Cette seule différence d'âge expliquerait celle qui s'observe dans leur santé. Mais d'autres conditions encore concourent ordinairement à rendre les enfants des premières mieux portants que ceux des secondes : leurs ateliers n'offrent aucune cause particulière d'insalubrité, leurs gains sont un peu plus élevés, et la gêne moins grande des parents permet à ceux-ci de leur donner une meilleure nourriture.

Les deux industries n'exigent guère, il est vrai, de la part des enfants, qu'une simple surveillance. Mais pour tous la fatigue résulte d'une station beaucoup trop prolongée. Ils restent seize à dix-sept heures debout chaque jour, dont treize au moins dans une pièce fermée, sans presque changer de place ni d'attitude. Ce n'est plus là un travail, une tâche, c'est une torture ; et on l'inflige à des enfants de six à huit ans, mal nourris, mal vêtus, obligés de parcourir, dès cinq heures du matin, la longue distance qui les sépare de leurs ateliers, et qu'achève d'épuiser, le soir, leur retour de ces mêmes ateliers. Comment ces infortunés, qui peuvent à peine goûter quelques instants de sommeil, résisteraient-ils à tant de misère et de fatigue ? C'est ce long supplice de tous les jours qui ruine principalement leur santé dans les filatures de coton, et plus encore à Mulhouse et à Thann qu'ailleurs, à cause des conditions dans lesquelles ils vivent. Et pourtant, je me plais à le proclamer, l'humanité des fabricants d'Alsace a tenté de mettre fin à ce déplorable abus.

Mais que peut leur désintéressement isolé ? Beaucoup signalent eux-mêmes les faits que je viens de rapporter, en gémissent et appellent de tous leurs vœux un remède à un si grand mal, qu'ils sont cependant forcés de conserver dans leurs propres ateliers.

Et, en effet, à quelles conditions leur est-il permis de diminuer la durée trop longue du travail des enfants ? — en diminuant aussi le salaire, ou en le conservant intact. — Dans le premier cas, les parents, enverront leurs enfants travailler dans des fabriques, d'où, au prix de leur santé, ils rapporteront quelques centimes de plus. Dans le second, les fabricants ne pourront plus soutenir la concurrence. Dans les deux cas, leur ruine est également certaine... Le remède au dépérissement des enfants dans les manufactures, à l'abus homicide qu'on en fait, ne saurait donc se trouver que dans une loi ou un règlement qui fixerait, d'après l'âge de ces ouvriers, un maximum à la durée journalière du travail...

Des fabricants du Haut-Rhin signalèrent eux-mêmes, dès l'année 1827, le dépérissement rapide des enfants dans les manufactures de coton. M. Jean-Jacques Bourcart, copropriétaire de la belle filature de MM. Nicolas Schlumberger et compagnie, appela le premier l'attention de la Société Industrielle de Mulhouse sur une aussi importante question. Et, sans doute, ceux qui écriront l'histoire de l'industrie en France, n'oublieront pas de le faire remarquer.

Vers le même temps, ou peut-être un peu avant M. Bourcart, un médecin, ami zélé de l'humanité, M. le docteur Jean Gerspach, de Thann, avait traité cet intéressant sujet. Mais sa voix ne pouvait avoir le même poids que celle d'un manufacturier plaidant contre des manufacturiers contre son propre intérêt et le leur, et appuyé par plusieurs d'entre eux. On aime à lire dans les bulletins de la Société Industrielle de Mulhouse, les détails de la discussion provoquée par M. Bourcart, à la suite de laquelle on reconnut que la santé des jeunes travailleurs dans les fabriques de coton, mais surtout dans les filatures, se trouve soumise à une influence *délétère.* On différa seulement dans l'explication de ce fait : les uns l'attribuant à des *habitations et à une nourriture malsaines,* à des excès *auxquels se livrent de bonne heure les ouvriers,* les autres aux *vapeurs,* aux *émanations* qui s'exhalent des matières premières et qui sont aussi produites par le grand nombre de ceux dont elles exigent la main-d'œuvre.

Mais on comprend si bien, dans cette Société, quelle est la principale cause du mal, qu'on y a plus d'une fois exprimé le besoin d'une loi qui limiterait comme en Angleterre, la durée trop longue du travail, et ne permettrait plus de le prolonger pendant la nuit... La chambre de commerce de cette ville a émis le même vœu dans une adresse au ministre du commerce ; et le conseil général du Haut-Rhin, dans plusieurs sessions, a demandé que la loi fixât encore l'âge auquel les enfants pourront être reçus dans les manufactures.

Il est difficile, en présence de nombreux et si graves témoignages, de ne pas croire à l'altération profonde de la santé de ces jeunes travailleurs, et, par conséquent, à l'immense bienfait qui résulterait pour eux de l'adoption de la mesure législative dont il vient d'être parlé... Le ministre du commerce adressa des questions aux chambres de commerce, aux chambres consultatives et aux conseils de prud'hommes du royaume. Une analyse de leurs réponses est venue confirmer pleinement les assertions émises plus haut. Il en résulte que la durée du travail effectif des enfants est de douze à quatorze heures par jour dans les ateliers, sans comprendre une heure et demie ou deux heures pour les repas, et que, relativement à l'âge, on les admet « depuis six ans dans quelques localités des départements de l'Isère, du Nord (Roubaix), du Haut-Rhin (Mulhouse), de la Seine-Inférieure (Rouen), du Bas-Rhin, (Strasbourg) ; depuis sept ans dans ceux de l'Ain, de l'Aisne, de la Marne, de l'Indre, de Maine-et-Loire, des Vosges. Mais, en général, ajoute-t-on, on peut regarder huit et neuf ans comme étant l'âge auquel les enfants sont communément reçus ; et à six ou sept ans les travaux paraissent se borner à bobiner le fil ou à ramasser le coton qui s'échappe des ventilateurs. »

Enfin, le conseil général du commerce, composé des plus hautes notabilités industrielles de toute la France et qui avait été consulté par le ministre sur la condition des enfants dans les fabriques, a émis l'avis qu'ils ne puissent, à l'avenir, être reçus au-dessous de huit ans dans les ateliers, et que leur travail, jusqu'à l'âge de quinze ans, ne soit jamais de plus de douze heures.

Tel est le mal, tel est aussi le remède proposé. Mais ce dernier paraît être d'une application difficile ; car on n'aperçoit pas d'abord comment on peut limiter la durée du travail des enfants sans limiter en même temps celle du travail des adultes auxquels ils servent fréquemment d'aides. D'un autre côté, réduire la journée d'un ouvrier, c'est réduire son salaire, et réduire son salaire, c'est souvent lui ôter les moyens de vivre... Presque tous ceux, et ils sont en grand nombre, qui cherchent dans le salaire de leurs enfants un supplément obligé à leur propre salaire, seront contre la mesure. Et d'ailleurs, il y a souvent dans l'industrie, des temps de gêne pendant lesquels les fabricants doivent nécessairement, pour éviter une ruine certaine, et pour ne pas ôter tout moyen d'existence à leurs ouvriers, baisser les salaires, ou bien exiger, pour le même salaire, une plus longue durée de travail, et eux seuls, sont juges dans ces cas. Mais des circonstances extraordinaires ne prouvent rien contre l'utilité d'une loi destinée à prévenir, selon les propres mots faits à la Société Industrielle de Mulhouse, *le dépérissement effrayant de la génération qui se développe...*

Un savant économiste, M. Nassau W. Senior, a publié des recherches du plus grand intérêt. Il résulte de son écrit que dans les manufactures dont il s'agit, où la loi anglaise ne permet pas de travailler, terme moyen, plus de onze heures et demie par jour, avec des ouvriers âgés de moins de dix-huit ans, tout le profit net serait fourni seulement par la dernière heure. Par conséquent, si, les prix restant les mêmes, on travaillait chaque jour treize heures au lieu de onze et demie, le profit serait plus que doublé ; et il y aurait perte, au contraire, si, réduisant d'une heure et demie la durée du travail, celle-ci n'était plus que de dix heures comme on le proposait. On ne saurait donc, dans cette supposition, limiter à dix heures la journée de travail sans ruiner bientôt tous les filateurs d'outre-Manche...

Le système des *relais,* ou de deux services, de deux troupes d'enfants se remplaçant chaque jour dans le travail, dont les uns commencent la journée et les autres la finissent, est le meilleur moyen de concilier à-la-fois l'intérêt de ces enfants (leur éducation et leur santé), et celui des maîtres de manufactures... J'ajouterai que j'ai vu ces relais réalisés en partie à Guebwiller, dans la belle filature de M. Nicolas Schlumberger, dans une autre du canton suisse d'Argovie, et que, dans les manufactures de l'Angleterre où on ne les a pas encore adoptés, l'usage est d'employer les enfants au-dessous de treize ans pendant les huit premières heures, et de marcher ensuite sans eux, comme on le peut, pendant les quatre dernières... [1]

---

1 En effet, des enfants que l'on fait passer tous successivement à l'école pendant que d'autres font leur besogne, et qui, au sortir de l'école, y sont remplacés à leur tour par

Cette loi ou le règlement qui la remplacerait, qu'il me soit permis de le dire en terminant, devrait concilier des intérêts opposés, celui des fabricants, celui des ouvriers, et ne pas trop accorder à l'un de peur de nuire à l'autre. Il serait encore à désirer que l'on pût y faire entrer quelque article favorable à l'instruction des enfants, et, surtout, à leur éducation morale. C'est en rendant obligatoire leur assiduité à l'école, que l'on peut le mieux résoudre le problème difficile de limiter leur emploi dans les manufactures, jusqu'à un certain âge.

Retrancher sur le temps de leur présence dans les ateliers, comme je l'ai vu pratiquer dans quelques manufactures de Suisse et d'Alsace, quelques instants qui seraient consacrés à l'étude, ce serait ajouter à leur avenir une nouvelle chance de bonheur, sans nuire à l'intérêt des fabricants. On éviterait ainsi le grave reproche d'avoir toléré, favorisé même une exploitation homicide, et l'on permettrait l'entier développement des enfants qu'entrave leur trop long travail, et qui, devenus un jour hommes faits, récompenseraient la patrie, par leurs services, de la protection qu'elle leur aurait accordée dans l'âge de leur faiblesse.

Chapitre IV
Enfants employés dans les manufactures
(Suite du chapitre précédent)

La fabrication des fils et étoffes de laine ou de coton était disséminée autrefois dans les campagnes, et pour ainsi dire dans chaque maison, comme l'est encore, dans toute la France et dans presque toute l'Europe, celle des fils et toiles de lin ou de chanvre. Mais le métier d'Arkwright et les autres machines modernes plus perfectionnées, qui servent à filer ou à tisser, ont fait concentrer les manufactures de laine ou de coton dans de grandes usines que font marcher des chutes d'eau ou des pompes à feu. La force des chevaux n'est même plus, ou n'est que rarement employée. Ce changement en a entraîné d'autres : le travail d'un grand nombre d'adultes a été remplacé par celui des enfants, et ce dernier système a donné lieu aux graves abus dont j'ai parlé dans le chapitre précédent,

---

ceux dont ils prennent le travail dans les ateliers, ne sont, à bien dire, que des relais.

et contre lesquels des plaintes énergiques se sont élevées dans la Grande-Bretagne depuis la fin du dix-huitième siècle. Ces plaintes, qu'elles aient été ou n'aient pas été exagérées, montrent sous un aspect effrayant la condition des enfants dans les manufactures de coton. C'était au reste en Angleterre, pays le plus manufacturier du monde, et qui a devancé tous les autres dans l'art de la filature, que l'on devait s'apercevoir d'abord des conséquences du nouveau système.

Je ne veux pas revenir ici sur des faits connus, mais pour ne rien laisser à désirer sur ceux qui concernent les enfants, je crois devoir examiner ici le *Rapport* mentionné plus haut, du *bureau des manufactures* de notre ministère du commerce. J'en supprime les passages qui ne modifient en rien ce que l'on sait déjà.

Le salaire des enfants varie en raison de leur âge, de leur force ou de leur habileté, entre 25 et 75 centimes. Il s'augmente communément d'un sou par jour pour chaque année, jusqu'à l'âge de dix-sept ou dix-huit ans.

En général, le travail de nuit est, pour les enfants, une cause de *grande démoralisation*. On croit avoir remarqué que ceux qui, dans les ateliers, ne restent pas sous l'inspection de leurs parents, prennent plus que les autres des idées d'indépendance et des habitudes de désordre, surtout s'ils gagnent de bons salaires. Ceux qui sont employés avec leurs pères et mères, dans les fabriques, forment depuis un dixième jusqu'à la moitié des jeunes travailleurs, et, proportion commune, le tiers. Mais ceux-là même ne servent pas tous de rattacheurs ou d'aides à leurs parents. D'un autre côté, beaucoup de ces derniers les placent par calcul dans d'autres manufactures que celles où ils travaillent eux-mêmes, afin que, si celles-ci s'arrêtent, toute la famille ne se trouve pas à-la-fois sans ouvrage.

Les renseignements s'accordent tous, au reste, pour établir que l'instruction des enfants qui ont été admis dans les ateliers dès l'âge de six ans est nulle, et qu'ordinairement ceux qui sont reçus avant dix ou onze ans, ne savent ni lire ni écrire. On a bien ouvert quelques écoles du soir et du dimanche ; mais des enfants fatigués par un labeur de douze ou quatorze heures, ou par le travail de la nuit précédente, ne sont pas en état d'en suivre les leçons avec fruit.

Louis-René Villermé

L'indifférence des parents à cet égard est d'ailleurs communément très grande. Quant à l'instruction religieuse, on lui accorde, en général assure-t-on, le temps nécessaire.

Au surplus, les enfants employés dans les manufactures laissent partout à désirer sous le rapport moral, surtout lorsqu'on les y reçoit très jeunes. Ainsi, les plaintes sont vives et unanimes dans les départements de l'Aisne, de l'Isère, de Maine-et-Loire, du Nord, du Bas-Rhin, de la Seine-Inférieure et des Vosges, où on les admet à travailler depuis l'âge de six à sept ans. On déclare, par exemple, dans l'Isère, que l'immoralité est à son comble ; dans l'Aisne, que les enfants, à la sortie des ateliers, ont perdu toute idée de retenue. Dans le Nord, on cite des faits dont on ne peut malheureusement pas douter, et que l'on attribue à différentes causes ; à Lille, ville de guerre comme de manufactures, dont les portes se ferment trop tôt pour que les ouvriers puissent chercher au dehors une habitation moins chère et plus spacieuse, ils logent en commun dans des chambres, où ils couchent souvent tous sur le même lit et *vivent en Bohémiens,* etc.

Mais cet état de choses est-il le résultat de la vie des fabriques ? Dans le rapport mentionné plus haut, la réponse est négative ; car les enfants oisifs des villes sont encore les plus corrompus... Sans doute la funeste influence des familles est bien réelle, et peut-être doit-elle être réputée la première de toutes en intensité comme en date. Mais comment concilier le sens absolu de ce passage avec ce qu'on lit un peu plus haut, que les enfants qui travaillent hors de la surveillance de leurs parents, prennent plus que les autres des idées d'indépendance et des habitudes de désordre ? Et ces parents eux-mêmes ne sont-ils pas souvent dépravés dans les manufactures, où ils avaient été reçus dès leur jeunesse ? Mais supposons que le séjour des villes corrompe seul les mœurs de la classe ouvrière, toujours est-il que les ateliers y ont une grande part en agglomérant autour d'eux la population partout où ils existent, en créant ainsi des villes, et souvent des villes très populeuses. Et qu'importe alors que le mal provienne directement des manufactures, ou indirectement, s'il n'en est pas moins la conséquence ? Que dis-je ? dans cet exemple, l'effet indirect s'ajoute à l'effet direct, et ils se fortifient l'un par l'autre.

Quant à la comparaison faite entre des enfants qui vivent oisifs dans les rues des villes, et d'autres qui travaillent dans les grands ateliers, elle ne prouve qu'une chose que l'on savait déjà très bien : c'est qu'il vaut mieux, sous le rapport moral, employer les enfants dans les manufactures que les laisser vagabonder toute la journée sur la voie publique...

On n'exerce pas de mauvais traitements envers les enfants dans nos manufactures, c'est-à-dire, qu'on ne les bat point. Les maîtres le défendent... J'ai pu me convaincre que s'il y a des maîtres qui tolèrent qu'on frappe les enfants, la grande majorité ne le souffre point, surtout parmi les riches fabricants. Mais beaucoup de contremaîtres et de simples ouvriers m'ont avoué qu'ils les battaient, et même m'ont soutenu que l'emploi de ce moyen est très souvent nécessaire... Parmi les ouvriers qui frappent les enfants, il y a des hommes d'une moralité irréprochable, auxquels il paraît légitime et même tout simple, après avoir été battus autrefois, de dresser leurs jeunes aides comme ils ont été dressés eux-mêmes.

Cette considération ôte aux faits dont il s'agit leur caractère de cruauté. Il en est encore une autre que je ne dois pas omettre : c'est que quand même les enfants ne seraient pas employés dans les manufactures, ils subiraient les mêmes mauvais traitements. C'est là le malheur de leur naissance et le résultat des habitudes grossières et brutales de la classe du peuple à laquelle ils appartiennent. Par conséquent, il ne faut point en accuser l'industrie seule. Il faut surtout s'en remettre aux progrès des mœurs pour voir disparaître ces mauvais traitements, ainsi que plusieurs des maux qui pèsent sur la population ouvrière.

Tels sont, en résumé, sur la condition physique et morale des enfants dans nos grandes fabriques, les faits dont je devais parler. Il ne faut pas oublier que la plupart ont été fournis par les chambres de commerce, les chambres consultatives et les conseils de prud'hommes de tous les départements de la France, c'est-à-dire, par des fabricants, des négociants, des commerçants ou des hommes qui l'ont été autrefois.

Les mêmes chambres, les mêmes conseils ont encore été consultés par le ministre pour savoir quels moyens, quels changements *praticables* pourraient améliorer la condition des enfants de nos fabriques. De là une série de questions nouvelles qui n'ont plus

Louis-René Villermé

pour objet des faits à constater, mais des opinions à émettre. Voici, toujours d'après le rapport du bureau des manufactures, l'analyse des réponses à ces nouvelles questions :

Première question : Depuis quel âge les enfants seront-ils reçus dans les fabriques ?

Les avis sont partagés entre neuf et dix ans ; mais « on pense généralement qu'à neuf ans un enfant peut être admis dans les établissements mus par l'eau ou la vapeur, sous la condition toutefois de justifier qu'il a fréquenté l'école pendant trois ans ». Tout le monde, au surplus, reconnaît que l'emploi des enfants dans les ateliers industriels est d'une nécessité absolue : c'est d'abord une économie, et d'ailleurs « la tâche qui leur est confiée exige une délicatesse dans les doigts pour rattacher les fils et une souplesse du corps pour se glisser sous les métiers, qu'on ne rencontre pas chez les adultes. »

Deuxième question : La durée du travail sera-t-elle graduée suivant l'âge ?

« Les réponses sont très diverses sur cette question. Dans quelques départements on dit que cette progression est impossible ; dans d'autres on la désire, mais on ne sait comment y arriver. Ailleurs, enfin, on reconnaît la nécessité que cela soit ainsi. » On demande en outre que le travail soit rigoureusement interdit le dimanche.

Ceux qui pensent qu'il est impossible de graduer le travail d'après l'âge, se fondent sur ce que, dans un établissement mu par l'eau ou la vapeur, tous les travaux se tiennent et se commandent, et qu'il n'est pas possible d'accorder du repos à un enfant sans y condamner l'ouvrier qui l'occupe. On propose, du reste, d'adopter, comme en Angleterre, deux durées pour le travail des enfants, une pour ceux de neuf a treize ans, et l'autre pour ceux de treize à dix-huit ans.

Troisième question : Leurs forces physiques devront-elles être en rapport avec l'âge, et leur constitution reconnue bonne et capable de supporter les fatigues de l'atelier ?

« Cela n'est pas nécessaire, car l'intérêt du maître étant de n'avoir que des enfants en état de bien travailler, il n'admettra pas ceux qui seraient trop faibles. » Dans beaucoup de localités, cependant, on demande que l'enfant ne soit reçu qu'avec un certificat du médecin.

Quatrième question : À quel âge l'adolescent pourra-t-il s'engager par lui ou par ses parents et tuteurs ?

À quinze ans, avec le consentement de ceux dont il dépend ; telle est la réponse la plus générale.

Cinquième question : Les veillées seront-elles interdites aux enfants et aux adolescents ?

« Oui, dans le triple intérêt de la santé, de la moralité et de l'instruction. Dans les localités où l'industrie a parfois de grands besoins à satisfaire, on demande que les veillées soient interdites aux enfants ayant moins de quinze ans, mais tolérées suivant les circonstances et avec l'agrément des autorités locales, pourvu qu'il soit justifié que l'on a recours à des adultes qui n'auraient pas travaillé de jour. D'ailleurs cette permission ne serait jamais accordée plus de deux fois par semaine. »

Sixième question : Les enfants seront-ils astreints à suivre les écoles ?

« On a déjà vu que partout, ou presque partout, en insistant pour que l'admission des enfants n'eût pas lieu dans les fabriques avant l'âge de neuf ans révolus, on s'est proposé, non-seulement l'intérêt de leur santé, mais encore celui de leur instruction ; sur ce dernier point il y a en quelque sorte unanimité dans les réponses... On veut contraindre, car l'usage et l'expérience attestent que si une disposition législative ne rend pas l'instruction obligatoire, si elle n'interdit pas l'entrée des ateliers aux enfants qui ne sauront ni lire ni écrire, jamais on n'atteindra parfaitement et avec ensemble le but qu'on doit se proposer. » On demande aussi que l'enfant de neuf ans qui aura été reçu dans les fabriques après avoir justifié qu'il sait lire et écrire, soit astreint à suivre encore les écoles au moins une à deux heures par jour, outre les leçons du dimanche, jusqu'à l'âge de treize ans ; et partout on reproduit avec instance le vœu d'une éducation religieuse.

Telle est la seconde partie de l'analyse des réponses faites aux questions de M. le ministre du commerce. D'après celles-ci, on ne devrait pas recevoir d'enfants dans les ateliers des manufactures avant leur neuvième année révolue. Mais cet âge n'est-il pas trop reculé pour leur admission ? les pauvres ont besoin que leurs enfants gagnent de bonne heure quelque argent. Ce qu'on doit se proposer, ce n'est pas d'empêcher les enfants de travailler, mais de veiller à ce que leur santé ne puisse être ruinée, et à ce qu'ils ne

Louis-René Villermé

soient pas victimes de calculs inhumains. Proportionnez donc le travail à leur âge ; qu'il soit seulement de quatre heures par jour pour les plus jeunes, et de six, de huit ou de dix heures pour les autres. De cette manière, des enfants de six à sept ans pourraient toujours être employés dans les grands ateliers.

... Et maintenant, si nous nous occupons de la question relative à l'instruction primaire, nous reconnaîtrons combien il est désirable que cette instruction s'étende à tout le monde. Mais il faut avouer aussi qu'on ne saurait l'exiger des enfants du pauvre qui se présentent à la porte des ateliers, avant que des écoles publiques où tous puissent aller l'acquérir aient été ouvertes *depuis un certain temps*. L'État ne la doit pas plus aux jeunes ouvriers de l'industrie manufacturière qu'aux fils de paysans qui se destinent à l'agriculture. Tout ce que pourrait peut-être l'administration sous ce rapport, serait de ne permettre d'élever de grandes usines, où travaillent beaucoup d'enfants, qu'à la charge d'y entretenir une école pour eux aux frais des fabricants. Si tout-à-coup aujourd'hui une loi interdisait l'entrée des manufactures aux enfants qui ne savent ni lire ni écrire, elle serait bientôt enfreinte, rapportée, ou regardée comme non avenue, car elle serait inexécutable.

Quant aux établissements auxquels devraient être appliquée la loi ou le règlement qui fixerait la durée du travail des enfants en raison de leur âge, ce seraient, du moins, je le pense, et l'avis en a été mentionné dans le rapport du bureau des manufactures, ce seraient, dis-je, tous les établissements où travailleraient des enfants, sans distinction d'industrie, lorsque ces industries y sont exercées en grand.

Chapitre V
Abus des avances d'argent faites sur les salaires des ouvriers

Cet abus est souvent très nuisible aux ouvriers qui travaillent aux pièces ou à la tâche, surtout aux tisserands.

Lorsque, par exemple, l'un d'eux s'établit, il est assez ordinaire qu'il emprunte, à titre d'avances sur le prix de sa main-d'œuvre, de l'argent à celui qui lui donne de l'ouvrage ; et il arrive fréquemment qu'il le dépense en débauches, avant même de commencer à tisser la pièce de toile dont on lui a confié le fil. Dans les temps de prospérité, le maître, qui a besoin d'ouvriers et cherche par tous les moyens à les conserver, se garde bien de réclamer cet argent, ou de le recouvrer peu-à-peu en faisant une retenue à l'ouvrier, si celui-ci ne le demande pas lui-même. Il sait avec quelle facilité son emprunteur, qui cesserait alors de travailler pour lui, trouverait de l'argent chez un autre fabricant. Beaucoup d'ouvriers, en effet, paient de cette manière, non sans augmenter très souvent leur dette, un premier prêteur avec l'argent d'un second, et ce dernier avec l'argent d'un troisième. Mais lorsque surviennent la stagnation du commerce, la gêne de la fabrique, toutes les avances cessent de la part du fabricant : non seulement il ne prête plus (ne craignant point alors qu'on embauche ses ouvriers), mais il fait même, sur les salaires de ceux auxquels il a prêté précédemment, des retenues telles que c'est à grand'peine s'ils peuvent vivre...

L'ouvrier qui a reçu ces avances ne peut, en cessant de travailler pour un maître, exiger la remise de son livret et la délivrance de son congé, qu'après avoir payé sa dette, soit en argent, soit par son travail. Il perd donc sa liberté. Mais je suppose que son livret et son congé lui soient remis avant qu'il ait remboursé les avances qui lui ont été faites ; la dette reste mentionnée, et l'expérience enseigne qu'un ouvrier dont le livret est chargé de dettes, trouve très difficilement un autre entrepreneur qui veuille l'occuper, parce que, aux termes de la loi, celui-ci est obligé de faire sur le salaire de l'ouvrier, et jusqu'à sa libération entière, une retenue au profit du créancier, et que la dette dont il est devenu solidaire l'assujettit à des formalités désagréables...

Nulle part, je crois, ces avances n'ont lieu aussi communément que dans les villes de Reims, d'Amiens et surtout de Sainte-Marie-aux-Mines. Dans cette dernière, les personnes les plus honnêtes et les plus éclairées m'en ont unanimement parlé comme de la cause la plus active de la misère et de la démoralisation des tisserands du pays. Elles attribuent ces résultats à ce que toute avance d'argent faite par un maître est déclarée par la loi créance privilégiée, et à ce que la jurisprudence du conseil des prud'hommes renforce cette loi autant qu'il est possible. La loi est rigoureuse sur ce point ;

Louis-René Villermé

elle a voulu prévenir l'embauchage des ouvriers, et elle a considéré que celui qui quitte un entrepreneur le fait doublement perdre, en ne le remboursant pas de la somme reçue et en le mettant dans l'impossibilité de satisfaire à ses commandes... Cet état de choses produit un esclavage particulier qui s'aggrave chaque fois qu'à l'imprévoyance du débiteur se joint la spéculation sans pitié du créancier, et il en résulte une exploitation révoltante de l'homme par l'homme...

En 1835, le conseil des prud'hommes de la ville de Reims émettait au ministre de la justice le vœu que tout fabricant ou chef d'atelier qui fait des avances d'argent à un ouvrier sur son salaire, ne pût inscrire sa créance sur le livret de celui-ci que pour une somme représentant huit journées de travail, laquelle ne dépasserait jamais 25 F. au maximum...

Les conséquences de tout cela sont :

— que beaucoup d'entrepreneurs d'ouvrage ne font des avances d'argent à des ouvriers que pour se ménager la possibilité de les faire travailler ensuite à des prix qui sont au-dessous des prix ordinaires de main-d'œuvre ;

— que la jurisprudence des conseils de prud'hommes, ou du moins de ceux sur lesquels j'ai pris des renseignements, favorise cet abus par une application, sinon exagérée, du moins bien rigoureuse de l'arrêté du gouvernement en date du 9 frimaire an XII ;

— et que, pour prévenir cet abus et ses déplorables conséquences sur la position des ouvriers, il faudrait fixer des limites bien déterminées et pas trop étendues, au privilège du maître qui fait des avances sur les salaires.

Attendre un règlement émané de l'autorité supérieure, serait s'exposer à de longs retards. Aussi, pour amener plus tôt l'amélioration qu'ils désirent, et pour se donner l'honneur d'avoir fait le bien sans y être forcés, les maîtres devraient d'eux-mêmes changer cet état de choses...

Chapitre VI
Du livret des ouvriers et des conseils de prud'hommes

Deuxième partie

162

Nous venons de voir comment les conseils de prud'hommes favorisent la spéculation de certains maîtres au détriment des ouvriers, par la large interprétation qu'ils donnent à la législation relative au livret, et combien les suites en sont déplorables pour la moralité et la condition des ouvriers... Quoi qu'il en soit, c'est avec raison que l'on attribue principalement au livret des ouvriers, le bon système de police qui régit aujourd'hui nos manufactures. Ce livret est peut-être le meilleur de tous les moyens qui ont été imaginés pour retenir les ouvriers, prévenir leur embauchage, les moraliser, et avoir une garantie de leur fidélité. Celui d'entre eux qui voyage sans en être porteur est réputé vagabond ; le livret lui donne pour ainsi dire un domicile ; s'il n'en est muni, peu de maîtres l'admettent dans leurs ateliers. C'est par son livret, c'est-à-dire par la suite des renseignements ou attestations qu'il contient sur sa vie d'ouvrier, écrits par les différents maîtres qui l'ont successivement employé, qu'il justifie de sa probité, de sa bonne conduite ; aussi les bons ouvriers, les ouvriers honnêtes sont-ils très attachés à leur livret...

Il ne suffisait pas d'avoir établi ces règles ; il fallait encore une autorité arbitrale pour concilier, immédiatement et sans frais, les contestations qui s'élèvent chaque jour entre les maîtres et leurs ouvriers, ou bien entre les contremaîtres, compagnons et apprentis. C'est pour cela qu'ont été créés les conseils de prud'hommes, qui sont, à l'égard des tribunaux de commerce, et mieux encore, ce que sont les justices de paix à l'égard des tribunaux de première instance. Il faut admirer surtout, dans ces conseils, la pensée qui a voulu les ériger en tribunaux de conciliation, sans les assujettir aux formes lentes des tribunaux ordinaires...

Deux classes de membres composent les conseils de prud'hommes : celle des négociants-fabricants, et celle des ouvriers ou chefs d'atelier payant patente, élus les uns et les autres par leurs pairs. Mais la difficulté, l'impossibilité de trouver, dans beaucoup de pays, des chefs d'atelier patentés et non fabricants, ne permet pas d'en introduire dans tous les conseils de prud'hommes. On considère alors comme chefs d'atelier, pour les faire concourir à la composition de ces conseils, les maîtres teinturiers et d'autres entrepreneurs d'opérations réputées accessoires, qui ont tous les mêmes intérêts que les fabricants...

Louis-René Villermé

L'avantage d'introduire dans ces conseils des ouvriers avec les fabricants est bien évident : les premiers s'efforcent de ne pas rester en dessous des seconds ; le respect qu'on leur porte fait qu'ils se respectent eux-mêmes. Il y a là une cause de moralité et en même temps une garantie pour la tranquillité publique, par l'action salutaire que des ouvriers, élevés jusqu'aux fonctions d'arbitres et de juges, en contact habituel avec les chefs d'industrie et recevant l'impulsion de ces chefs, exercent sur leurs camarades...

Chapitre VII
Institutions sociales en faveur des ouvriers

Les institutions sont impuissantes contre la misère produite par la paresse, l'imprévoyance, la débauche ; mais elles peuvent atténuer, retarder ou bien même prévenir la misère qui résulte d'une maladie, d'un renchérissement des denrées, d'une diminution dans le prix de la main-d'œuvre, ou d'une interruption dans le travail, en offrant à l'ouvrier laborieux, sobre, économe, la facilité de rendre sa condition moins dépendante de sa santé et du premier événement qui réagit sur l'industrie. Le moyen ne consiste pas à faire une aumône, humiliante pour celui qui la reçoit et que l'homme de cœur rejette, mais à préparer dès l'enfance le peuple aux bonnes habitudes et à les lui faire pratiquer plus tard...

I. Salle d'asile

Je dirai peu de mots de la salle d'asile. Fondée pour recueillir, pendant le jour, les petits enfants de la classe ouvrière, elle prévient pour eux les mauvais exemples de la rue et les dangers qu'ils y courent. En outre, elle les forme à l'obéissance, à l'ordre, à la propreté ; elle commence leur éducation morale avec leur instruction, à un âge où les parents n'y songent pas encore. C'est surtout dans les villes de fabriques, où les travaux de l'atelier absorbent complètement les mères, que la salle d'asile est une admirable institution. Les ouvriers eux-mêmes en apprécient les avantages, et plusieurs de ceux qui conduisent avec eux leurs jeunes enfants dans les manufactures, le font sans doute moins pour le supplément de salaires qu'ils en tirent, que pour ne pas les abandonner oisifs dans la rue...

II. Écoles, instruction et ignorance.

Lorsque l'âge de l'enfant du pauvre commence à lui permettre de pouvoir étudier avec fruit, la salle d'asile se ferme pour lui, mais les *écoles gratuites* lui sont ouvertes. Toutefois, dans les villes manufacturières, les fabricants se plaignent fréquemment de l'ignorance de leurs ouvriers et de l'impossibilité où se trouvent les enfants qu'ils emploient, de fréquenter les *écoles*. Ces plaintes sont fondées ; mais les ouvriers de l'industrie sont-ils plus ignorants que ceux de l'agriculture ? Je l'ignore. Quoi qu'il en soit, le désir de voir leurs enfants apprendre à lire et à écrire est plus vif chez eux. Aussi, quand on leur demande pourquoi ils ne les envoient pas à l'école, ils ne répondent jamais comme les gens de la campagne : que ne savoir ni lire ni écrire ne les empêche pas de travailler... [1]

Une opinion générale, quoiqu'elle ait été victorieusement réfutée déjà, attribue à l'ignorance et à la misère la plupart des crimes. Si l'instruction était plus répandue parmi le peuple, dit-on sans cesse, il serait meilleur et moins pauvre ; il pratiquerait mieux ses devoirs parce qu'il les connaîtrait mieux. Il semble, d'après cela, qu'il suffirait d'ouvrir partout des écoles pour le rendre économe, tempérant, probe, moral. J'en demande pardon à ceux qui attendent tant de bien des écoles ; leur espoir est singulièrement exagéré.

M. Guerry a parfaitement démontré dans son *Essai sur la statistique morale de la France,* que les départements où le savoir est le moins commun ne sont pas ceux où il se commet le plus

---

1 **Conscrits :**

Année de la classe	Sachant lire	Sachant lire et écrire	Ne sachant ni lire ni écrire
1827	13 794	100 787	157 510
1831	14 429	128 513	143 752
1836	11 807	153 290	136 294

Louis-René Villermé

de crimes. Et ce résultat, dont les comptes annuels de la justice criminelle, les derniers surtout, offrent la preuve, vient encore tout récemment d'être confirmé par MM. Quetelet, d'Angeville et Charles Dupin [1]. On a cru montrer l'influence fâcheuse de l'ignorance sur les penchants coupables, en disant que plus de la moitié des accusés ne savent ni lire ni écrire. Le fait est vrai ; mais peut-être un recensement exact de la population française, sous le rapport de l'instruction aux différents âges et dans les divers départements, donnerait-il, pour les âges des accusés, des proportions peu différentes de celles que l'on observe parmi eux, non seulement dans le pays entier, mais encore dans chaque département en particulier.

En résumé, l'instruction seule ne réprime pas plus les mauvais penchants qu'elle ne les développe ; elle n'a d'action morale, elle ne diminue l'orgueil, elle ne modère l'ambition, elle ne porte au travail, elle n'apprend l'économie, elle n'éloigne des actions honteuses ou criminelles, qu'autant qu'elle est combinée avec l'éducation, l'esprit religieux et l'habitude des bonnes mœurs, avec lesquelles il ne faut pas la confondre.

Je vais même plus loin. On ne voit pas, en y réfléchissant bien, comment l'*instruction,* qui consiste à savoir lire et écrire, aurait l'heureux effet, chez nous, de prévenir l'indigence. Sans doute c'est un utile instrument, et il serait désirable qu'elle fût le partage de tous ; mais, dans les pays où tous la posséderaient, son universalité même en détruirait les avantages, et les conditions deviendraient égales. Car une semblable instruction, qui ne crée point, comme les instructions spéciales, de produits ni de richesses matérielles, ne procurerait ni travail ni salaire. Mais il n'en est plus de même dans les pays où elle est, pour ainsi parler, le privilège de quelques-uns : là elle donne des moyens d'existence d'autant plus sûrs, d'autant meilleurs, qu'il y a moins de gens qui la possèdent, ou qu'il y a entre eux moins de concurrence.

Dans le cas qui nous occupe, son utilité dépend donc de sa rareté. Son seul effet est de déplacer la misère en faisant augmenter le

---

1 « Les trente-deux départements de la France du Nord, qui sont si éclairés, contiennent 13 des 17 départements qui présentent le plus d'accusés (contre les personnes et les propriétés réunies), tandis que le Midi, c'est-à-dire 53 départements, n'en renferment que quatre ! » (Comte d'Angeville).

salaire de l'ouvrier qui sait lire et écrire, aux dépens de celui qui ne le sait pas ; mais elle n'influe en rien sur la condition générale du peuple... [1]

Mais si, dans l'état actuel des choses, l'instruction primaire ne crée pas immédiatement des produits, et ne contribue au bien-être de ceux qui la possèdent qu'aux dépens pour ainsi dire des autres, elle tend, cependant, d'une manière indirecte, à augmenter la masse du travail ; et M. Naville, a fort bien remarqué dans son excellent ouvrage sur la *Charité légale,* qu'elle a peut-être ainsi quelque influence pour diminuer la misère...

Si l'instruction ne contribue pas ou contribue très peu à l'aisance des ouvriers considérés en général, et ne les rend pas meilleurs, l'instruction industrielle ou *professionnelle,* que l'on me passe ce mot, est pour eux, au contraire, sous tous les rapports, de l'utilité la plus évidente ; et voilà pourquoi les écoles publiques d'arts et métiers passent pour être une très bonne institution, bien qu'elle ne forme pas ordinairement de simples ouvriers.

III. Caisses d'épargnes.

... Celui qui craint de perdre son argent, qui ne sait comment le placer d'une manière sûre, ou ne peut faire que de très lentes économies, se trouve naturellement porté à ne pas s'imposer de privations. Les caisses d'épargnes remédient à ces inconvénients pour les classes ouvrières. La fréquence des crises commerciales les rend surtout nécessaires à l'ouvrier industriel. Aussi, de toutes les institutions de bienfaisance, ces caisses sont peut-être les plus utiles. Depuis la révolution de 1830, elles se sont singulièrement multipliées en France, et le nombre chaque jour plus grand de leurs déposants témoigne assez combien les classes laborieuses

---

1 Une instruction élevée, qui donne des désirs et crée des besoins qu'elle ne saurait satisfaire, n'est qu'une cause de malheur pour ceux qui l'ont reçue ! Combien d'artisans, de laboureurs, plus ambitieux que sages, ont voulu que leurs fils fussent avocats, médecins, notaires, et après s'être épuisés pour leur fournir les moyens d'entrer dans ces professions, ont à s'en repentir ! Sans fortune, sans influence, ils ne sauraient y soutenir leurs enfants : tous leurs efforts, tous leurs sacrifices ne parviennent qu'à faire de ceux-ci des ingrats, à les éloigner des travaux manuels et à les rendre hostiles envers la société.

Louis-René Villermé

en apprécient les avantages, du moins dans les villes. Quant aux agriculteurs, aux habitants des campagnes, ils ignorent encore, pour la plupart, qu'il en existe, au bien ils se refusent à y porter leur argent ; ils préfèrent le tenir caché, l'enfouir, le garder improductif, ou bien en acquérir, à un prix exorbitant, un coin de terre ou une masure...

Une des causes qui ont éloigné ou éloignent encore beaucoup d'ouvriers de porter leur argent à la caisse d'épargnes, est la crainte que leurs maîtres ne l'apprennent et ne diminuent les salaires. Cette crainte est cependant bien moins générale aujourd'hui qu'elle ne l'a été...

J'ai indiqué, dans la première partie de cet ouvrage, des fabricants qui, non contents de recommander la caisse d'épargnes à leurs ouvriers, retiennent une petite partie de leur salaire pour la déposer eux-mêmes sous les noms de ceux à qui les retenues ont été faites ; et j'ai dit que ce dépôt avait lieu, soit à la caisse d'épargnes publiques, soit, s'il n'en existe pas, dans une caisse particulière établie par les fabricants pour en tenir lieu aux employés de leurs manufactures. L'ouvrier peut retirer les dépôts ainsi faits en son nom ; mais son maître le saurait, la honte le retient, et souvent, au bout de quelque temps, il ne le voudrait plus ; car il a reconnu, ce dont il pouvait douter d'abord, la possibilité pour lui de l'épargne et l'avantage d'avoir en réserve une somme qui s'accroît d'elle-même par les intérêts. Dès-lors, pour l'augmenter, il entre dans la voie de l'économie, sa conduite devient meilleure, et, en même temps que son petit capital lui crée une sorte de fortune, l'élève au-dessus de ses camarades restés imprévoyants, il apprend à s'estimer en se voyant estimé par les autres...

IV. Sociétés de secours mutuels contre la maladie.

... Ces sociétés, dites aussi sociétés de *prévoyance*, de *bienfaisance*, et, de l'autre côté de la Manche, *Sociétés amicales* (*friendly societies*), sont des associations d'ouvriers qui mettent en commun, chaque mois ou chaque semaine, une petite partie de leurs gains pour ceux d'entre eux qui deviennent malades ou infirmes. En d'autres termes, ce sont des établissements d'assurance contre la maladie, ou même la vieillesse, fondés pour donner à ceux de leurs membres qui ne peuvent pas travailler, une indemnité représentative du salaire qu'ils sont hors d'état de gagner. Chaque sociétaire ou assuré paie à la société, qui est l'assureur, des primes dont le montant et les bénéfices lui servent à payer à son tour ceux qu'elle doit aider. Les *secours* qu'elle distribue consistent en une certaine somme par jour, pour subvenir aux besoins de l'ouvrier malade et de sa famille, dans les visites du médecin de la société, dans les médicaments, et souvent en une petite pension pour les vieillards...

Aucun genre d'assurance établi sur la réciprocité n'est plus conforme au véritable esprit d'association et de charité fraternelle que ces sociétés... La bonne organisation des sociétés de secours mutuels exigerait la connaissance, aussi exacte que possible, des chances de maladies ou d'infirmités, et de toutes les observations recueillies sur leur fréquence et leur durée probables aux différents âges chez les ouvriers. Or, comme jusqu'ici ces sociétés n'ont eu, pour s'établir, que des données incertaines, que de faux calculs, beaucoup d'entre elles se ruinent, s'anéantissent ; la plupart du moins n'offrent pas longtemps à leurs membres tous les avantages qu'ils en tiraient dans le principe, et presque aucune n'atteint complètement, d'une manière durable, le but de son institution. Comme dans toutes les entreprises, il n'y a point ici de réussite, lorsque les dépenses s'élèvent plus haut que les recettes.

Voici les deux principales causes de cet insuccès : plusieurs associations fondées par un certain nombre de personnes, ne cherchent point, dans les premiers temps de leur existence, à s'adjoindre de nouveaux membres... L'autre cause principale de ruine est l'entrée, dans les sociétés de secours mutuels, d'ouvriers d'âge très différent à des conditions à peu près semblables...

Les associations dont il s'agit s'administrent elles-mêmes ; elles ont des présidents qu'elles appellent communément délégués, des visiteurs de malades, des secrétaires, des trésoriers, tous pris parmi leurs membres, tous élus au scrutin secret en assemblée générale, annuellement renouvelés en totalité ou en partie, rééligibles, et pouvant être déposés. C'est aussi en assemblée générale qu'on élit, et de la même manière, les nouveaux membres, après communication d'une enquête faite sur eux ; qu'on raie ceux dont la conduite a cessé d'être honorable, et qu'on accorde de petites rentes viagères à

Louis-René Villermé

des vieillards, des secours à des veuves et à des enfants en bas âge de membres décédés.

On conçoit combien une semblable organisation rend la coalition facile ; c'est sans doute ce qui a presque toujours en France empêché l'autorité de favoriser les sociétés dont il s'agit. On est frappé des inconvénients qu'elles peuvent avoir et non de leurs avantages ; on paraît les craindre, et l'on oublie, ou peut-être on ignore qu'elles excitent une honnête émulation parmi leurs membres ; qu'aux yeux des ouvriers elles sont un titre d'honneur pour ceux qui en font partie ; qu'elles deviennent ainsi un grand moyen de moralisation, et que, surveillées, dirigées comme elles devraient l'être et comme elles le sont dans beaucoup de villes, il faudrait, dans l'intérêt général, les encourager et les multiplier...

Il y a dans beaucoup de manufactures, des caisses de secours fondées par les maîtres pour leurs ouvriers malades, et entretenues avec le produit d'une très légère cotisation qui leur est imposée, et parfois aussi avec les amendes auxquelles ils sont soumis. Mais ce ne sont point là de véritables sociétés de secours mutuels ; les ouvriers ne les administrent pas ordinairement eux-mêmes, et les indemnités qu'ils en reçoivent sont presque toujours bien au-dessous de celles qui leur sont payées dans ces sociétés...

Chapitre VIII
Santé des ouvriers

I. Dans les manufactures de coton.

J'ai beaucoup entendu parler, dans le cours de mes recherches, de l'insalubrité des manufactures, surtout des manufactures de coton... J'ai mesuré beaucoup d'ateliers de manufactures de coton, pour connaître le volume d'air dont, terme moyen, chaque ouvrier dispose, abstraction faite de la masse des métiers ou machines, qui est très peu de chose. J'ai trouvé pour chaque personne :

Dans les filatures, du moins dans les salles du filage et du cardage, dont l'influence sur la santé des ouvriers est regardée comme pernicieuse, depuis 20 mètres cubes, jusqu'à 60, même 68 ;

Dans les salles du filage, qui sont les plus grandes, proportion gardée, rarement moins de 35, et ordinairement de 40 à 47 ;

Dans les ateliers de tissage à la mécanique, de 17 à 26 mètres cubes ;

Et dans les ateliers d'impression d'indiennes, de 16 à 30, quelquefois bien davantage.

Ces résultats donnent des quantités d'air suffisantes à la respiration pendant quinze ou seize heures par jour. On ne peut avoir aucun doute à cet égard, quand on sait que le *minimum* d'espace exigé dans nos hôpitaux militaires par leur règlement, n'est pas de plus de vingt mètres cubes pour chaque malade fiévreux ou blessé, et de 18 pour les autres... On pourrait soutenir, il est vrai, que 20 mètres cubes ne suffisent pour des malades. Les tisserands à la main ou à bras qui travaillent chez eux, n'ont pas autant d'air à respirer. En effet, si à l'espace d'environ 8 mètres cubes, occupé par un de leurs métiers, on ajoute 4 à 6 mètres, 7 au plus, que donnent les passages et les intervalles libres, on aura, pour chacun d'eux, de 12 à 15 mètres cubes...

Je n'insisterai pas davantage pour prouver que les ateliers ne sont point exposés à ces prétendues causes d'insalubrité. On s'est singulièrement mépris en leur attribuant des maladies que produisent principalement le travail forcé, le manque de repos, le défaut de soins, l'insuffisance de la nourriture et sa mauvaise qualité, les habitudes d'imprévoyance, d'ivrognerie, de débauches, et pour ainsi dire, en un mot, des salaires au-dessous des besoins réels.

Un reproche plus fondé est celui de l'insalubrité des ateliers où se bat le coton brut. Cette opération, qu'elle se fasse à la main ou avec des machines, produit un nuage épais de poussières irritantes et de duvet cotonneux, qui se déposent sur les ouvriers, les salissent, s'attachent surtout à leurs vêtements de laine, à leurs cheveux, à leurs sourcils, à leurs paupières, à l'entrée du conduit de l'oreille, à l'ouverture des narines, à la barbe, partout où des poils peuvent les retenir, et leur donnent, pendant le travail, un aspect fort étrange. Il s'en introduit en outre dans le nez, la bouche, le gosier ; et, à ce qu'il paraît, jusque dans les voies profondes de la respiration. Ce duvet, ces poussières que les batteurs soulèvent et respirent

Louis-René Villermé

abondamment, ne peuvent avoir qu'une très fâcheuse influence sur leur santé...

Que ce soit la poussière contenue dans le coton brut, mais étrangère à son duvet, ou bien le duvet lui-même qui ruine la santé des ouvriers employés au battage, toujours est-il que leur dépérissement est certain, constaté ; qu'ils se plaignent de sécheresse dans la bouche, dans le gosier, et sont pris au bout de peu de temps, quelquefois de peu de jours, d'une toux qui devient de plus en plus fréquente... La toux est le premier symptôme d'une maladie lente et formidable de poitrine, que soulage toujours la simple interruption de ce genre de travail, et qui se guérit dans les commencements si l'on abandonne tout-à-fait l'atelier pour n'y plus revenir. On m'a montré des ouvriers qui l'avaient ainsi suspendue et reprise. Cette maladie prend, en se développant, les apparences de la phtisie pulmonaire, et les médecins des pays où existent les filatures de coton la nomment *phtisie cotonneuse*, et plusieurs *pneumonie cotonneuse*. Ces noms sont *significatifs*. Les victimes vont mourir dans les hôpitaux ; mais à mon grand regret, je n'ai pu nulle part en connaître la proportion. Ce sont surtout des femmes et des enfants ou des jeunes gens, parce que le battage à la mécanique n'exigeant point d'efforts musculaires, on n'en charge presque jamais des hommes faits. Il n'y a d'exception que pour les batteurs à la main ou à la baguette, dont le travail est très fatigant...

Une insalubrité de même nature que celle du battage menace, mais à un bien moindre degré, les ouvriers chargés des premières opérations du cardage. Elle n'existe plus, au reste, dans les opérations subséquentes...

Une autre cause d'insalubrité dans l'industrie cotonnière, mais qui agit à un moindre degré que la précédente, est la température élevée qu'il est nécessaire d'entretenir dans plusieurs ateliers... La chaleur des étuves où l'on fait sécher des étoffes est bien plus forte encore. Ainsi, j'ai pénétré dans des séchoirs où le thermomètre marquait plus de 50 degrés de l'échelle centigrade. Mais, dans ces dernières salles, il n'y a jamais que très peu d'ouvriers à la fois, et ils n'y restent que le temps nécessaire pour étendre les pièces de toile ou pour les retirer...

Deux sortes d'ouvriers des manufactures de coton méritent encore une mention particulière : ce sont, dans les filatures, les *débourreurs*, c'est-à-dire ceux qui enlèvent les planches des tambours à carder et les replacent après en avoir nettoyé la carde intérieure, et les *aiguiseurs de cardes*, ou ceux qui, de temps en temps en aiguisent les pointes. Les uns et les autres, les derniers surtout, passent pour faire un métier très nuisible à la santé ; partout l'opinion est unanime à cet égard. Je n'ai observé cependant aucun des faits sur lesquels elle se fonde, mais il est impossible de ne pas reconnaître combien doit être fatigant le travail des débourreurs, quand on les voit tenir en l'air, à bras tendu, les planches des tambours, et de l'autre main en nettoyer la carde. Il paraît, au reste, que les dangers auxquels ils sont exposés proviennent encore ici des poussières qu'ils respirent...

Un inconvénient commun à toutes les industries sédentaires, dont une partie des ouvriers se recrute parmi les agriculteurs, c'est l'ennui résultant pour ces ouvriers d'un travail borné à quelques mouvements qui se répètent avec une accablante uniformité dans l'enceinte étroite d'une même salle. On m'a montré des malheureux dont l'état de langueur n'était attribué à aucune autre cause. Ils me rappelaient les nombreux conscrits que j'avais vus succomber autrefois à la nostalgie, loin des lieux où ils avaient été élevés. Évidemment, si l'horizon extrêmement resserré d'un atelier ne convient pas à tout le monde, il convient bien moins encore à ceux qui, jusqu'à un certain âge, ont toujours vécu au grand air, ayant devant eux, avec un espace immense, le spectacle sans cesse varié de la campagne.

II. Dans les manufactures de laine.

... Les cardeurs, les fileurs, les peigneurs, les dévideurs, etc., ne paraissent pas être plus sujets que d'autres à certaines maladies, par le fait seul de leur métier : ils rentrent à tous égards dans la catégorie des ouvriers exerçant des professions sédentaires et hors du grand air. Seulement, les peigneurs de laine éprouvent assez souvent des maux de tête, à cause du charbon de bois qu'ils brûlent dans leurs fourneaux, et leurs jeunes aides sont exposés à tousser quand ils ne savent pas encore bien retirer les nœuds de la laine

Louis-René Villermé

avec les lèvres.

Le travail des trieurs de laine, des tondeurs de draps et des apprêteurs, n'a pas, non plus, d'influence nuisible marquée. Mais des douleurs rhumatismales attaquent souvent les laveurs, les teinturiers, les foulonniers et les laineurs, tous ouvriers qui travaillent plus ou moins dans l'eau, ou qui sont exposés à être mouillés. J'ai même été frappé du bon teint, de l'excellente santé des trieurs, et je n'ai pas vu sans surprise, parmi les tondeurs, les apprêteurs et les foulonniers, des hommes généralement plus forts que les autres. Il ne faudrait pas en conclure cependant que cela résulte de la nature de leurs travaux, mais du choix que les hommes robustes font de ces métiers.

Enfin, et je ne saurais trop insister sur ce point, les ouvriers des filatures et des tissages de laine se portent très généralement mieux que ceux des filatures et des tissages de coton, particulièrement les enfants. Leur santé est surtout meilleure, parce que dans l'industrie lainière les enfants sont moins jeunes de deux à trois ans que dans l'industrie du coton, les ateliers où l'on tisse les étoffes moins enfoncés en terre, moins humides, plus grands, mieux éclairés, les salaires un peu plus forts, et que la nourriture et le vêtement de ces ouvriers s'en ressentent d'une manière avantageuse pour eux.

III. Santé des ouvriers employés
aux premières préparations de la soie.

Les manufactures de soie ne présentent des causes d'insalubrité que dans les opérations du cardage de la filoselle et du tirage des cocons... je ne nie pas l'insalubrité du tirage de la soie des cocons ; je la crois bien réelle. Ce que j'ai dit, dans le premier volume, de la malpropreté des ouvrières, de l'odeur repoussante qui imprègne leurs vêtements, et du mauvais état de santé de beaucoup d'entre elles, en serait d'ailleurs la preuve. Mais cette insalubrité n'est pas aussi grande qu'on le soutient. Il ne faut pas oublier non plus que l'indigence et le dénuement des personnes chargées de ce travail si sale, doivent faire juger ses effets plus pernicieux encore qu'ils ne le sont. D'un autre côté, le tirage ne durant pas ordinairement au-delà de trois mois chaque année, il ne peut avoir sur la santé toute l'influence qu'il acquerrait s'il se prolongeait davantage.

Quant au battage et au cardage de la filoselle ou des *frisons*, c'est-à-dire des débris de cocons séchés au soleil, que j'ai vu exécuter seulement à Nîmes et à Montpellier, je n'ai pas trouvé qu'ils soulevassent des poussières aussi abondantes et aussi malsaines que je devais le croire d'après mes lectures. Le petit espace accordé aux ouvriers et le non-renouvellement de l'air suffiraient, du moins, pour expliquer la chaleur excessive et la gêne de respiration que l'on éprouvait dans les ateliers si bien clos du cardage de la soie, dans la maison centrale de détention de Nîmes, ainsi que le grand nombre de malades que ces ateliers paraissent fournir...

IV. Santé des tisserands.

On connaît le teint pâle, l'étiolement, la faiblesse, la langueur de ces malheureux tisserands à bras, qui, chaque jour, et pendant quatorze à dix-sept heures, travaillent, ordinairement chez eux, à faire des toiles de coton, de lin ou de chanvre, dans des rez-de-chaussée humides, souvent même dans des caves où le jour et l'air arrivent à peine, et où le soleil ne pénètre jamais. Ces lieux et cette trop longue durée du travail ne sont pas les seules causes de leur mauvaise santé : il faut encore en accuser et l'insuffisance de leurs gains, qui s'oppose le plus souvent à ce qu'ils se nourrissent bien, et les percussions répétées à tout instant du *balancier* sur le cylindre autour duquel l'étoffe s'enroule ; percussions qui ébranlent tout le métier et se transmettent à la partie de la poitrine ou au creux de l'estomac de l'ouvrier en contact avec ce cylindre. Les plus intelligents savent s'en garantir, ou du moins en diminuer beaucoup l'effet : pour cela, ils se couvrent la poitrine et le ventre d'un épais plastron ; ils placent entre eux et le cylindre, à une certaine distance de celui-ci, une traverse en bois qui les en éloigne, et ils suspendent leur siège avec des cordes pour l'isoler du corps de métier.

C'est une opinion reçue, qu'il faut fabriquer les toiles de coton, de lin et de chanvre, surtout les toiles fines de coton, dans des lieux frais, un peu humides et à l'abri du moindre courant d'air, si l'on veut que la légère couche de colle dont on enduit les fils de la chaîne par l'opération du *parage,* ne se sèche point trop vite,

Louis-René Villermé

et que ces fils ne se brisent pas à chaque instant. L'insalubrité qui en résulte a fait chercher une colle qui, en attirant l'humidité de l'air, permit de tisser à tous les étages des maisons, comme on le fait pour la soie ou la laine. Mais cette colle, qui paraît avoir été trouvée, est plus chère que la colle ordinaire, et à cause de cela, les simples tisserands, dont les gains sont d'ailleurs si modiques, continuent partout à travailler dans les mêmes ateliers.

On a été plus heureux dans l'invention de la *navette volante,* à l'aide de laquelle on fait, dans un temps donné, et avec bien moins de fatigue, beaucoup plus de travail. Au surplus, le métier de tisserand à la main n'exige une grande force musculaire que de la part de ceux qui fabriquent les draperies, et il n'expose à aucun accident ou danger particulier. Mais les affections scorbutiques et rhumatismales en sont souvent la conséquence pour les ouvriers les plus pauvres qui fabriquent les toiles unies de coton, de lin et de chanvre.

V. Considérations générales.

... À Mulhouse, pendant les années 1823 à 1824 inclusivement, et à tous les âges, la vie était bien mieux assurée dans certaines classes d'habitants que dans certaines autres. En d'autres termes, on voit ici la plupart des enfants atteindre l'âge adulte, ou mourir en bas âge, suivant la condition ou la profession à laquelle ils appartiennent, et à toutes les époques de la vie les premiers conserver l'avantage sur les seconds... L'excessive mortalité qui moissonne les familles d'ouvriers employés dans les tissages et les filatures de coton de Mulhouse, porte plus particulièrement sur les premiers temps de la vie. En effet, tandis que la moitié des enfants nés dans la classe des fabricants, négociants et directeurs d'usines, atteindrait sa vingt-neuvième année, la moitié des enfants de tisserands et de simples travailleurs des filatures aurait cessé d'exister, on ose à peine le croire, avant l'âge de deux ans accomplis [1].

---

1 La durée de la vie moyenne a beaucoup diminué à Mulhouse, pendant la période des observations. Ainsi, elle a été trouvée, pour les deux sexes réunis, savoir :
  – en 1812 de 25 ans 9 mois 12 jours
  – en 1815 de 25 ans 6 mois 12 jours
  – en 1820 de 27 ans 6 mois 14 jours

Il faut attribuer une aussi épouvantable destruction à la misère des

- en 1825 de 22 ans 6 mois 6 jours
- en 1827 de 21 ans 9 mois 7 jours
et si nous prenons les moyennes de ces 16 années : pour les hommes : 22 ans 11 mois 4 jours
           pour les femmes : 27 ans 1 mois 2 jours
           pour les deux sexes réunis : 25 ans 0 mois 13 jours

	à la naissance	à 1 an	à 4 ans	à 10 ans	à 20 ans	à 30 ans
Dans la classe des manufacturiers, fabricants, directeurs d'usines, négociants, drapiers, etc.	28	43	46	42	34	30
Domestiques	21	37	35	32	23	18
Ouvriers des fabriques, sans indication du métier	18	20	21	28	33	30
Boulangers et meuniers	12	39	43	40	34	26
Tailleurs d'habits	12	36	39	40	32	28
Simples imprimeurs d'indiennes	10	40	47	45	38	31
Journaliers et manœuvres	9	20	33	34	32	26
Maçons	4	29	37	35	29	22
Charpentiers	4	28	24	30	24	25
Cordonniers	3	31	40	38	31	24
Graveurs	3	28	39	35	27	21
Menuisiers	3	20	39	38	29	25
Contremaîtres des manuf. (80 observ. seulement	2½	27	35	36	28	23
Serruriers	1¾	14	23	22	17	13
Simples tisserands	1½	19	28	26	20	17
Simples ouvriers des filatures	1¼	11	18	17	15	13

Louis-René Villermé

parents, surtout des mères qui ne peuvent donner chaque jour le sein à leurs nourrissons que pendant le trop petit nombre d'heures qu'elles passent chez elles. Le reste du temps, ces nourrissons manquent de tous les soins, de toutes les choses qui leur seraient nécessaires pour vivre. Mais comment admettre que notre état de société offre réellement des conditions dans lesquelles la mort dévore la moitié des enfants avant leur deuxième année accomplie ? Quelles privations, quelles souffrances cela ne fait-il pas supposer !

C'est d'une manière indirecte, médiate, ou par les conditions de nourriture, de vêtement, de logement, de fatigue, de durée de travail, de mœurs, etc., dans lesquelles se trouvent les ouvriers, que les professions agissent le plus souvent en bien ou en mal sur leur santé ou sur celle de leur famille. Cette règle doit être regardée comme générale. Le danger des poussières pour certains ouvriers qui les respirent dans les filatures de coton, ne saurait la détruire, non plus que les accidents assez fréquents qui arrivent pendant la durée du travail. Ce sont ordinairement des blessures aux mains et aux doigts, saisis par des machines ou leurs engrenages. Quelquefois même, des os sont ainsi brisés, des membres sont arrachés, ou bien encore la mort est soudaine. Ces accidents résultent toujours de la faute, soit du fabricant, quand il n'a point fait isoler ou entourer d'un grillage, d'une enveloppe quelconque, les parties des machines qui exposent le plus à des dangers, soit des travailleurs eux-mêmes, surtout des enfants, quand ils négligent de prendre les précautions qui pourraient les en garantir. Je ne sais quelle est leur fréquence, mais je ne crois pas qu'on en ait à déplorer beaucoup de très graves, et ils résultent en général du manque d'attention de leurs victimes. On en préviendrait le plus grand nombre au moyen des grillages dont je viens de parler. Des fabricants n'ont pas craint d'en faire la dépense. Mais d'autres, et ceux-ci sont en majorité, n'ont pas pris cette précaution. Une mesure légale devrait la rendre obligatoire pour tous...

Lorsque c'est pour la population en général de la ville	7½	30	40	38	32	26½
Le département entier (1814-1833)	13½	39	46½	45½	38	31

178

Décès par âges à Mulhouse (1823-1834)

Professions	Âge approximatif auxquels a cessé de vivre la moitié des décédés	Nombre des décédés qui ont donné les résultats de la colonne précédente
Propriétaires et rentiers	67½	47
Professeurs et instituteurs	45	22
Aubergistes, cabaretiers, etc., barbiers, perruquiers, bonnetiers	42½	66
Crocheteurs	37½	21
Teinturiers	32½	31
Employés des administrations	30	40
Marchands épiciers	30	24
Tanneurs	27	33
Médecins, chirurgiens, pasteurs de l'Église protestante, libraires et gens de loi et de justice	25	48
Douaniers de tous grades	24½	48
Ferblantiers	20	25
Horlogers et orfèvres	17½	17
Bouchers et charcutiers	15	51
Voituriers	15	39
Tonneliers et cuvetiers	10	56
Autres marchands	10	66
Maréchaux-ferrants et artistes vétérinaires	3½	50
Tondeurs de draps	3½	30
Tourneurs sur bois et métaux	2	55

Louis-René Villermé

Chapitre IX
Mouvement de la population ouvrière

... On ne saurait trop insister sur ce point, que la grande pauvreté abrège la vie, et surtout celle des jeunes enfants : on dirait que c'est un des châtiments infligés par la Providence aux parents que leur inconduite ou leur imprévoyance plonge et entretient dans la misère.

Ce n'est pas à cela, pourtant, qu'on a égard dans les pays où l'on apporte des obstacles au mariage des pauvres. On y sait que la misère est très souvent héréditaire. Le but que l'on se propose est donc de prévenir la naissance d'enfants qui tomberaient à la charge publique. On n'ignore pas néanmoins que ces obstacles relâchent les mœurs et multiplient les bâtards ; mais on pense que les enfants légitimes qu'ils empêchent de naître seraient plus nombreux encore, et que, dans l'alternative de deux maux à l'un desquels la société ne saurait échapper, son premier intérêt est de ne pas accroître sans mesure le nombre des indigents. Il reste à savoir cependant jusqu'à quel point les restrictions apportées aux unions légitimes diminuent le nombre des naissances, et si les désordres que ces restrictions amènent à leur suite ne sont pas aussi des causes très actives de misère. Dans la haute Alsace, il y a beaucoup d'unions concubinaires qui ne résultent ni du libertinage ni de l'immoralité : les conjoints sont de pauvres émigrés suisses ou allemands, qui ne peuvent pas se marier sans une autorisation de leurs gouvernements ou des magistrats de leurs paroisses, et cette autorisation ne s'accorde jamais aux indigents. À Mulhouse plus qu'ailleurs on voit un grand nombre de ces unions que la loi n'a pas sanctionnées, et parmi ceux qui les ont formées, on en trouve beaucoup dont la conduite est du reste irréprochable. Enfin, ce qui n'a lieu peut-être dans aucune autre grande ville manufacturière, beaucoup plus de la moitié des enfants illégitimes y est reconnue par les pères au moment de la naissance. Ce fait est très remarquable...

Les ouvriers des manufactures ne se marient pas aussi jeunes qu'on le prétend... J'ajouterai, d'après mes propres recherches :

Que les mariages précoces des ouvriers ont lieu surtout dans le midi de la France, et parmi ceux qui observent les lois de la chasteté ;

Que la presque totalité de leurs unions en premières noces se concentre, pour les deux sexes, sur une période de dix à douze années de la vie, au milieu de laquelle répond à-peu-près l'âge moyen de ces unions ;

Que les deux ou trois années de la vie où l'on se marie le plus souvent, sont placées à, la fin de la première moitié de cette période ;

Que c'est aussi dans cette même moitié, et près de l'âge moyen des mariages, que se trouve ce qu'on pourrait appeler leur âge probable, c'est-à-dire, l'âge au-dessus et au-dessous duquel on en compte un nombre égal ;

Que la prospérité industrielle fait multiplier les mariages des ouvriers ;

Que les crises en diminuent le nombre ordinaire ; Et qu'en général les ouvriers indigents ont le plus d'enfants illégitimes, et craignent moins que les autres de les reconnaître...

Les ouvriers des manufactures doivent compter beaucoup de mariages, de naissances et de décès ; en d'autres termes, leur mortalité est plus rapide que dans les classes plus élevées, leurs mariages plus précoces, et relativement à leur population, leurs naissances plus nombreuses. Et cependant, on aurait tort d'induire de leur mortalité plus grande, que l'industrie diminue la population ou bien ralentit son accroissement : c'est le contraire qui a lieu...

L'émigration des campagnes dans les villes, autour des ateliers de l'industrie, n'est pas, au surplus, la seule cause de l'accroissement considérable de la population dans les districts manufacturiers : l'excédent des naissances sur les décès y contribue aussi...

Chapitre X
Influence des machines modernes et de l'organisation actuelle de l'industrie sur le sort des ouvriers

Les machines de nos manufactures remplacent les hommes dans beaucoup de travaux, principalement dans les plus rudes et les plus ennuyeux. Une foule de personnes, néanmoins, regardent ce remplacement comme un malheur. Selon elles, il prive de leurs occupations, par conséquent de leurs salaires, une partie des ouvriers, et il rend leur sort plus misérable. Ce reproche est grave, et l'on doit reconnaître qu'au moment de l'introduction des machines, il est souvent fondé. Mais jusqu'à quel point l'est-il ? La baisse des prix de fabrication qui résulte de l'emploi des machines nouvelles, fait naître une plus grande demande des produits, et bientôt le travail est rendu aux bras inoccupés. C'est ainsi que dans les circonstances ordinaires, et malgré un accroissement considérable de population, les bras manquent partout où les machines qui devraient les laisser sans travail sont le plus généralement répandues. Si ces machines admirables n'existaient nulle part, il ne faudrait peut-être pas trop se hâter de les adopter. Mais les peuples voisins s'en servent, et l'on ne peut soutenir leur concurrence sans les employer aussi. Autrement, les ouvriers resteraient désœuvrés. Pour eux la question est celle-ci : point de travail, ou du travail aux mêmes conditions que les ouvriers des autres pays. Et pour les fabricants, elle est : cesser toute fabrication pour ne pas se ruiner, ou s'enrichir en soutenant la concurrence étrangère par les mêmes moyens de production.

Il est donc vrai qu'au moment de l'adoption des nouvelles machines, elles ôtent du travail aux ouvriers ; mais ce mal inévitable n'est que passager, et un bien immense, permanent, vient ensuite le compenser. Telle est l'histoire de beaucoup d'inventions les plus utiles au genre humain ; et, pour rentrer dans notre sujet, il en a été de même du métier à bras substitué aux aiguilles à tricoter, il y a environ deux siècles, et, à une époque plus reculée, du rouet à la main substitué au fuseau...

On conçoit que le filage et le tissage à l'aide de machines puissantes s'exécutent seulement dans de grandes usines, et que celles-ci, loin d'associer la production industrielle à la production agricole, ce qui serait un grand bien, établissent entre elles, au contraire, un funeste divorce. Il en résulte qu'une partie de la population des campagnes qui vivait, sinon contente de son sort, du moins plus rangée, plus laborieuse, vient grossir des masses souvent corrompues, qui ne savent que dépenser, et dont la position est assujettie à beaucoup plus de vicissitudes que celle des paysans.

D'une autre part, comme il faut des fonds considérables pour former de grandes manufactures, les riches capitalistes peuvent seuls les posséder ; et comme aussi les frais de production y sont moins forts que dans les petites, celles-ci sont souvent ruinées par celles-là dont elles ne peuvent soutenir la concurrence. C'est ainsi que les machines appellent les grandes fortunes à l'exploitation de l'industrie, et que la richesse industrielle tend continuellement à se concentrer dans un petit nombre de mains, et à créer, avec de hauts barons manufacturiers (que l'on me passe cette expression), des multitudes de prolétaires. La loi n'accorde pas de monopole aux gros industriels contre les petits, mais, par le fait, les capitaux considérables des premiers leur en donnent un.

Ce n'est pas tout. Les frais qu'exige la mise en activité des machines, de celles du moins qui ont une pompe à feu pour moteur, le haut prix dont il faut les payer, et le peu d'efforts qu'elles demandent de la part des ouvriers, ont fait allonger la durée du travail dans les manufactures. Ce que les machines ont économisé de fatigue aux hommes, on l'a pour ainsi dire reporté sur cette durée, et c'est ainsi que les journées de travail sont devenues si longues.

En outre, l'application de ces inventions de la mécanique moderne aux diverses industries, prive *souvent* les pauvres que l'on veut secourir, d'une partie de leur gain. Celui à qui l'on donne à filer ou à tisser ne peut plus être rétribué comme il l'était autrefois, parce que le filage et le tissage mécanique créent des toiles et des fils à trop bas prix, pour que les ouvriers qui les font à la main puissent vivre.

Il y a plus encore : si la production considérée dans ses rapports avec les besoins des habitants d'une assez grande surface du globe, n'est jamais trop forte, ne l'est même jamais assez, les machines cependant, stimulant l'industrie outre mesure, favorisent quelquefois, dans, certains pays, une production exagérée, et par suite l'encombrement des produits et les crises commerciales ; sans elles ces crises seraient moins fréquentes. Pour le fabricant et l'ouvrier, produire n'est pas tout, il faut aussi vendre avec profit.

Ces inconvénients sont connus ; mais sous le rapport moral, il en est un autre qu'on n'a pas encore signalé que je sache, et qui, pour être indirect et moins général, n'en est pas moins réel. Il ne peut être question ici de l'influence pernicieuse qu'un grand nombre de personnes de sexe et d'âge différents, réunies dans les mêmes ateliers, exercent les unes sur les autres en se communiquant mutuellement leurs mauvais penchants et leurs vices : j'en ai déjà assez parlé. Mais il s'agit d'un fait qu'on observe dans plusieurs établissements dont le moteur général est une pompe à feu. On y arrête souvent celle-ci, et par conséquent tout travail, les lundis au milieu du jour, quand, par l'absence d'une partie des ouvriers et à cause de la dépense du combustible, les fabricants ne trouvent plus de profit à faire marcher leurs métiers. C'est ainsi que des maîtres qui devraient s'efforcer d'obtenir des ouvriers de travailler le lundi les excitent eux-mêmes, par une honteuse économie, aux excès, aux débauches dont ils se plaignent ensuite ; car fermer les manufactures ce jour-là plus tôt que les autres, c'est envoyer une grande partie des ouvriers au cabaret...

Il faut cependant convenir qu'à côté, et comme une compensation de ces graves inconvénients des machines, il y a pour les ouvriers que les fabriques emploient, une garantie contre le chômage. Cette garantie est dans le prix de ces mêmes machines qu'il faut faire marcher chaque jour, si l'on ne veut pas qu'elles se détériorent rapidement par la rouille, et dans la somme énorme de tous les capitaux consacrés à l'établissement d'une manufacture. L'intérêt des manufacturiers exige donc, comme on l'a fort bien remarqué déjà, qu'ils n'interrompent pas leur fabrication ; en agissant autrement ils se ruineraient. Circonstance heureuse pour l'ouvrier, quand la crise ou le défaut de commande n'est que de courte durée il lui doit de ne voir interrompre ni son travail, ni son gain. Mais circonstance malheureuse quand la crise se prolonge ! car alors le chef de l'industrie en souffrance, forcé de fabriquer toujours en attendant la vente de ses produits, est nécessairement ruiné si les capitaux lui manquent avant la fin de la crise ; et sa ruine, par suite de laquelle ses produits sont vendus au-dessous du prix de revient, et tous les produits semblables dépréciés, entraînant celle d'autres fabricants, entretient et aggrave ainsi la crise, au grand détriment des ouvriers comme à celui des maîtres...

Parmi les motifs qui déterminent les gens de la campagne à quitter les travaux agricoles, le plus général est le taux élevé des gains que leur offre immédiatement l'industrie manufacturière.

Incapables de calculer toutes les suites de leur détermination, ils ne voient que le chiffre actuel de ces gains, et sont séduits par lui. Ils ignorent combien la prospérité des manufactures est éventuelle, et qu'à la première crise on réduira leur salaire, ou bien qu'on les emploiera seulement trois ou quatre jours par semaine, au lieu de six, et qu'alors ils seront plus misérables que jamais.

Et cependant ils pourraient être plus heureux au sein de nos villes industrielles, dans les temps ordinaires, que ne le sont les simples ouvriers de l'agriculture, s'ils en avaient toujours les mœurs avec l'économie. Mais ils y contractent trop souvent, s'ils ne les ont déjà, des habitudes de libertinage et de dépenses, de ceux dont ils viennent partager les travaux, et avec elles le goût, le besoin de rester dans les villes, dont ils ne veulent plus abandonner le séjour...

Voilà notre industrie manufacturière. Certes, dans les temps de prospérité, elle présente beaucoup d'avantages à ceux qui l'embrassent. Mais dans les crises commerciales, alors que les ouvriers se font une redoutable concurrence par l'offre au rabais de leurs bras, crises dont les retours plus ou moins fréquents sont une condition de l'industrie, ils sont inévitablement exposés à une grande misère ; en manquant de travail ils manquent de tout. En d'autres termes, si l'industrie, organisée comme nous le voyons, est l'un des plus admirables phénomènes de la société, dès qu'il y a crise, c'est un des plus affreux : des multitudes d'ouvriers tombent dans une horrible détresse, qui accable principalement les plus faibles, ceux qui gagnent les moindres salaires. Ainsi, tandis qu'à la rigueur les hommes dans la force de l'âge peuvent encore vivre, soit en continuant la même besogne, soit, comme je l'ai vu, pour des fileurs en 1837, en se chargeant eux-mêmes du travail des enfants qui leur servent d'aides, ces aides, beaucoup d'autres enfants et beaucoup de femmes, restent sans ouvrage, c'est-à-dire sans pain.

Les grands ateliers produisent ces fâcheux résultats, en même temps que les machines tendent chaque jour à remplacer le travail des hommes et des adultes par celui des femmes et des enfants.

Cette tendance est très remarquable. Je ne sais ce qu'elle doit produire ; mais elle me fait entrevoir pour l'avenir la possibilité d'un bien immense, dont la nécessité devient chaque jour plus évidente. C'est la décentralisation, l'éparpillement jusqu'à un certain point,

Louis-René Villermé

des manufactures dans les campagnes. Laissant alors les hommes faits, les bras vigoureux aux travaux agricoles, les manufactures se contenteront peut-être des femmes et des enfants que ces travaux n'emploient pas, ou dont ils peuvent se passer. C'est seulement ainsi qu'on peut prévoir que l'industrie cessera, non de dépeupler les campagnes, comme on le dit à tort, mais de leur retirer des habitants, au grand détriment des mœurs et du bien-être réel de la classe ouvrière...

Parler des crises, c'est rappeler d'immenses malheurs encore tout récents qui ont été ressentis beaucoup plus par les ouvriers occupés dans les grands établissements industriels, que par ceux, moitié manufacturiers et moitié agriculteurs, dont l'industrie, pour ainsi dire domestique, s'exerçait au sein de la famille. Cette différence se conçoit : les premiers, travaillant toute l'année pour la même industrie, n'ont d'autres revenus que le salaire payé par elle ; quand elle n'en peut plus donner, ils restent sans pain, alors que les seconds trouvent encore une ressource dans l'agriculture. On conçoit également que les ouvriers des industries de luxe soient beaucoup plus souvent en proie aux crises que les autres, par la raison que leurs produits, soumis d'ailleurs aux changements de la mode, sont les premiers que l'on cesse d'acheter dans les temps de gêne.

En outre, dans les pays où l'on fabrique pour l'exportation, les contrecoups d'un plus grand nombre d'événements retombent sur les établissements industriels, qui sont par cela même exposés à des crises plus fréquentes et plus désastreuses. Celle de 1836 et 1837, qui a été si générale, n'a épargné les filatures de coton de la Belgique, que parce que depuis 1830 elles ne fabriquaient plus que pour le marché intérieur...

Partout où il existe beaucoup de manufactures, elles attirent sans cesse dans les temps ordinaires, à plus forte raison dans ceux de prospérité, des ouvriers, dont la présence conduit à multiplier les manufactures, qui provoquent à leur tour l'arrivée de nouveaux ouvriers. Mais aussi la masse des prolétaires vivant au jour le jour s'en trouve augmentée, et avec elle la corruption morale ; et dans les temps de crise, ces prolétaires manquant de travail, sont en proie à des privations, à des souffrances d'autant plus grandes que, plus nombreux, ils se font une plus forte concurrence. Trop souvent, dans les manufactures, le jour d'un travail excessif est la veille d'un chômage...

Un rapport fait à la Société Industrielle de Mulhouse recherche quelle est l'espèce d'ouvriers qui abandonne la modeste et tranquille existence que lui assurait l'agriculture, pour aller dans les villes se livrer aux travaux de l'industrie, et il trouve qu'elle forme presque toujours *une population tarée, une sorte d'écume.* Puis, examinant ce qu'elle devient, il assure que la misère la force à s'entasser dans des logements malsains ; et que le travail en commun dans les ateliers des manufactures, sans distinction de sexe ni d'âge, étouffe les germes de vertu qu'elle peut avoir encore, lui fait perdre peu-à-peu le sentiment de ses devoirs, et développe ses vices, par l'influence toute-puissante des mauvais exemples. C'est ainsi, d'après le même rapport, qui confirme si bien ce qu'on lit dans beaucoup de ces pages, *qu'une grande partie de la classe ouvrière,* exposée à toutes les chances imprévues de l'industrie, au rabais de location de ses bras, aux chômages et aux privations qui en sont les suites, sans prévoyance, sans éducation, sans moralité, sans frein, passant fréquemment, dans les meilleurs temps, du travail forcé à l'orgie et de l'orgie au travail forcé, s'abrutit, se corrompt, s'énerve, et succombe prématurément à la débauche, aux maladies, à l'indigence. Ajouterai-je que le fabricant qui voudrait changer cet état de choses ne le pourrait pas toujours ? Déjà j'ai fait voir qu'il ne le pourrait pas seul ; d'un autre côté, le retour des crises commerciales le menace sans cesse, alors même que son industrie est très prospère.

Chapitre XI
Des associations industrielles d'ouvriers

Beaucoup de personnes pensent que tous les maux dont j'ai parlé seraient facilement prévenus si les ouvriers, se réunissant entre eux, formaient des associations dans le but de fabriquer et de vendre, pour le compte de tous, les produits de leurs fabriques communes. Le *phalanstère* des fouriéristes, sorte de communauté ou de grand ménage de travailleurs, vivant presque à la manière des moravites, comme une seule famille dans une maison, est aujourd'hui, chez

Louis-René Villermé

nous, le modèle qu'on leur propose. En se réunissant, assure-t-on, de simples ouvriers peuvent d'autant mieux soutenir la concurrence des riches capitalistes, que sans sortir du rang et des habitudes de travailleurs, dont ils toucheraient le salaire en raison de leur travail et de leur talent, ils recevraient en-outre leur quote-part des bénéfices du fabricant, avec l'intérêt du capital qu'ils auraient apporté à l'entreprise commune. On croit qu'en faisant ainsi, il n'y aurait plus ni maîtres ni ouvriers, mais des sociétaires, des co-intéressés, des frères de travail, que l'indigence n'atteindrait jamais. La vertu de ces associations, ajoute-t-on, n'est pas douteuse ; elles seules peuvent généraliser le bien-être : avec elles, aucune classe ne sera déshéritée ; qu'on les essaie, elles triompheront de tous les obstacles ; elles doivent un jour au reste, s'établir partout, et leur influence moralisante sera comme un baptême régénérateur pour tous ceux qui en feront partie...

Un essai du système de Charles Fourier a été tenté une fois [1]. L'établissement, entrepris sous le nom de *Colonie sociétaire,* devait se composer d'environ six cents personnes, hommes, femmes et enfants, associés pour *l'exploitation agricole et manufacturière d'un terrain* très peu productif et en partie inculte de *452 hectares* en une seule pièce. Les travaux devaient y être organisés, suivant la théorie de Fourier, *par groupes* de travailleurs *et par séries de groupes libres, opérant en séances courtes et variées,* c'est-à-dire changeant fréquemment de besogne, passant chaque jour, par exemple, des soins du ménage à la culture des champs, de celle-ci à la fabrication industrielle, et de cette dernière à la culture de l'esprit, à la musique, etc. Tous les employés, tous les ouvriers de la colonie devaient en être actionnaires ; mais des ouvriers pouvaient être admis comme simples salariés jusqu'à ce qu'ils eussent gagné la somme nécessaire à l'achat d'un coupon d'action, et, de fait, il ne s'en présenta point pour être admis d'une autre manière.

Il fallait d'immenses bâtiments ; la société n'ayant pu réunir assez de fonds dut les laisser inachevés. Néanmoins, comme elle en avait déjà construit de convenables à l'habitation, aux ateliers et à l'exploitation agricole, elle commença son essai. Un homme très honorable en accepta la direction, et s'y dévoua avec

---

1 En 1833, à 15 lieues de Paris, à Condé-sur-Vesgre et Adamville, canton de Houdan, département de Seine-et-Oise.

un désintéressement dont on trouverait bien peu d'exemples. Enfin, on put réunir, pour former le noyau du phalanstère, près de quatre-vingts personnes, parmi lesquelles il y avait seulement quelques ménages ou familles. Mais à la trop grande bonté du directeur, à son éloignement jusque-là de toute occupation rurale ou manufacturière, qui étaient déjà des causes de ruine, se joignirent d'autres circonstances malheureuses : les personnes qui se présentèrent pour travailler dans la colonie étaient des ouvriers désœuvrés et paresseux, ou des jeunes gens sortis des collèges et des écoles savantes ; les uns tout-à-fait étrangers aux travaux manuels, les autres ne connaissant point ou connaissant mal ce qu'on leur demandait, et presque tous des enthousiastes « se flattant de trouver dans l'établissement le bonheur sans fatigue ». Aussi, le phalanstère s'anéantit-il peu après sa naissance, et il n'en reste plus aujourd'hui que des bâtiments, de très nombreux pieds d'arbres qui ont été plantés ou semés, et une exploitation agricole ordinaire. On conçoit qu'un essai conçu et conduit avec tant d'imprudence devait être ruineux. Son insuccès ne prouve rien contre le système de Fourier...

Les colonies prospèrent ou ne prospèrent pas, suivant qu'elles se composent d'hommes d'élite ou au contraire des dernières classes et pour ainsi dire des rebuts de la société. Voilà comment les colonies anglaises que Penn et ses compagnons fondèrent dans l'Amérique du Nord acquirent si rapidement un haut degré de puissance et de richesses, et comment, d'une autre part, le plus grand nombre de celles qui se sont nouvellement formées se ruinent ou s'anéantissent. Des hommes rangés, économes, actifs, intelligents, moraux, et semblables aux compagnons de Penn ou à ceux que la révocation de l'Édit de Nantes fit sortir de France, prospèrent partout où on les laisse faire ; mais des hommes tels que les ouvriers des filatures de Lille, et tant d'autres qui leur ressemblent, sont destinés, quoi qu'on fasse pour eux, à une affreuse et perpétuelle misère. Leur association avec les premiers ne ferait qu'entraîner la ruine de ceux-ci sans les sauver eux-mêmes.

Ces ouvriers d'ailleurs ne sauraient bien comprendre, pour la plupart, l'utilité d'une association, et encore moins se soumettre aux obligations mutuelles qu'elle exige. Ils n'ont pour cela ni assez d'intelligence, ni assez de moralité surtout, et ils sont trop

Louis-René Villermé

pauvres, trop misérables pour attendre leur part des bénéfices qui pourraient être réalisés par elle. De là, l'impossibilité pour eux d'en supporter les pertes, et la nécessité de demander le prix de leur travail à des intervalles très courts. Alors comme ils ne peuvent ou ne veulent pas faire d'avances à l'entreprise, celle-ci, qui les paie chaque jour, ne leur doit aucune part dans ses profits et ne leur en donne aucune...

Et cependant, les associations doivent être encouragées ; car bien composées, bien organisées, elles peuvent beaucoup améliorer le sort des ouvriers. En elles, si elles se réalisaient un jour sur une échelle un peu vaste, se trouverait certainement le germe d'une grande prospérité.

Chapitre XII et dernier
Résumé de la condition des ouvriers

Il y a beaucoup d'ouvriers de fabriques dont les gains sont si modiques qu'ils suffisent à grand'peine à leur procurer le plus strict nécessaire. Sont-ils aujourd'hui plus misérables, et, proportion gardée, plus nombreux qu'autrefois ? Rien ne le prouve. Admettons néanmoins, comme l'affirment certaines personnes, que la liberté de l'industrie ait produit en France tout le bien qu'elle pouvait produire, et que par la concurrence que se font les ouvriers, leur travail soit porté jusqu'aux dernières limites de la force humaine et leur salaire descendu au taux le plus bas qu'il puisse atteindre, est-ce à dire qu'on devra fixer pour les adultes un *minimum* aux salaires, un *maximum* au travail, et supprimer ainsi la liberté des conditions entre l'entrepreneur d'un ouvrage et ceux qu'il emploie ? Certes, une semblable mesure ne conduira jamais à la solution du grand problème qu'on se propose. On peut déclamer sur ce sujet, on peut demander au pouvoir de prévenir tous les malheurs, comme aux médecins de guérir toutes les maladies, mais il n'en résultera aucune amélioration du sort des ouvriers : le bien est ordinairement plus difficile à faire qu'on ne pense.

N'oublions pas que, excepté dans les temps de crise, la très grande majorité des travailleurs laborieux, rangés, économes, prévoyants, peuvent s'entretenir avec leurs familles, s'ils ne peuvent faire des épargnes. Malheureusement ceux que ruinent l'ivrognerie et les autres débauches, ou qui ne savent que vivre au jour le jour, sont extrêmement nombreux.

Ces derniers paraissent ignorer qu'ils sont à la merci de toutes les vicissitudes du commerce ou de la fabrication, et que pour eux chaque jour peut être la veille de celui où ils seront sans emploi, par conséquent sans pain. Ils semblent oublier complètement que le remède à leur pauvreté est dans leur bonne conduite, dans le soin persévérant de ne jamais dépenser tout ce qu'ils gagnent, à plus forte raison de ne jamais dépenser au-delà. Répétons-leur, avec M. Charles Dunoyer, que l'on ne peut rien attendre de vraiment efficace pour eux, que d'eux-mêmes, de leurs efforts, de leur activité patiente, de leurs lentes accumulations, et du soin qu'ils mettent à ne pas accroître leurs charges plus rapidement que leur fortune...

Il est bon encore que les ouvriers sachent que leur condition est aujourd'hui meilleure qu'elle ne l'a jamais été : les documents d'où l'on peut déduire la connaissance du sort du peuple à diverses époques en offrent la preuve. J'ai été frappé, au surplus, en m'arrêtant dans des lieux que j'avais visités autrefois, d'y voir les ouvriers manger de meilleur pain, être chaussés où je les avais vus pieds nus, porter des souliers là où je les avais vus en sabots, habiter des maisons mieux éclairées, plus propres, plus commodes, mieux meublées que les anciennes ; enfin, de les trouver dans tous ces lieux, non pas comme j'aurais voulu toujours les voir, mais dans une situation *généralement moins mauvaise* que vingt ou trente ans auparavant...

Cette amélioration que proclament presque unanimement les vieillards, a créé chez le peuple, par conséquent chez les ouvriers, des goûts, des besoins qui ne permettent pas à la plupart de ceux qui en jouissent de l'apprécier : ce qui n'était que luxe, que superflu pour eux il y a trente ans, est aujourd'hui devenu nécessité. Ces nouveaux besoins accroissent leurs désirs et s'opposent à ce que les moins rétribués puissent conserver quelque argent, ou bien, s'ils y parviennent, leurs épargnes sont si faibles, que la persuasion où ils sont que, pour en trouver un emploi utile, il faudrait trop attendre, les empêche très fréquemment d'en faire. Cette persuasion est, pour les classes ouvrières, une des principales causes de leur inconduite et de leur indigence : les caisses d'épargnes, en la détruisant, leur

Louis-René Villermé

rendent un immense service.

Je viens de parler d'amélioration. Je dois rappeler que les simples tisserands n'y participent pas ou s'en ressentent très peu...

Les ouvriers de nos manufactures n'ont pas, à l'exception des enfants, un labeur plus pénible que les autres, que ceux surtout de l'agriculture ; en outre, ils gagnent très généralement, je pourrais dire presque toujours, de meilleurs salaires, et dans les pays privés d'industrie, la création d'un établissement industriel est toujours un grand bien, sous quelque rapport qu'on l'envisage. Mais très communément aussi, chez nous et dans l'état actuel des choses, les ouvriers des manufactures manquent de sobriété, d'économie, de prévoyance, de mœurs, et bien souvent ils ne sont misérables que par leur faute.

Ce mal n'est pas nouveau, mais il est plus grand que jamais ; il résulte principalement de la réunion habituelle des ouvriers dans de grands ateliers, espèces de caravansérails, où les sexes et les âges se trouvent mêlés, et de leur séjour dans les villes, que les manufactures multiplient en créant des agglomérations de population. Il vient encore de la libre concurrence, cette cause de l'essor, du développement prodigieux qu'a pris l'industrie, mais aussi de la production souvent surabondante des objets manufacturés, de l'encombrement des magasins, de la dépréciation des marchandises, de la ruine d'un grand nombre de fabricants, et de beaucoup de crises, de beaucoup d'oscillations dans le taux des salaires, qui sont si nuisibles aux ouvriers...

L'autorité impose, dans les villes, des conditions à l'existence de beaucoup d'établissements, même à celle d'une affinerie d'or et d'argent, ou d'un moulin à farine ; mais notre législation la laisse sans pouvoir quand il s'agit de prévenir les spéculations et les inconvénients dont on vient de parler. Un homme peut, sans qu'on ait le moindre droit de s'y opposer, appeler à lui des populations nombreuses d'ouvriers, et ensuite, les jeter impunément sur le pavé, s'il a manqué de sagesse, ou même s'il a voulu jouer sa fortune contre celle de ses concurrents, dans l'espoir qu'ils perdraient la leur avant de perdre lui-même la sienne.

Malgré tous ces faits, l'amélioration dont j'ai parlé un peu plus haut, n'en reste pas moins constatée. Mais cet état durera-t-il ? Voilà une question à laquelle on n'ose pas répondre affirmativement, surtout lorsqu'on sait combien les centres d'industrie sont nuisibles aux habitudes d'économie des travailleurs, et combien il est de plus en plus difficile à ceux-ci de passer dans la classe des maîtres, à cause des grands capitaux qu'exige aujourd'hui la création d'une manufacture.

Conclusions

D'assez nombreuses conclusions pourraient se déduire des faits exposés dans cet ouvrage. Je ne mentionnerai toutefois que celles-ci :

Il existe trois usages pernicieux dans les ateliers des grandes manufactures :

— le mélange des sexes ;

— la durée journalière beaucoup trop longue du travail pour les enfants ;

— et les prêts, d'argent faits par certains maîtres à leurs ouvriers, à titre d'avances sur les salaires.

Le premier de ces usages corrompt les mœurs, le second détruit la santé, le dernier produit la misère, et tous trois outragent la morale publique.

Un règlement de l'administration, ou s'il n'est pas suffisamment autorisé par la législation, une loi particulière qui ordonnerait de séparer soigneusement les sexes *dans les ateliers des grandes* manufactures ; qui fixerait pour les seuls enfants et d'après *l'âge,* un maximum à la durée journalière du travail, et qui déclarerait non privilégiées toutes les créances des maîtres inscrites sur les livrets des ouvriers, lorsque ces créances dépassent une certaine somme, pourrait seul mettre fin partout à des maux si déplorables.

Mais l'obligation de séparer les sexes dans les ateliers trouverait actuellement trop d'opposition dans nos usages, et serait peut-être considérée plutôt comme un empêchement au travail que comme un moyen de le régler. Pour cette raison, et quoique la législation qui se prépare maintenant en Russie pour les manufactures, doive, assure-t-on, exiger cette séparation dans les grands ateliers,

Louis-René Villermé

je n'insiste, bien à mon regret, que sur les dispositions relatives au travail des enfants et aux avances de salaires. Ma demande concernant ces avances ne saurait exciter une aussi grande opposition que celle qui concerne le travail des enfants, et je me borne seulement à l'énoncer. Mais je prie qu'on me permette d'ajouter quelques considérations encore à ce que j'ai déjà dit sur cet abus.

Et d'abord, reconnaissons que le parti auquel on s'arrêtera toujours aura toujours, quel qu'il soit, comme toutes les choses humaines, des avantages et des inconvénients. Ainsi, fixez un maximum à la durée journalière du travail des enfants, vous favoriserez leur santé et leur éducation ; mais à côté de ce bien il y aura le mal de diminuer, avec le travail, le salaire et le pain d'une partie d'entre eux, de réglementer une chose qu'il faudrait pouvoir laisser libre, et d'imposer aux fabricants et aux familles d'ouvriers des conditions qu'ils voudront et que très souvent ils pourront éluder. D'un autre côté, laisserez-vous subsister un état de choses qui écrase ces enfants de travail, qui les prive de toute éducation, et qui les maintient dans une infériorité physique et morale révoltante... Sans doute, c'est un grand bien pour les parents pauvres que de joindre à leur propre salaire celui de leurs enfants, s'il est employé d'une manière utile. Mais l'expérience enseigne que très souvent, dans les temps d'abondance, l'ouvrier refuse à sa famille le nécessaire pour aller dépenser tous ses gains au cabaret. Quand la misère résulte de cette cause, quel inconvénient y aurait-il à limiter la journée des enfants, puisque, tout en travaillant au-delà de leurs forces ils ne sont pas mieux nourris, et s'épuisent plus vite ? Si cet abus que l'on fait de l'enfance était moins fréquent, il ne faudrait pas, comme l'a dit un célèbre orateur à la tribune de la chambre des députés, M. Dupin, faire intervenir dans cette matière, toute de sentiment et de morale, la puissance et la législation. Mais le mal est aujourd'hui trop général, trop profond, et menace trop de le devenir encore davantage, pour qu'on doive attendre son amélioration du cours des choses abandonnées à elles-mêmes. Pour les ouvriers laborieux et rangés, la question qui domine toutes les autres est celle des salaires ; mais pour les ouvriers ivrognes ou débauchés, c'est celle de leur inconduite...

Les pauvres, je l'ai déjà dit, ont besoin que leurs enfants gagnent

194

un peu d'argent ; et les enfants encore fort jeunes sont aptes d'ailleurs à certains travaux. Le mal n'est donc point qu'ils entrent jeunes dans les ateliers, mais qu'on exige d'eux un travail au-dessus de leurs forces.

Quant à ne recevoir que des ouvriers sachant lire, écrire et calculer, ce n'est pas dans un pays où cette instruction est si peu répandue parmi les classes laborieuses, et n'est point obligatoire, que l'on doit en faire une condition d'admission. Il est bien à désirer qu'elle devienne universelle chez nous ; mais avant cette époque encore éloignée, le jour où l'exigerait serait celui de la suppression forcée des manufactures. Je me suis déjà, au reste, assez expliqué à cet égard.

Plus j'y pense, moins je crois à l'utilité de pareilles mesures et à la possibilité de les mettre à exécution. Néanmoins, tout en les déclarant impraticables, je ne puis me ranger à l'avis d'autres personnes que j'honore également, et qui soutiennent qu'on ne saurait soumettre les manufactures à la surveillance de l'autorité, parce que ce serait en même temps soumettre la conduite des maîtres à une sorte d'inquisition, et qu'il faudrait pour cela pénétrer dans leurs établissements...

Si pour l'industrie un ouvrier n'est qu'un instrument, comme l'est un métier ou un outil, et ne peut être autre chose, « si elle a le droit de l'exploiter dans un intérêt privé, la société a bien le droit aussi d'intervenir dans l'intérêt général, et de poser des conditions et des limites à cette exploitation ».

C'est ici le lieu, pour appuyer ce droit de la société, d'appliquer aux fabricants et aux entrepreneurs d'ouvrage, toutefois avec des restrictions, car il n'y a point, à beaucoup près, parité de position, ce mot qui dévoile le cœur humain et que Necker disait des propriétaires en 1775 : ils ont toute la force nécessaire pour réduire au plus bas prix possible la récompense de la plupart des travaux qu'on leur *consacre, et cette puissance est trop conforme à leurs intérêts pour qu'ils renoncent jamais à* en profiter.

*

* *

Ma tâche est enfin terminée. Si j'ai pu faire partager mes opinions ; si j'ai pu convaincre surtout qu'il est urgent de *soumettre les grandes*

Louis-René Villermé

*manufactures di*tes réunies à un règlement d'administration, ou bien, à une loi *qui fixe* un maximum à la durée quotidienne du travail des enfants, d'après leur âge, et empêche ainsi l'abus, porté jusqu'à l'immolation, qu'on y fait de ces malheureux, je n'aurai plus rien à désirer...

Je n'ignore pas combien l'organisation actuelle de l'industrie a rendu le maître et l'ouvrier étrangers l'un à l'autre, mais je sais aussi combien il serait important que le contraire eût lieu. Certes, il ne peut y avoir communauté de vie entre eux ; mais l'abandon complet des ouvriers par le maître hors de ses ateliers, et leur renvoi, sans s'inquiéter de ce qu'ils deviendront, quand, après s'être usés à son service, ils ne lui procurent plus les mêmes profits, sont des iniquités contre lesquelles protestent tous les sentiments humains. On s'indigne surtout, et je l'ai déjà dit, contre le petit fabricant qui, sorti hier de la classe ouvrière, spécule aujourd'hui sur l'imprévoyance, les faiblesses, les vices de ses ouvriers, emploie tous les moyens pour retenir une partie de leur modique salaire, aucun d'eux ne puisse sortir de sa condition, ni par conséquent s'élever au rang de fabricant et lui faire concurrence.

C'est là un grand inconvénient de la liberté illimitée de l'industrie. Il y a lutte entre tous les chefs d'établissements qui fabriquent les mêmes produits ; chacun ne voit dans les autres que des rivaux, je pourrais dire des ennemis, qu'il faut abattre pour ne pas succomber soi-même. Cette circonstance, n'en doutons pas, s'oppose à ce que beaucoup de maîtres, principalement ceux qui débutent dans la carrière avec peu de capitaux, et craignent tout nouveau concurrent, veuillent donner de bonnes habitudes aux ouvriers.

Non-seulement, les fabricants de l'Alsace comprennent ce mal et l'intérêt immense qu'il y aurait à le prévenir ; mais encore ils ont hautement proclamé, dans le programme d'un prix proposé par eux (j'emploie leurs propres expressions), que dans les localités où la création d'un établissement industriel est devenue un moyen de moralisation, cet effet est dû presque uniquement à l'influence du chef de l'établissement... Il a déjà été dit que, partout où il existe plusieurs manufactures, c'est seulement du concours des maîtres qu'il faut attendre le succès. Or, pour un but qui n'est pas de recueillir des richesses, ce concours semble bien difficile. Je ne répéterai pas ici les raisons sur lesquelles je me fonde. Toutefois, s'il y a des maîtres sans entrailles, des maîtres qui voient avec indifférence la démoralisation, la misère de l'ouvrier, qui s'en réjouissent même, parce qu'ils les croient plus favorables à leur fortune, il y en a aussi beaucoup d'autres (et j'en ai mentionné un grand nombre), qui sont animés d'une véritable sollicitude pour lui, et qui, non contents de lui fournir du travail, veulent encore l'éclairer, le rendre moins pauvre et meilleur.

Il serait temps cependant qu'ils s'en occupassent tous, et qu'à l'abandon complet dans lequel la plupart laissent l'ouvrier, à la pensée exclusive d'exploiter sa position, succédât de leur part une pensée plus généreuse, plus humaine, un patronage qui leur serait au moins aussi profitable que leur égoïsme. C'est ce patronage bien compris, bien exercé, qui peut le plus efficacement contribuer à l'amélioration du sort et de la morale des ouvriers.

Le pratiquer est donc un des premiers devoirs de tout chef d'établissement industriel. C'est par lui surtout qu'il serait possible, et de procurer aux classes laborieuses la somme des biens qui devraient leur revenir ici bas, et d'assurer aux maîtres tous leurs avantages, de calmer le malaise qui travaille la société, de la préserver des désordres, des malheurs qui peut-être la menacent.

De si grands intérêts valent bien la peine qu'on y réfléchisse. Rappelons ici aux chefs de l'industrie, qui doivent plus particulièrement s'en émouvoir, que les ouvriers des manufactures forment la masse du peuple dans beaucoup de villes, et qu'on ne les conduit, qu'on ne les modère aisément que quand on a leur confiance.

ISBN : 978-1545240359

Louis-René Villermé